馆藏文献与泰山文化

GUANCANG WENXIAN YU TAISHAN WENHUA

马青◎著

团结出版社
UN TY PRESS

图书在版编目（CIP）数据

馆藏文献与泰山文化 / 马青著 . -- 北京 ： 团结出
版社，2022.6
　　ISBN 978-7-5126-9391-3

　　Ⅰ．①馆… Ⅱ．①马… Ⅲ．①泰山－文化研究 Ⅳ．
① K928.3

中国版本图书馆 CIP 数据核字（2022）第 072112 号

出　　版：团结出版社
　　　　　（北京市东城区东皇城根南街84号　　邮编：100006）
电　　话：（010）65228880　65244790
网　　址：http://www.tjpress.com
E-mail：65244790@163.com
经　　销：全国新华书店
印　　刷：湖北金港彩印有限公司
装　　订：湖北金港彩印有限公司

开　　本：170mm×240mm　　16开
印　　张：19
字　　数：235千字
版　　次：2022年6月　第1版
印　　次：2022年6月　第1次印刷

书　　号：978-7-5126-9391-3
定　　价：168.00元

前　言

　　5 岁时，我随父母工作调动来到泰安，在泰山脚下仰望泰山，被泰山的朦胧神秘所吸引，儿时的玩耍不敢涉足大山深处，但住处在岱庙旁，岱庙、岱宗坊、红门一带自是儿童时期涉足最多之处。高大天况殿内的神像威严、龟背石的高矗、红门宫下的孔子登临处，儿时并不能理解其深深的历史渊源，但总是被吸引着一次次继续去玩转，也是在那时知道秦始皇也来过这里。

　　小学、初中适逢泰山建盘山路、空中索道，学校组织学生每人身背 4 块砖，义务劳动。登上山顶顿有种"一览众山小"的感觉。碧霞祠的神秘、沿途摩崖石刻的壮丽，挑山工的艰辛是留给我初次登泰山的深刻印象。

　　我有幸在工作后从事图书馆工作，大量文献的阅读，寻觅到太多泰山的奥妙。《泰山志》《泰山石敢当》《史记》《泰山香社研究》《泰山石刻大全》等著名专著吸引和鼓励着我，在借鉴前辈们的学术观点和我数次沿着前人记载的踪迹寻觅泰山深处，感悟到泰山文化、泰山精神，中国文化、与当代精神相得益彰。

心灵中有种呼唤，写出来吧，哪怕更多的是重复前人的记载和传说，但是其中也深润着我对泰山文化的理解和对文献记载的感激之声。

由于我学识尚浅，文献的考究和内容述及尚有很多欠妥之处，恳请读者批评指正。

马青

2021 年 11 月于泰山学院

目 录
CONTENTS

第一篇

泰山文化与馆藏文献研究总论

泰山人文历史悠久，文化遗产丰厚。历经五千年沉淀积累，形成了独具特色的泰山文化。既有封禅文化、宗教文化及石刻文化艺术，又有民俗文化、民间信仰等。

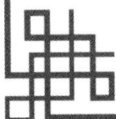

第一章　泰山文化底蕴与内涵

现代考古发掘证明，泰山周围自远古时期即是人类繁衍的中心地带之一。沂源奥陶纪石灰岩洞穴遗址内，旧石器晚期的少女臼齿，其特征较北京猿人进步，故称"智人牙齿"。泰山南麓大汶口和北麓的龙山新石器时期的文化遗存，为研究母系氏族社会向父系氏族社会过渡、原始社会解体和阶级的产生、国家的兴起、文字的起源提供了翔实的资料。我国传说中的三皇五帝中，有伏羲、黄帝、舜、颛顼等4人出生于泰山周围，五千年前的大汶口文化时期相当于炎黄时期，四千年前的龙山文化时期则相当于尧舜禹时期。三皇五帝有7个建都于泰山周围，所以有学者认为："自上古以来，帝王之都皆在东方。"自伏羲至炎帝、黄帝、颛顼等华族均发祥于泰山。黄帝生于曲阜燕北的寿丘，活动于泰山周围。《韩非子·十过篇》载，黄帝曾号令鬼神于泰山之上。《黄帝玄女战法》说，黄帝曾于泰山之上接受女兵法；黄帝战胜蚩尤后曾为"泰山之稽"。

城子崖遗址的发掘与研究，验证了部分远古传说中的人物和事件的真实性。东夷人高大无比善射弓、后羿射日、蚩尤首先将铜兵器用于战争、少昊之子把弓用于战争传说，均在大汶口文化及龙山文化遗址中得到了证实。因此，泰山大汶口文化和龙山文化是三皇五帝活动的结果。

夏商周时期，泰山东侧山脉的蒙山，又名东泰山，是夏族的发祥地，一直被三代祭祀。商代的"相土之东都"建在泰山脚下。周天子封长子伯禽于泰山之阳建立了鲁国，封贵戚姜太公到泰山之阴建立了齐国。春秋战国时，齐桓公在泰山会盟诸侯，沿泰山分水岭建千里长城以设防，名曰齐长城。

东方是太阳初升的地方，按五行属木，四时属春，五常为仁，八卦为震，星宿为苍龙，所以泰山被古人视为紫气之源，万物发育之所，成为天的象征、神的化身。大汶口文化遗址中，发掘出中国最早的图像文字，释为"旻"，上为日，中为火，下部是山，说明五千年前的先民们就在泰山烧柴祭日。这也是历代帝王狂热追求泰山封禅大典的缘由之一。一代帝王如能登封泰山，即被子民视为国家鼎盛、天下太平的标志，皇帝本人俨然也成了"奉天承运"的"真龙天子"了。汉武帝8次登封泰山，在山下修明堂，今遗址尚存；在岱庙植柏千株，存柏至今苍劲繁茂；在岱顶立石，即无字碑，成为千古佳话。秦始皇是封禅泰山的始皇帝。于公元前219年封禅泰山，中途遇暴风雨，休于大树下，树因护驾有功被封九等官爵"五大夫"，成为饶有风趣的景点。自古以来有72位帝王封禅泰山，形成了独特的封禅文化。

泰山宗教源远流长，泰山神祇与道教和佛教共荣共存。道佛两教，两汉时期传入泰山，唐宋进入鼎盛时期。清《泰山志》记载，泰山有道观80多处，金元时期有佛寺40多处。

佛教于4世纪中期传入泰山。351年高僧朗公首先到泰山岱阴创建了朗公寺和灵岩寺。泰山经石峪存有北齐人所刻的佛教经典《金刚经》。现存灵岩寺、普照寺依然极为鼎盛。泰山道教早在战国时就有方士隐居岱阴岩洞；秦汉后祠庙林立，保留至今的有王母池（群王庵）、老君堂、斗母宫（龙泉观）、碧霞祠、后石坞庙、元始天尊庙等，其中以碧霞祠影响最大。泰山是王母娘娘神话传说的发祥地。王母池位于泰山南麓环山路东首，古称"群玉庵"，又名"瑶池"。泰山以道教最为盛名，在泰山形成了一道靓丽的景观宗教文化景观。

儒家思想早在春秋战国时期即传入泰山。孔子登泰山，在山侧发出"苛政猛于虎"的感慨。明万历十四年（1586 年）官府创建了孔子庙，奉祀孔子及其弟子，儒家学说得以宣扬传播。泰山书院有四处。上书院北宋初创建，宋、明、清三朝有 5 位学者先后在此读书讲学，皆以儒家的"仁义礼乐"为学。

北京大学杨辛教授《泰山美学考察》，总结构成泰山主要自然特征"雄伟"的原因和历史文化对泰山自然的整体渗透影响。历经几千年的建设，泰山形成了中国山岳风景的典型代表。泰山的人文景观是反映一切与自然景观相协调、相融合的人为因素。其中泰山石刻是主要人文景观之一，历经千面，形成了泰山独特的人文文化主线。泰山碑刻是中国书法艺术的宝库，也是中华民族的文化教育珍品，是天然的书法展览。因景而刻，因石而制，既有帝王御言，也有黔黎之说。其书法艺术，既有真草隶篆，也有龙飞凤舞者；既有大家手笔，也有石工之书。秦始皇封禅泰山，记其功德的秦刻石，原立于岱顶，后移至岱庙，是泰山现存最早最珍贵的碑刻。725 年唐玄宗封禅泰山，他亲自撰文并书写的《纪泰山铭》刻石，是汉以来碑刻之最，可谓"天下大观"。泰山石刻从古到今、从山脚到山顶，其规模之大、历史价值、艺术价值和审美价值之高都是国内大山无可比拟的。秦刻石为"天下第一名碑"，经石峪大字被誉为"大字鼻祖"，张迁碑、衡方碑、晋孙夫人碑至今为书法典范。泰山独特的石刻文化艺术，把泰山装扮得更加庄严典雅。

泰山神（东岳大帝）与碧霞元君是数千年来在泰山形成的独特的山神崇拜，也由此衍生了东岳庙会、民俗进香等民众熟知的文化现象。

泰山还有很多民间信仰，如石敢当等。石敢当精神是正义的代表。他见义勇为，成为人们心目中的英雄。晋人把"泰山石敢当"刻石立于宅基、桥头，以避邪镇鬼。以后渐成习俗，不仅传遍祖国各地，而且传至东南亚各国，乃至日本及欧洲的一些国家。泰山进香民俗已发展成为全国范围的礼俗文化。东岳庙会始于北宋时期，每年春天举办，以后逐渐推及全国许多省市。泰山国际登山节自1987年开始举办，现已举办32届，期间举办登山比赛、文娱、经贸等活动。

第二章 泰山文献历史沿革

由于种种原因，导致记载泰山的文献研究历史资料零星散乱且不系统，涉及门类多且不集中。从历史的角度来看最早为《山海经》《尚书》里对泰山的只言片语，真正的专著文献应为汉代应劭所著《泰山记》，却早已失传。明清时代为泰山文献多出之年，到了现代，以《泰山通鉴》为代表的国内外对泰山研究的力度空前加大，文献也井喷式出现，使泰山研究文献进入了新时期，集中展现了当前泰山研究的最新成果。

一、远古至明前

关于泰山的传说由来已久。随着人类文化的起源，自蚩尤、舜尧等与泰山的结缘至今依然未见诸文字的一些传说，源远流长。但文字记载泰山，最早应为《山海经》，继之为《尚书》《泰山记》。应劭所著《泰山记》当为泰山专著之滥觞，早已失传，仅在《艺文类聚》《初学记》等古籍中窥见片断。此时期关于泰山最可靠的文献记录应属司马迁的《史记》。但这些名著都是片段性的，专注泰山的除了《泰山记》《史记·封禅》，还有北宋刘跂的《泰山秦篆谱》。

二、明清时期

明代，泰山专著开始大量问世，最著名者当属汪子卿《泰山志》和查志隆《岱史》，共有 30 种之多。

清代，泰山专著更加繁荣，以聂鈫《泰山道里记》、金棨《泰山志》和唐仲冕《岱览》最为著名，共计 53 种，使泰山研究达到全盛时期。清阮元语"学术盛衰，当于百年前后论升降焉"。清人题泰山回马岭刻石之语"勒马回看岱岭云"，关于东岳泰山的探赜考索，在此沧桑百年之中，确实是丰富而多彩的。

泰山文化不仅在本域受到重视，自十七世纪以来，更是引起西方世界的瞩目。众多西方汉学家都对泰山从不同的角度展开广泛而深入的探讨。明末清初时期，随着利玛窦等人的东来，带来了东西文化交流的高潮，泰山由此开始为西方所知。十七世纪俄罗斯帝国大臣尼·斯·米列斯库（N. Spataru. Milescu）1676 年作为俄罗斯使节入清觐见了康熙皇帝，将见闻著成《中国漫记》，提及"济南府……附近有高山，其中一座名泰山，高四十华里，即十四俄里，他们说黎明头一次鸡叫，在山上即可以看到日出。这里有许多山洞，有无数名士隐居于此"。

大批欧美人士奔赴泰山，访古览胜，至今五大夫松附近山崖还有清末"德人巴贺"的题名。此时期出现的较有影响的泰山研究或游记文章有阿·威廉松《北中国旅行记》（1869 年）、伊莎贝尔·威廉松夫人《中国的古老之路》、帕·贝尔让《中国史记 —— 一个旅游者在泰山》、瓦·安泽《中国苏北到山东的冬季之旅》等。据目前所知第一部外国人泰山专著，是德国学者帕·蒂施佩（P. Tschepe）撰《泰山及其宗教信仰》。继帕·蒂施佩（P.Tschepe）之后，法国学者埃玛纽埃尔—爱德华沙畹（Emmanuel-EdouardChavannes）于1890年完成《史记·封禅书》的法译，引起学术界的注目。沙畹于1910年在巴黎出版了他的法文泰山著作《泰山祭礼》，在西方产生了极大影响。全书分列六章，第一章《泰山的祭礼》，内容为泰山崇拜及其源流的概论；第二章《泰山风景名胜》，著录介绍了252处景点；第三章《关于封禅祭礼的资料》，摘译了《后汉书》《旧唐书》《宋史》的有关记载；第四章《碑铭》，译录《纪泰山铭》《泰阴碑》《重修蒿里山碑》《重修朝元观碑》《去泰山神封号碑》《重修岱庙碑》等泰山石刻全文；第五章《祈祷》，收录北魏、唐、明、清等祭告泰山文33篇；第六章《民间信仰》，包括民间传说、五岳真形图、泰山宝镜、泰山神玺等内容。沙畹对泰山崇拜、地狱观念、封禅活动、元君崇拜、泰山宗教等，分别做了论述。沙畹首次向西方系统地介绍了泰山的历史文化，以汉学专家的高深功力、开阔视野对泰山宗教作了全方位的研究，将此悠久而丰富的东方文化介绍给欧美。沙畹在泰山研究史上，创造了无可替代的重大价值。

三、民国时期

民国早期，西方思想与中国传统文化的交流碰撞产生了学术新思潮，一批学术巨子用其新的思维与视角展开对传统文化的反思与研究，泰山文化在这一时期也登上了学术高点，反映了泰山文化研究从传统走向现代的学术精英的新思维。如章太炎在《訄书》中《封禅》论及"人主方教民佃渔，以避蜇征之螫，何暇议礼"，"彼夷俗事上帝，故文以祭天以肃其志，文之以祀后土以顺其礼，文之以秩群神以扬其职。

是其示威者，则犹偃伯灵台者也"，他认为"然则所以恶伤土石草木者，在彼不在此；所以用蒲草者，在彼不在此。先王以'仁物'叫号于九围，而实阴收其利，故封禅可尚也。"其与《史记》所彰显的"封禅"观念形成强烈对比，为泰山封禅研究提供了一个崭新的学术视角。

民国时期，泰山学者王价藩、王次通父子编辑大型文献《泰山丛书》，耗时四十余年。二王细阅泰山文献一百八十多种，对有些篇章的内容还做了实地考察，按文辞水平和资料价值选录四十种，共一百一十卷。1936 年出版《泰山纪胜》《岱宗大观》《泰山图说》《泰安州志》四种作第一辑，内有序、跋、梁漱溟题签、王易门的题额，以及出版概况等。王连儒《泰山游览志》、胡君复《泰山指南》、高宗岳《泰山药物志》，专录泰山所产中草药。

顾颉刚以新思潮眼光对"封禅""五岳"及"碧霞元君"等泰山文化现象进行了阐释与解读。1925 年《京报》副刊连续刊出其等对妙峰山香会的调查文章，引起当时学术界的震动。1928 年调查文章集结为《妙峰山》一书出版。根据调查，他认为，京津地区的民间多认为天仙圣母碧霞元君是东岳大帝的女儿，对天仙圣母碧霞元君的身世提供了第一手材料和确凿的结论，同时也极大地拓宽了泰山文化研究的视域。

爱伯特•肯恩（1860 年—1940 年）于 1908 年—1909 年及 1912 年—1913 年年两度来到中国，拍摄了数以千计的照片，其中有泰山彩色照片 47 帧，为了解当时泰山面貌的珍贵档案。卫礼贤（1873 年—1930 年，RichardWilhelm），德国人。1899 年作为传教士来到中国青岛，开始了对汉学的研究和翻译。卫礼贤崇尚儒学，尝数度登泰山，并在《中国心灵》一书专列《圣山》一节，对泰山之历史文从作了精辟评述。

四、新中国成立后的新时代

新中国成立后，随着文化事业的发展，泰山研究掀起了前所未有的高潮。顾铁符、俞剑华、张鹤云、何幼琦等文史专家从不同领域对泰山文化的有关内容进行深入分析和研究。郭沫若的泰山为"中华文化史局部缩影"之论说更为世人所称颂。港台地区苏雪林、凌纯声、饶宗颐、余英时等从世界文化的宏大范围中，探索泰岱文明的源起和形成，这种贯通东西、纵横联系的研究方法，使泰山之学达到一个新的高度。新方法、新史料层出不穷，学术影响明显扩大，研究成果大量涌现，质量显著提高。

1993 年以来，泰山研究呈现出快速发展势头，《泰山志》面世，《泰山大全》《泰山珍石》等大型著作相继出版，从不同方面深化了人们对泰山的研究和认识。泰山研究群体不断壮大，泰山研究会、泰山文化研究会、泰山石敢当文化研究会、泰山研究院、泰山民俗研究会等集合了泰山研究的主要力量。

自新中国成立后，在泰山研究方面出现了一批名人专家。

王献唐在历史学、考古学、古文字学等对泰山上古史事全面研究，著有《炎黄氏族文化考》。论及"往古先民，生聚于斯，万代诸皇，建业于斯……木本水源，血统所在，泰山巍然，同族仰镜""泰山一带为中华原始民族之策源地"，"伏羲亦曰太昊，昊，弘声，声转训大训高，亦犹皇也，雄也，羲也。其称太昊，犹云太皇、太雄、太羲。太即泰字，泰山之谓"。王献唐主张以泰山为中心，形成了东方的伏羲文化圈。"伏羲出于泗水，以泗水之故，知古代羲族实居泰山一带高耸之地，为中国东方古族发源之乡。其源既明，则凡他处如濮县、永济各地，地名与泗水相同者，皆族迁名随，为羲族后徙所居，不能执此以为伏羲生长之乡也。而凡伏羲施政之处，如陈与仇池各地，又皆都迁所在，足迹所经，亦不能执此以为伏羲兴于西方也"。

二十世纪是泰山研究逐渐走向成熟的重要时期，"泰山学"的提法也由此得到认可，二十一世纪泰山文化研究进入了一个崭新的阶段。从研究人员构成、研究规模、研究对象、研究深度、研究方法各个方面表现出极大的进步与突破。2001年，马兆龙主持的"泰山文化与旅游经济"被山东省社会科学十五规划立项，横跨泰山文化、旅游、经济三大领域，紧跟经济发展与转型的热点，从旅游经济的角度展开对泰山文化的研究。同年，袁明英主持的"泰山石刻研究"被山东省社会科学十五规划立项，该项目组合文化研究、书法、美术、地理、历史等专业学科人员，首次对泰山丰富的石刻资源进行整体研究。

2002年，叶涛主持的"泰山香社碑的搜集整理与研究"列入山东省古籍整理项目。该课题对泰山十分珍贵的363块长期没有得到重视和认识的香社碑进行了系统细致地整理与研究，获得了许多鲜为人知的调查线索和第一手资料，有很深厚的前期科研基础，是对学术界的一大贡献。它不仅为今后的进一步解读奠定了良好的基础，而且在今天的民族民间文化抢救工作中也有理论借鉴意义和应用价值。在此基础上，叶涛完成了其博士论文《泰山香社研究》。该论文共六章，首次全面开拓了关于泰山香社的研究，系统地描述了民众的进香活动，弥补了泰山文化研究中对于民间信仰行为观察、描述和学理分析的缺失，揭示了以泰山香社为代表的中国民间信仰组织的基本形态。对民间信仰组织生成、发展的内部组织结构和外部社会基础进行了详尽的调查与分析，并在宏观政策的层面审视了国家对民间信仰的不同态度，这在理论和实践两方面，都有助于人们认识和理解民间信仰的运行机制与功能，推进了关于中国民间宗教结社问题的讨论，是一部具有重要学术价值的论文。

2002年袁明英主持的"泰山石刻资源地理信息系统软件及应用研究"被泰安市科技发展计划立项，该项目动用现代信息技术对泰山石刻资源进行研究与保护，为泰山石刻的研究与保护开辟了一条现代技术路径，确属独辟蹊径之作。

2003年，山东省十五社科规划将王雷亭主持的"泰山－国山战略当代历史著作《中华泰山儿女》研究"列为重点研究项目。经课题组整理文献资料得知，历史上首次提出国山命题的是时任泰安乡村师范校长的徐芝房先生，1937年5月，国民政府筹备召开国民大会，徐芝房参加山东代表竞选。为此他赶写成《定泰山为国山刍议》，拟作为本届国大提案。但因不久发生"七七"事变，本届"国大"胎死腹中，徐氏"国山"提议而未能列入政府议案（由于兵燹，徐氏此书今已失传，仅有书目保存在1937年刊行的《泰山天书观乡村师范教学大纲》一书中。此后受抗日战争、国共内战影响，"国山"之议遂被搁置，后无人问津，影响不著。二十世纪九十年代初期，泰山旅游研究所王雷亭所长在课堂上讲述日本国山富士山时，受其启发，提出泰山为国山的想法。2001年北京申奥成功，为吸引海内外游客，振兴山东省和泰安市旅游业，王雷亭正式向泰安市提出书面的国山创意策划方案。同年8月全国百家媒体来泰山采风，对"泰山是国山"的命题进行了重点采访，随后做了大量的报道（齐鲁晚报2001年10月6日头版头条刊登采访王雷亭的综合报道《泰山要当中国国山》），在全国引起了较大的反响。以后，北京青年策划人宋体金先生也提出了"泰山是国山"的命题。

国山的呼声日盛，也反映了一种社会的关注与需要。由汤贵仁主持的"泰山古文献校释丛书"列入山东省古籍整理规划项目。该项目组成员由泰山学院、泰山管委等单位的二十人组成，由泰安市文化局大力襄助，对明清至民国年间明《泰山志》《泰山搜玉集》《岱史》《泰山纪事》《泰山小史》《岱览》《泰山图志》《泰山述记》《泰山纪胜》《泰山道里记》、清《泰山志》《岱志》《泰山药物志》等13种近400万字泰山志书进行了点校，经过两年多的努力而完成。此外汤贵仁还网罗遗漏、不常见或散佚的泰山古文献，辑成《泰山文史集成》40万字。其成果由泰山出版社以《泰山文献集成》10卷本于2005年出版，为泰山文化研究奠定了坚实的文献资料基石。同年，周郢主持的"泰山编年史"列入山东省教育厅科研发展计划规划。

研究泰山的志书、文论及其各门类的书籍、文集，描写泰山的文学艺术作品林林总总，卷帙浩繁。从古至今，各方面的专家学者、文人墨客留下了许多不朽之篇，仅成书目录即可编辑多卷。

第三章　泰山文化与泰山精神

泰山，赢得万代瞻仰，普天同览。泰山文化的精华可谓"泰山精神"，其本质特征可概括为：崇高求美、厚德尚法、艰苦奋斗、端庄稳重、和谐本真。国泰民安、重于泰山是其象征意义。

有人说，泰山是神山，是有神灵的。古代思想家、先秦道家学派的创始人老子早就提出了无神的思想，他认为支配万物的是道，即客观事物发展变化的规律，而不是天帝，不是神。共产党人是无神论者，坚持反对宿命论，尊重宗教信仰自由，相信劳动创造世界，科学使社会进步、经济发展，相信文化是民族凝聚力和创造力的源泉。

泰山文化同中华文化一样，是上下五千年人类创造的文明成果，它的主体是带有古今人类普遍价值的真善美。

泰山非常宏伟高大，泰山十八盘直通其顶峰，在泰山的各处，都具有代表"登"的石刻，而宣扬的都是积极向上的攀登精神。成功之路如登山，艰险曲折有妙观。志在绝顶最佳处，一路斗劲勇登攀！

朝气蓬勃的旭日活力是泰山精神中最为生动的具体体现。而岱顶最受人瞩目的自然景观就是旭日东升，登泰山看日出，给人的感觉就是像一位巨人一样，面朝东方迎接光明。那个橘红的火球，从茫茫的黑夜中、从朦胧的东海中渐渐升起，驱散了黑夜，通亮了宇宙大地。古人云："苟日新，日日新，又日新。"人们之所以对看日出这样执着热情，就是因为旭日预示新的开始，能够带给人们新的生机和活力。

居高不傲是泰山的胸怀，中华传统美德之一就是博大、谦虚、谨慎，这也是中华民族不断创新的强大支撑。

泰山挑山工，铁骨好汉。负重踏险，汗滴满山。泰山挑山工祖祖辈辈挑山不止，从春挑到冬，从古挑到今，山上人吃的、用的是他们挑上去的；山上建筑用的物料小到一片瓦，大到几吨重的器物，也是他们挑上去的。即使烈日与寒冬也攀登不止、挥汗如雨，他们吃苦耐劳。挑山工精神已成为我们倡导艰苦奋斗的精神典范。

"国泰民安"，充分表达了世代人民的愿望。泰山背北面南，凛然横亘东西，稳矣，安矣，所以自古即有"泰山如座"之说。成语"安如泰山""稳如泰山"常被用来比喻社会的稳定和安宁。1130年，金初置"泰安郡"，泰城始名"泰安"，即蕴涵此义。

2000年前西汉司马迁说："人固有一死，或重于泰山，或轻于鸿毛"，2000年后，毛泽东在《为人民服务》一文中引用了这句话，指出："为人民利益而死，就比泰山还重。"泰山之重是无量的，可见人生意义的重大。"为人民利益而死"，是社会主义道德的最高要求。

今日看泰山，着重看它的精华，看它的积极意义。了解封禅文化，主要是增加历史知识。秦始皇第一个封禅泰山，带起了两千年连续不断的封禅祭祀之事，形成了为泰山所独有的封禅文化。

泰山文化作为世界遗产已经显赫地立于世界民族文化之林。所以，要十分珍惜它。要严格保护，实现科学发展，保持泰山固有的特质和古典风貌，推动泰山文化及各项事业的进一步发展和繁荣。

第四章　泰山概况

　　泰山，又名岱山、岱宗、岱岳、东岳、泰岳，为五岳之一，也是五岳之首，春秋时始称泰山。位于山东省中部，绵亘于泰安、济南之间，总面积 2.42 万公顷。主峰玉皇顶在泰安市北，海拔 1545 米。1982 年 11 月 8 日，泰山被列入第一批国家级风景名胜区。1987 年 12 月 12 日，泰山被列为世界文化与自然双重遗产。2007 年 3 月 7 日，被评为国家 5A 级旅游景区。

一、泰山自然风貌

　　泰山山势雄伟，景色秀美，古时被称为"五岳之长""五岳独宗""五岳独尊"。有"中华国山""天下第一山"之美誉，有数千年精神文化的渗透和渲染以及人文景观的烘托，著名风景名胜有天烛峰、日观峰、百丈崖、仙人桥、五大夫松、望人松、龙潭飞瀑、云桥飞瀑、三潭飞瀑等。这些自然景观的形成与泰山的构造有极大关系。

（一）新构造运动与泰山的形成

泰山的形成经历了一个漫长而又复杂的演化过程，大体上可分为古泰山形成阶段、海陆演化阶段和今日泰山形成阶段。

太古代时期：泰山曾经是鲁西巨大沉降带或海槽的一部分，堆积了很厚的泥砂质和基性火山物质。后来经过泰山运动，褶皱隆起成为巨大的山系，同时发生一系列断裂、岩浆活动和变质作用，形成了由各种变质杂岩和岩浆岩组成的泰山杂岩。经过长期风化剥蚀，地势渐趋平缓。古生代初期，古泰山沉没到海平面以下，在古老变质杂岩的基底剥蚀面上，沉积了一套近两千米厚的寒武—奥陶纪的石灰岩。中奥陶世末，上升为陆地，经历了一段长期的沉积间断。至中石炭世初，泰山地区处于时陆时海的环境，而后，泰山地区持续上升，进入大陆发展阶段。

中生代期间：山的南麓产生一条泰前断裂，处于断裂北盘的原来古泰山，不断抬升隆起遭受风化剥蚀。到新生代，泰山继续大幅度掀斜抬升，在山体的高处，把原来覆盖在古老变质杂岩上的沉积盖层全部剥蚀掉。直至新生代中期，即距今三千万年左右，今日泰山的总体轮廓才基本形成。

今日泰山：在各种外力地质作用的不断侵蚀切割和风化剥蚀下，逐渐塑造成今天雄伟壮观的泰山地貌景观。北盘为太古代的泰山杂岩，南盘为寒武纪的灰岩和页岩，表现为正断层的形式，断层带宽几十米至上百米，由多条断层和多个断片所组成，走向延伸百余公里，具有落差大、延伸远、力学性质复杂和多期活动的特点，自晚侏罗世形成以来，其活动一直延续到现代，使北盘的泰山不断抬升遭受风化剥蚀，南盘的泰莱盆地不断下降接受沉积。泰山作为一个年青的断块山系，是泰前断裂北盘不断掀斜抬升和新构造运动的结果。

（二）侵蚀地貌景观

在新构造运动的影响下，泰山的侵蚀切割作用十分强烈，发育成不同类型的侵蚀地貌。由于泰山南坡的上升量远比北坡大，南坡的侵蚀强度相对较强，侵蚀地貌也相对比较发育。

按形态和成因可将其分为以下五种类型：

侵蚀构造中山：集中分布在泰山主峰玉皇顶周围以及老平台、黄石崖和黄崖山一带，海拔高度在 1000～1500 米左右，组成山体的岩性主要是变质岩和花岗岩，是区域内地势最高、抬升幅度最大、侵蚀切割最强的山地。这里峰高谷深，地形陡峻，切割的最大深度达 500～800 米，谷坡陡，跌水多，形成的绝壁陡崖和倒石堆随处可见。

侵蚀构造低山：分布在傲徕峰、中天门及尖顶山一带，海拔高度在 700～100 米之间，相对高度在 200 米以上，组成山体的主要是变质岩、花岗岩及闪长岩。

溶蚀侵蚀构造低山：多分布在主峰东北的鸡冠山至青山一带，海拔高度一般为 500～700 米，相对高度在 200 米以上，山体主要由变质岩和古生代寒武纪的石灰岩组成。山脉绵延，如顶部覆盖有厚层石灰岩，常形成四壁陡峭顶部平缓的"方山"或"桌状山"，当地称为"尚"，诸如张夏和尚山一带的山头，有时由于石灰岩的溶蚀作用，可形成洞穴和"透明山"一类的溶蚀地貌。

溶蚀侵蚀丘陵：多分布在泰山北部边缘的寒武纪石灰岩地区，海拔高度在 300～500 米之间。相对高差小于 200 米。地形低矮平缓，沟谷不发育，形成圆顶脊缓的"猪背山"，溶沟和溶洞等现象。

锡蚀丘陵：主要分布在山南低山的边缘，大河至虎山及黄前一线，海拔高度在 200 米左右，基岩多为变质岩及花岗岩，形成孤丘缓岭。

（三）微型地貌景观

在新构造运动的影响下，泰山不仅发育成各种侵蚀地貌类型，而且也形成了很多小型或微型的地貌景观。如大直沟、大沟巷、窑子沟、三岔沟的峡谷地貌，百丈崖、扇子崖的峭壁地貌，龙角山、歪头山、傲徕峰的奇峰地貌，以及壶天阁的谷中谷等险峻而奇特的地貌景观，此外泰山还发育成有众多的三级型的微型地貌，他们是新构造运动间歇性抬升的有力证据。

三级夷平面：第一级夷平面分布在泰山南麓的虎门、红门、金山及黄山公路四周。海拔高度为 50 ～ 200 米，形成波状起伏的丘陵，相当于华北临城期的夷平面。第二级夷平面分布在扇子崖及摩天岭一带的平缓山脊上，海拔高度为 600 ～ 800 米，相当于华北唐县期夷平面。第三级夷平面：分布在岱顶及其周围宽广的山顶，海拔高度为 1000 ～ 1500 米，构成一个向北微倾斜的封顶面，相当于华北鲁中期夷平面。

三折谷坡：在岱顶南北两侧常可看到峡谷的谷坡发生三次转折，如山北的一条峡谷在其上段约 200 米的深处，谷坡骤然变陡，又往下 200 余米，谷坡几乎直立，高达 20 米左右。根据峡谷的谷坡三折变化情况。可以把峡谷发育过程大致划分为峡谷上段、峡谷下段和嶂谷形成的三个时期。此外，在有些沟谷的纵剖面上也可看到其溪流线发生转折的现象，如从西路的黑龙潭往上，谷底坡度逐渐增大，在黑龙潭至黄西河之间谷底坡度为 80 度，黄西河至云步桥间为 10 ～ 12 度，自云步桥至南天门谷底坡度迅速变为 60 度。这种情况亦可说明泰山新构造运动及其地貌发育的阶段性。

三级溶洞：泰山北部的小娄峪，出露有寒武系张夏组的厚层石灰岩，在灰岩中溶蚀作用比较显著，发育有众多的大小溶洞，它们分别分布在海拔 510 ～ 560 米之间的不同高度上。分级现象十分明显。一级溶洞位于海拔 510 ～ 515 米之间，二级溶洞位于海拔 540 ～ 545 米之间，三级溶洞位于海拔 560 米的高处。三级溶洞的自然排列构成了该处的奇特景观，也是泰山新构造运动的间接性和阶段性的理想例证。

三迭瀑布：泰山沟谷中的瀑布很多，如黑龙潭和云步桥的飞瀑。由于新构造运动的间歇性，形成了瀑布的多级性，造就了泰山飞瀑流鸣的秀丽景色。在黑龙潭百丈崖下方，分别在 30 米和 50 米处有两个小潭，共同组成了三迭式的瀑布。在斗母宫东侧沟涧内，由三个小跌水组成的三潭叠瀑，每级落差约 3 米，潭瀑相连颇具特色，有"小三潭印月"之称。泰山新构造运动塑造的微地貌景观很多，诸如大众桥和樱桃园处洪积扇的扇中扇，壶天阁的谷中谷等。

（四）水文

泰山山泉密布、河溪纵横，水资源较为丰富，中地下水 14.97 亿立方米，地表水 15.46 亿立方米。泰山因裂隙构造发育，所以裂隙泉分布极广，从岱顶至山麓，泉溪争流，山高水长，有名的泉水数十处，如王母泉、月亮泉、玉液泉、龙泉、黄花泉、玉女池等。泉水甘冽，无色透明，含人体所需多种微量元素，系优质矿泉水。泰山北部，中上寒武统和奥陶系石灰岩岩层向北倾斜，地下水在地形受切割处出露成泉。从锦绣川向北，泉水汩汩，星罗棋布。北麓丘陵边缘地带，岩溶水向北潜流，并纷纷涌露，使古城济南成为"家家泉水，户户杨柳"。

泰山河溪以玉皇顶为分水岭，北有玉符河、大沙河注入黄河，东面的石汶河、冯家庄河，南面的梳洗河、西溪，西面的泮汶河，均注入大汶河。

由于泰山地形高峻，河流短小流急，侵蚀力强，河道受断层控制，因而多跌水、瀑布，谷底基岩被流水侵蚀多呈穴状，积水成潭，容易形成潭瀑交替的景观。泰山的瀑布主要有黑龙潭瀑布、三潭叠瀑和云步桥瀑布。

二、自然资源

（一）生物资源

泰山景色泰山属于华北植物区系，泰山植物生长繁茂，有高等植物174 科 645 属 1412 种；低等植物 446 种；其中野生植物 814 种，栽培植物 322 种。泰山植被分森林、灌丛、灌丛草甸、草甸等类型，森林覆盖率为 80% 以上。现有木本植物 72 科 433 种，草本植物 72 科 556 种，药用植物 111 科 462 种。

泰山的古树名木，源于自然，历史悠久，据《史记》载："茂林满山，合围高木不知有几"，现有 34 个树种，计万余株。他们与泰山历史文化的发展紧密相连，其中著名的有汉柏凌寒、挂印封侯、唐槐抱子、青檀千岁、六朝遗相、一品大夫、五大夫松、望人松、宋朝银杏、百年紫藤等，每一株都是历史的见证，历经风霜，成为珍贵的遗产。

泰山植被丰富，树木郁葱，水源充足，为各类动物的觅食、栖息提供了良好的条件。泰山动物主要为鲁中南山地丘陵动物地理区的代表性类群，现有哺乳类的动物 11 科 20 属 25 种；鸟类共有 34 科 88 属 154 种 1 亚种；爬行类 57 科 7 属 12 种；两栖类 3 科 3 属 6 种；鱼类共有 45 种，隶属鲤科、鳅科、鲶科、银鱼科等 12 科。

（二）矿产资源

泰山矿产资源的形成和分布与泰山的演化过程密切相关。在太古代的泰山杂岩中，形成多种多样的建筑石材，以及麦饭石、长石、石英石等变质矿产。在古生代时期，形成煤、铝土、石灰石等沉积矿产。

中生代形成了富铁矿、铜、钴、重晶石等内生矿产。新生代形成了石膏、石盐及自然硫等沉积矿产。泰山地区矿产资源丰富，有煤、铁、岩盐、石膏、硫黄、蛇纹石、麦饭石、木玉石、碧玉等矿产。泰山及其周围现已发现和探明的矿产已有四十余种。作为第一能源的煤炭，储量丰富，分布在泰山周围的肥城、新汶、宁阳 3 个煤田，是山东省的主要煤产地之一。接触交代型的铁矿，分布在泰山的东麓及其南侧，其富铁矿石量多质优，是山东省最大的富铁矿产地，为泰山地区黑色冶金工业发展提供了雄厚的物质基础。泰山南部的大汶口一带，埋藏有全国闻名的石膏、石盐、自然硫的沉积型大型矿床，为建立现代化学工业基地准备了充足的资源。作为工艺美术原料的大汶口燕子石、张夏镇木鱼石，在全国享有盛名。

三、泰山历史底蕴

"泰山"之称最早见于《诗经》。"泰"意为极大、通畅、安宁。《易·说卦》"履而泰，然后安"。"泰"字就由原来的高大、通畅之意引申为"大而稳，稳而安"，随即出现了"稳如泰山""国泰民安""泰山鸿毛"之说。

泰山为五岳之首，因其气势之磅礴，又有"天下名山第一"的美誉。泰山地区早在远古时代就已经成为东方文化的重要发祥地。泰山南麓的大汶口文化、北麓的龙山文化遗存反映出早期黄河流域氏族部落的活动状况。战国时期，齐国沿泰山山脉直达黄海边修筑了长约 500公里的长城，今遗址犹存。进入秦汉之后，泰山逐渐成为政权的象征。泰山实际海拔高度并不太高，在五岳中次于恒山、华山，仅占第三位。古人形容"泰山吞西华，压南衡，驾中嵩，轶北恒，为五岳之长"。

中国古代神话传说中，盘古死后，头部化为泰山。据《史记集解》所载："天高不可及，于泰山上立封禅而祭之，冀近神灵也。"古代传统文化认为，东方为万物交替、初春发生之地，故泰山有"五岳之长""五岳独尊"的称誉。自古以来，中国人就崇拜泰山，有"泰山安，四海皆安"的说法。古代历朝历代不断在泰山封禅和祭祀，并在泰山上下建庙塑神，刻石题字。泰山宏大的山体上留下了 20 余处古建筑群，2200 余处碑碣石刻。

泰山崛起于华北平原之东，凌驾于齐鲁平原之上，与平原、丘陵相对高差 1300 米，因而在视觉上显得格外高大的节奏感和"一览众山小"的高旷气势；山脉绵亘 100 余公里，盘卧 426 平方公里，其基础宽大产生安稳感，形体庞大而集中则产生厚重感，所谓"稳如泰山""重如泰山"，正是其自然特征在人们生理、心理上的反映。六朝任方《述异记》载，秦汉时，民间传说盘古氏（远古时开天辟地，代生万物的神人）死后头为东岳，左臂为南岳，右臂为北岳，足为西岳。盘古尸体的头向东方，而且化为东岳，泰山就成了当然的五岳之首了。这显然是根据《五行》《五德》学说创作的神话故事，反映了泰山独尊五岳的历史背景。

泰山景色因为东方是生命之源，是希望和吉祥的象征。而古代汉族先民又往往把雄伟奇特的东岳视为神灵，把山神作为祈求风调雨顺的对象来崇拜，于是，地处东方的泰山便成了"万物孕育之所"的"吉祥之山""神灵之宅"。帝王更把泰山看成是国家统一，权力的象征，也必到泰山封神祭祀。商周时期，商王相土在泰山脚下建东都，周天子以泰山为界建齐鲁；传说中秦汉以前，就有 72 代君王到泰山封神，此后秦始皇、秦二世、汉武帝、汉光武帝、汉章帝、汉安帝、隋文帝、唐高宗、武则天、唐玄宗、宋真宗、康熙、乾隆等古帝王接踵到泰山封禅致祭，刻石纪功。自秦汉至明清，历代皇帝到泰山封禅 27 次。历代帝王借助泰山的神威巩固自己的统治，使泰山的神圣地位被抬到了无以复加的程度。

正因为皇帝的封禅活动和雄伟多姿的壮丽景色，历代文化名人纷至泰山进行诗文著述，留下了数以千计的诗文刻石。如孔子的《邱陵歌》、司马相如的《封禅书》、曹植的《飞龙篇》、李白的《泰山吟》、杜甫的《望岳》等诗文，成为中国的传世名篇；天贶殿的宋代壁画、灵岩寺的宋代彩塑罗汉像是稀世珍品；泰山的石刻、碑碣，集中国书法艺术之大成，是中国历代书法及石刻艺术的博览馆。

泰山是黄河流域古代文化的发祥地之一。5 万年前的新泰人化石遗存和 40 万年前的沂源人化石遗存。泰山与孔子活动有关的景点有孔子登临处坊、望吴圣迹坊、孔子小天下处、孔子庙、瞻鲁台、猛虎沟等。

泰山宗教发祥久远，佛教于公元 4 世纪中期传入泰山。公元 351 年高僧朗公首先到泰山岱阴创建了朗公寺和灵岩寺。魏晋南北朝时期，泰山较大的寺院有谷山玉皇寺、神宝寺、普照寺等。著名的泰山经石峪是北齐人所刻的佛教经典《金刚经》。唐宋时，灵岩寺极为鼎盛，唐宰相李吉甫反把泰山灵岩寺称为天下"四绝"之一。泰山道教早在战国时就有方士隐居岱阴岩洞；秦汉后词庙林立，保留至今的有王母池（群王庵）、老君堂、斗母宫（龙泉观）、碧霞祠、后石坞庙、元始天尊庙等。其中以王母池为最早，创建于 220 年以前；以碧霞祠影响最大。泰山是王母娘娘神话传说的发祥地。早在魏晋时期就建有王母池道观。王母池位于泰山南麓环山路东首，古称"群玉庵"，又名"瑶池"。三国魏曹植有"东过王母庐"的诗句，唐李白有"朝饮王母池"的吟咏。

四、泰山美景

（一）泰山十八盘

泰山有 3 个十八盘之说。自开山至龙门为"慢十八"，再至升仙坊为"不紧不慢又十八"，又至南天门为"紧十八"，共计 1630 余阶。"紧十八"西崖有巨岩悬空，侧影似佛头侧枕，高鼻秃顶，慈颜微笑，名迎客佛。十八盘岩层陡立，倾角 70～80 度。泰山十八盘是泰山登山盘路中最险要的一段，共有石阶 1600 余级，为泰山的主要标志之一。此处两山崖壁如削，陡峭的盘路镶嵌其中，远远望去，恰似天门云梯。

（二）南天门

在山东泰安市泰山上十八盘之尽处，旧称三天门、南天门、天门关，海拔 1460 米，山于此为最危耸，飞龙岩与翔凤岭之间的低坳处，双峰夹峙，仿佛天门自开。元中统五年（1264 年）布山道士张志纯创建。门为阁楼式建筑，石砌拱形门洞，额题"南天门"。红墙点缀，黄色琉璃瓦盖顶，气势雄伟。门侧有楹联曰"门辟九霄仰步三天胜迹；阶崇万级俯临千嶂奇观"。南天门是泰山的骄傲。南天门以上围绕着泰山极顶的区域，被称作岱顶景区，面积约 1.6 平方公里。岱顶海拔已高，由于气压、温度诸因素的影响，景观与山下迥然有别，堪称奇妙，因此人们又称岱顶为"妙区"。置身岱顶只觉日近云低，几千年来人类社会不断营构的"天府仙境"与大自然赋予的奇异景致交相辉映，使人感到虚幻缥缈，不知这里是人间天上，还是天上人间。

（三）旭日东升

　　泰山日出是壮观而动人心弦的，是岱顶奇观之一，也是泰山旭日东升泰山的重要标志。随着旭日发出的第一缕曙光撕破黎明前的黑暗，从而使东方天幕由漆黑而逐渐转为鱼肚白，红色，直至耀眼的金黄，喷射出万道霞光，最后，一轮火球跃出水面，腾空而起，整个过程像一位技艺高超的魔术师，在瞬息间变幻出千万种多姿多彩的画面，令人叹为观止。岱顶观日历来为游人所向往，使许多文人墨客为之高歌。

日出东海

旭日东山

红日映天

日出胜景

（四）石刻书法

泰山历代刻石 2500 余处，堪称中国书法第一山。著名的泰山石刻书法有：秦统一封泰山李斯碑、汉武帝大一统无字碑、汉武八登泰山、汉张迁碑、晋孙夫人碑、唐高宗武则天封泰山鸳鸯碑、唐玄宗唐朝顶峰封泰山－唐纪泰山铭－大观峰碑颜真卿－在大观峰亦存有碑刻（现已毁）、宋宣和碑、康熙－云峰碑刻、康熙四登泰山、乾隆 11 次登泰山留下多处泰山石刻、泰山经石峪－《金刚经》摩陀刻石、《西游记》晒经石原型地。现存中国最大最古的摩崖《金刚经》石刻，刻在天然的 2600 平方米的石屏之上。

（五）岱庙

华夏名山第一庙，东岳庙祖庭——岱庙。岱庙始建于秦汉之时，泰山岱庙宋朝时扩修，是历代帝王的泰山行宫。历代帝王登封泰山先要在山下岱庙内举行大典，然后登山。著名帝王宫城式祠庙建筑，泰安市正中心，北望泰山。岱庙占地近 10 万平方米，是全国重点文物保护单位，馆存文物一级品数量在全国 2000 余座博物馆中居第 60 位。

（六）天贶殿

位于仁安门北，是岱庙主体建筑，建于宋大中祥符二年（100 泰山天贶殿 9 年）。大殿建于长方形石台之上，三面雕栏围护，长 48.7 米，宽 19.73 米，高 22.3 米。重檐歇山，彩绘斗拱，画瓦盖顶，檐下 8 根大红明柱，规模宏大，辉煌壮丽，与北京的故宫，曲阜的大成殿，合称为"中国古代三大宫殿"。

（七）灵岩寺（详见第三篇）

泰山灵岩寺，坐落于泰山西北麓，位于济南市长清区万德镇境内。北距济南灵岩寺 45 公里，南离泰安 25 公里，104 国道、京福高速公路（设灵岩寺出口）在其侧穿过，灵岩寺景区现有高、中档宾馆 4 处，可同时接纳 500 人食宿。地址：济南市长清区万德镇。灵岩寺，始建于东晋，距今已有 1600 多年的历史。该寺历史悠久，佛教底蕴丰厚，自唐代起就与浙江国清寺、南京栖霞寺、湖北玉泉寺并称"海内四大名刹"，并名列其首。灵岩寺，现为世界自然与文化遗产泰山的重要组成部分，是全国重点文物保护单位，国家级风景名胜区，全国首批 4A 级旅游区。

（八）普照寺（详见第二篇）

泰山普照寺位于岱麓凌汉峰下，秀峰环抱，翠柏掩映亭殿楼阁，气象峥嵘。清人有"门前几曲流水，寺后千寻碧峰，鸟语溪声断续，山光云影玲珑"的赞咏。普照寺取"佛光普照"之意，传为六朝时建，后历代皆有拓修。寺院以大雄宝殿、摩松楼为中轴，形成三进式院落。两侧配以殿庑、禅房和花园等。

（九）竹林寺

在泰山西溪谷中，黑龙潭的上边，今长寿桥东北，原来有一座寺，叫竹林寺，又名悬云寺。这里风景宜人，寺的周围翠竹青青，松柏苍郁，溪水潺潺，曲径通幽，风景十分秀美。向有"小径沿山，清流夹道，盘曲羊肠，景随步换"之誉。据说竹林寺是泰山古刹，建修年代无考，自唐以后屡兴屡废。据记载，竹林寺元代元贞年间元代名僧法海重修，声名远播，以至"东振齐鲁，北抵幽燕，西逾赵魏，南距大河，莫不闻风趋赴。"至明，高丽名僧满空拓建，寺又趋兴盛。明末文人萧协中曾描绘竹林寺的优美环境："小径沿山，清流夹道，盘曲羊肠，景随步换。抵寺，竹木参天，朱樱满地，晨钟晚磬，另一凄清。"明杨志学游竹林寺诗吟道："西天复此门，山半一泉温。云壁时时动，龙珠日日翻。飞扬李白句，倾倒孔融尊。归路夕阳好，凉风吹广原。"后竹林寺在一场火灾中焚毁，现又在原址上仿唐代风格重新修建。

（十）玉泉寺

玉泉寺位于岱顶北，直线距离为 6.3 公里，山径盘旋 20 余公玉泉寺里，有公路与泰城相通。寺东南有莲花峰、香炉峰、周明堂故址、天井湾；西为摩天岭；南临卖饭棚子；北依返倒山、长城岭，群山环抱，密林掩映，高崖飞涧，人迹罕至。玉泉寺由北魏僧意所创建，金代又有僧善宁重建，元代僧普谨增建七佛阁，后屡兴屡废。古时山民曾在山谷内拾到罗汉像，因名佛峪、佛谷。又因南有谷山，东有玉泉，又名谷山寺、谷山玉泉寺，俗名佛爷寺。今遗址内存碑碣 10 块，周围有千年古栗树 20 余株。院内原有大雄宝殿，中祀释迦，侧立十八罗汉，四周有壁画。正殿祀唐初政治家魏征等，"文化大革命"中被毁，今为玉泉寺景区立新林场驻地。

（十一）四大奇观

泰山日出：当黎明时分，游人站在岱顶举目远眺东方，一线晨曦由灰暗变成淡黄，又由淡黄变成橘红。而天空的云朵，红紫交辉，瞬息万变，漫天彩霞与地平线上的茫茫云海融为一体，犹如巨幅油画从天而降。浮光耀金的海面上，日轮掀开了云幕，撩开了霞帐，披着五彩霓裳，像一个飘荡的宫灯，冉冉升起在天际，须臾间，金光四射，群峰尽染，好一派壮观而神奇的海上日出。

云海玉盘：泰山云雾可谓呼风唤雨，变换无穷，时而山风呼啸，云雾弥漫，如坠混沌世界；俄顷黑云压城，地底兴雷，让人魂魄震动，游人遇此，无需失望，因为你将要见到云海玉盘的奇景。有时白云滚滚，如浪似雪；有时乌云翻腾，形同翻江倒海；有时白云一片，宛如千里棉絮；有时云朵填谷壑，又像连绵无垠的汪洋大海，而那座座峰峦恰似海中仙岛。站在岱顶，俯瞰下界，可见片片白云与滚滚乌云而融为一体，汇成滔滔奔流的"大海"，妙趣横生，又令人心朝起伏。

泰山云海

日照云海

晚霞夕照：当夕阳西下的时候，若漫步泰山极顶，又适逢阴雨刚过，天高气爽，仰望西天，朵朵残云如峰似峦，一道道金光穿云破雾，直泻人间。在夕阳的映照下，云峰之上均镶嵌着一层金灿烂的亮边，时而闪烁着奇异的光辉。那五颜六色的云朵，巧夺天工，奇异莫测，如果云海在此时出现，满天的霞光则全部映照在"大海"中，那壮丽的景色、大自然生动的情趣，令人陶醉。

黄海金带：新霁无尘，夕阳西下时分，举目远眺，在泰山的西北边，层层峰峦的尽头，还可看到黄河似一条金色的飘带闪闪发光；或是河水反射到天空，造成蜃景，均叫"黄河金带"。它波光粼粼，银光闪烁，

夕阳下山

黄白相间，如同金银铺就，从西南至东北，一直伸向天地交界处。清代诗人袁枚在《登泰山诗》中对黄河金带描写生动而传神："一条黄水似衣带，穿破世间通银河。"

晚霞夕照与黄河金带的神奇景色，与季节和气候有着很大的关系，为了能使登泰山者充分领略和享受这一奇观美景，就必须选择恰当的旅游时机。应该说秋季最好，因为这时风和日丽，天高云淡；其次是大雨之后，残云萦绕，天晴气朗，尘埃绝少，山清水秀。你尽可放目四野，饱览"江山如此多娇"的秀容美貌。

五、泰山进山路线

（一）泰山中路——最经典的登山线路

此登山线路以岱庙为起点，是泰山上人文和自然景观最集中的经典登山线路，也是泰山的精华所在，全程 9.5 公里，盘道 7000 多节，山脚至山顶之间几乎没有平路。历朝皇帝封禅皆为此处登山，本线路也被称为泰山御道。途中树木郁郁葱葱，阶梯盘旋而上，山峰奇秀俊美，人文古迹众多，古朴寺庙 8 处、碑碣 200 多块、摩崖刻石 300 多处，可以充分体验传统文化的韵味。

该路线途径：岱庙、岱宗坊、红门宫、万仙楼、斗母宫、经石峪、壶天阁、回马岭、中天门、快活三里、云步桥、五大夫松、十八盘、南天门、天街、碧霞祠、唐摩崖、五岳独尊、玉皇顶、拱北石。

登上起点处红门宫建筑群

登泰山没走过这条线路，不算真正意义游览过泰山。从红门步行登至山顶，成年人需大约 4～6 小时，也可以从岱庙开始游览，需多出 1～2 小时游览时间。如果全程步行登山，对体力和毅力是一项考验。如登山途中体力不支，可在中天门换乘索道抵达山顶。

（二）泰山西路 —— 最省力的登山线路

此线路以天外村广场为起点，是最为方便、省时、省力的登山线路。登山线路分为两段：前段为天外村至半山腰的中天门的盘山公路，路程为 14.35 公里，景区交通车时间为 30 分钟左右，沿途有很多自然景观和历史遗迹，可随车欣赏沿途美景；后段为中天门至山顶，可以选择步行登山（约 2 小时）或者乘坐索道（约 15 分钟）。

该路线途径：天外村、龙潭水库、白龙池、黑龙潭、竹林寺、黄溪河水库、扇子崖、傲徕峰、中天门、索道、南天门、碧霞祠、玉皇顶。

春天的天街

（三）天烛峰——最古朴自然的登山线路

此线路以天烛峰为起点，位置在泰山东北麓的扫帚峪，长达5.4公里。这里奇峰俊秀，松石多姿，自然之美不逊于张家界，天柱峰其峰顶有一棵松树，因远望像蜡烛的火焰而得名。此线路是泰山人工开发程度最低的景区，原始朴拙，风貌自然保持完好，是泰山"奥绝"所在。建议喜欢自助游者，可以选择本线路下山，这样不仅避免走回头路，而且可以更加全面的欣赏泰山美景。

该路线途径：天烛峰、望天门、姊妹松、小天烛峰、娘娘庙、索道、玉皇顶。

（四）桃花峪——最浪漫的登山线路

此线路由以桃花峪为起点，位置在泰山西麓。春天桃花盛开的时候，满山遍野尤其俊美。该路线途径：桃花峪、钓鱼台、碧峰寺、彩石溪、赤鳞溪、红雨川、桃花源索道。彩石溪内可见巨石白龙纹景观。

彩石溪的龙纹石

第二篇

泰山封禅文化与文献沿革

封以祭天，禅以礼地，祈求福运。这是泰山一种祭拜仪式，是由原始的山神崇拜发展到历代帝王主持的拜天礼地、祈求国泰民安的重大政治活动，据统计共有七十二个帝王来过泰山，表明这一祭祀是一种规范的典礼活动。近些年来，研究泰山封禅的文献层出不穷，从一般学术论文到硕士、博士论文专著，均有较深且翔实的研究。

第一章　帝王封禅的由来

一、封禅的含义

《山海经》中，已有许多泰山祭祀的记述，但尚未形成一种仪式化的典礼。作为较为定型的仪式化的祭山典礼，首见于三代帝王的"巡狩"，其后，不断地发展成为系统的祭祀礼制，成为国家典制的重要内容。

按照《史记·封禅书》张守节《正义》解释："此泰山上筑土为坛以祭天，报天之功，故曰封。此泰山下小山上除地，报地之功，故曰禅。"简单的解释就是它是一种宗教祭拜仪式，封以祭天，是在泰山极顶聚土为坛以祭天，积土为坛意味着增泰山之高，表示对浩荡天恩的感激；禅以礼地，是在泰山脚下找一座小山，扫出一片净土来祭地，堆积泥土增加地的广厚，以酬谢大地之神对万物生的恩赐；封禅仪式非常的神圣庄严，只有古代各朝的最高统治者皇帝才有资格，且这位皇帝必须要有政绩，国泰民安，天示祥瑞，才能来封禅，祭祀天地。

二、封禅源于原始崇拜

原始崇拜包括自然崇拜、祖宗崇拜、生殖崇拜。崇拜的对象是日、月、星、辰、山河、土地等与人类生产、生活联系密切的自然物。泰山崇拜主要源于人们对太阳崇拜和东方崇拜的结合。人类自古就有太阳崇拜，太阳为世上万物带来光明、孕育生命。太阳升起于东方，所以东方就是万物发育、阴阳交替之所，于是又产生了东方崇拜。今泰山近南天门的盘道东壁上，刻有"峻极于天，发育万物"八个大字。

在地理位置上，泰山位于神州大地的东方，因此泰山就成为历代帝王崇拜与祭祀的最佳场所。

三、"巡狩"与"柴望"

文献中，最早《虞书·舜典》记载："肆类于上帝，于六宗，望于山川，遍于群神"，"岁二月，东巡狩，至于岱宗。柴，望秩于山川，肆觐东后。协时月，正日；同度量衡；修五礼，五玉、三帛、二生、一死，挚，如五器。卒，乃复"。巡狩是一种带有视察性质的政治典礼。巡狩一般在天下太平的时候进行。《白虎通》说："道德太平，恐远近不同化，幽隐有不得所"，才巡狩"考礼义、正法度，同律历，稽时月"，以加强统一。虞夏时期五年一巡狩，到周时十二年一巡狩。巡狩时二月至东岳，五月至南岳，八月至西岳，十一月至北岳，表现出时令与方位的对应，这或许是"五行"说的先声。

当原始社会进化到氏族部落并向国家的雏形发展时，部族首领往往要通过大山崇拜等原始崇拜来体现自己的统治区域。这种统治手段，有史记载的形式为"巡狩"。《尚书·舜典》关于泰山的祭礼。"岁二月，东巡守，至于岱宗，柴。望秩于山川……五月南巡守，至于南岳，如岱礼。八月西，至于西岳，如初。十有一月朔巡守，至于北岳，如西礼。五载一巡守，群后四朝，敷奏以言，明试以功，车服以庸"。描述了父系社会后期，舜在代替尧担任部落联盟首领时，要祭祀上帝和六宗。六宗为天宗日、月、星和地宗岱、河、海。《越绝书》云："禹巡狩大越，见耆老，纳诗书，审铨衡，平斗斛。"可见巡狩是帝王加强统治的一种政治仪典，带有政治视察性质。其间，要接见诸侯，考核赏罚，统一制度，观察民情，宣扬教化等。

　　舜必须五年巡狩天下四方，即四岳。春天巡狩东岳岱宗，夏天南岳，秋天西岳，冬天北岳。巡狩到泰山，舜在极顶亲手燃起柴火，"燔柴以祀天"，意味和上天沟通，代天理民，为天行远，替天行道，愿天保佑，此谓"柴于上帝"。舜依次四面遥望，四方部族也各自登上境内高山向泰山遥祭，此谓"望秩山川"。整个仪式合起来就叫"柴望"。

　　显然，巡狩和柴望的结合，是部落联盟时期的统治手段。它的制度化，表明了原始国家雏形的出现。这种宗教仪式，使生活在黄河领域的部落逐渐形成了朦胧的民族意识、向心力和凝聚力，为这一地区民族大融合进行了神学和世俗的准备，完成了文化和意识的铺垫。而作为东方最高大的泰山把原始宗教中的太阳崇拜、东方崇拜、大山崇拜集合起来，从而形成统一的泰山崇拜。并理所当然地成了中华民族先民的神山。

　　祭祀泰山成为历代君王的心中梦想。《史记·封禅书》《论衡》和《韩诗外传》等典籍均记载了自炎帝以来七十二王封泰山的典故。

四、封禅理论的提出

《史记·封禅书》是记录封禅的最完整文本。封禅之说最早见于《管子·封禅篇》，比司马迁早五百多年的管子曾经谈到过封禅，可惜《管子》中的《封禅篇》早已亡佚，现存该篇是从《史记·封禅书》中补抄的。它保存了关于封禅起源的一段珍贵史料："齐桓公既霸，会诸侯于葵丘，而欲封禅。管仲曰：古者封泰山禅梁父者七十二家，而夷吾所记者十有二焉，昔无怀氏封泰山，禅云云；虑羲封泰山，禅云云；神农封泰山，禅云云；炎帝封泰山，禅云云；黄帝封泰山，禅亭亭；颛顼封泰山，禅云云；帝喾封泰山，禅云云；尧封泰山禅云云，舜封泰山，禅云云；禹封泰山，禅会稽；汤封泰山，禅云云；周成王封泰山，禅社首：皆受命然后得封禅。"

毕生以"克己复礼"为己任的孔子，曾往来汲汲于泰山，寻觅封禅大礼的遗迹，《韩诗外传》记载"观易姓而王可得而数者七十余人，不得而数者万数也"，以至向弟子们说："其俎豆之礼不章，盖难言之"。《路史》中记载，作为炎帝后裔的蚩尤"兴封禅"，也透出封禅起源的信息。以上诸说，显示了封禅起源的缘由。虽然封禅是祭天，不是祭泰山神，但封禅可以说是泰山信仰的特殊形态。

自上古伏羲氏到周朝七十二家封禅泰山的帝王中，较为著名的有炎帝、黄帝、颛顼、尧、舜、禹、汤、周成王等。从最后一位君王周成王祭祀泰山后，泰山寂寞了八百年。这时期，中国发生了翻天覆变化，并从奴隶制走向中央集权的封建制统一国家。在激烈冲突的战国时期，齐国思想家邹衍提出"阴阳五德终始说"。邹衍认为，江山不可能为一姓永久天下，江山易姓是控制宇宙的五种力量"木、火、水、土、金"相克相生，循环运转的结果。朝代更替是"顺天而行、受命于天"。邹衍把古代最早出现在《周易》一书的"阴阳"观念和"五行"观念糅合到一起，倡导阴阳五行说，用来解释历史上的朝代兴替的原因，又衍生出五行配伍，如五行配五德，每一个朝代都代表其中一德，如黄帝尚土德、夏尚木德、殷尚金德、周尚火德。五德循环往复，朝代便兴亡绝续。而为了新朝代取得"应运承天"合法性，向天下昭告德运转移，应到泰山上举办一个仪式祭天祭地，即封禅泰山。

五、封禅与梁父山

梁父山位于徂徕山东南麓。海拔 300 米，山势峭拔险峻。因山巅刻经巨石状如坐佛，故又称"映佛山"。梁父山在华夏古代文明史上占有重要的地位，上古至秦汉时期历代帝王君主封泰山必禅梁父，有"地神"之称。《史记·封禅书》曰："封泰山禅梁父者有七十二家"。秦始皇于二十八年，汉武帝于西汉元封元年、光武帝刘秀于建武三十二年，均登封泰山又降禅梁父。孔子登梁父，作《邱陵歌》喻推行仁道的艰难。东汉张衡以《梁父吟》喻仕途险恶。台湾著名作家白先勇创作小说也借用《梁父吟》这一佳题为篇名。因此，梁父山有着浓厚的文化和宗教色彩，为一座历史名山。景观有北齐刻经、柳下惠墓、隐仙观、光华寺。

第二章　封禅祭祀泰山的历代帝王

在中国历史上自秦始皇起有多位帝王封禅泰山，自上古伏羲氏到周朝七十二家封禅泰山的帝王中，较为著名的有炎帝、黄帝、颛顼、尧、舜、禹、汤、周成王等。有确切记载的第一个到泰山封禅的帝王是秦始皇，之后汉武帝、汉光武帝、唐高宗、唐玄宗、宋真宗等先后封禅泰山。

一、中国首位封禅泰山的皇帝——秦始皇

秦始皇建立统一的秦朝，自称始皇帝。公元前219年，秦始皇即位第三年，巡行东方，依照"五德终始"理论开创了中国历史上的第一次泰山封禅大典。

秦始皇一行先到峄山，行祭礼，刻石颂秦功业。后到泰山脚下，同时召集齐、鲁的儒生稽考封禅礼仪，众儒生诸说不一。始皇帝遂自定礼制，按照齐鲁士人宣扬的受命说，认真地举行封禅大典。只是在具体仪式上，也是因为齐鲁士人没有提供现成的礼仪而临时改用秦国旧礼。

封禅大典分两步进行，首先辟山修路，从泰山之阳登上山顶，"立石颂秦始皇帝德，明其得封也。"是为封礼。从泰山之阴下山，"禅于梁父，其礼颇采太祝之祀雍天帝所用，而封藏皆秘之，世不得而记也"是为禅礼。秦始皇上泰山，封泰山时祭文和祭礼秘而不传，司马迁慨叹无从述证。

秦始皇泰山封禅的原旨是齐鲁士人宣扬的受命说，同时具备了歌功颂德的成分。这使处于朦胧状态下的封禅理论推上了历史的舞台，秦始皇成为封禅大典的第一个实践者，扩大了封禅的社会影响，提高了封禅大典的神圣性，将原始简朴的泰山封禅说改造成政教合一的受命就职典礼。自此使秦王朝的宗教完成了由多神崇拜（如秦的四帝祭祀）向一神崇拜的转变，有利于全国思想的统一。同时，秦始皇的封禅活动拉开了齐鲁文化进军华夏继而独霸天下的序幕，着实架起了一座齐鲁文化通向全国的桥梁。而后秦始皇的出游多次流连往返于齐鲁大地，初步品尝了齐鲁文化的博大精深，客观上扩大了齐鲁文化的影响，促进了齐鲁文化向华夏大地的传播和渗透，从某种意义上可以说为齐鲁文化统治汉代思想文化界打开了通道。

二、中国封禅泰山次数最多的皇帝——汉武帝

汉武帝刘彻（公元前 156 年—公元前 87 年），汉高祖刘邦之曾孙，景帝刘启第三子，西汉第六位皇帝，15 岁登基，在位 54 年，开创了西汉自高祖以来的鼎盛局面。

武帝主要功绩之一是将儒学提升为国家宗教，建立了一套以国家为本位、适应政治统治的意识形态，从而掌控了主流舆论，并且为精英阶层（士大夫）和社会树立了人文理想以及价值标准。汉武帝在位期间，

出现了国泰民安、经济繁荣的局面。汉武帝大规模地到泰山进行封禅活动，并首次明确提出了封禅泰山必须具备三个条件：第一，必须扫平宇内、一统天下；第二，必须天下太平、长治久安；第三，必须不断有吉祥的天象出现。

汉武帝第一次封禅泰山是在公元前 110 年（即位后第 30 年），率 18 万大军于三月从长安出发东巡。至泰山，命人立石于泰山顶，己则去海边巡游，四月返泰山，自定封禅礼仪：至梁父山祀地神，在山下建封坛，高九尺，其下埋藏玉牒书。行封祀礼之后，武帝独与已故将领霍去病的儿子登泰山，行登封礼；第二天自岱阴下，按祭后土的礼仪，禅泰山东北麓的肃然山（今莱芜市西北）。封禅结束后，汉武帝在泰山脚下的明堂接受群臣朝贺，并因首次封禅改年号元鼎为元封。汉武帝上泰山，随从极少，所以《史记》和《汉书》都语焉不详。

武帝大赦天下，而且诏许凡天子车驾所经之处，免除一切劳役。武帝又令，在泰山脚下为诸侯修建官邸，以备他们随驾迎驾封禅泰山之朝宿，泰山附近因此宫殿馆舍，逐渐繁荣起来。

元封五年（公元前 106 年）、太初元年（公元前 104 年）、太初三年（公元前 102 年）、天汉三年（公元前 98 年）、太始四年（公元前 93 年）、征和四年（公元前 89 年）。汉武帝在前后二十一年的时间，到泰山封禅了 8 次。平均不到三年即有一次，频繁程度大大超出"古者天子五年一巡狩，用事泰山"的古制。

三、东汉开国皇帝——汉光武帝刘秀

汉光武帝刘秀（公元前 6 年—公元 57 年）东汉王朝的开国皇帝，汉高祖刘邦九世孙，是我国历史上著名的封建皇帝之一。史称其才兼文武，豁达大度。他统治的时期，史称"中兴"。

据《后汉书·张纯传》记载，建武三十年（54年），张纯上书，建议光武帝封禅泰山。张纯"自古受命而帝，治世之隆，必有封禅，以告成功焉。《乐动声仪》曰：'以《雅》治人，《风》成于《颂》。'有周之盛，成、康之间，郊配封禅，皆可见也。书曰：'岁二月，东巡狩，至于岱宗，柴'，则封禅之义也。臣伏见陛下受中兴之命，平海内之乱，修复祖宗，抚存万姓，天下旷然，咸蒙更生，恩德云行，惠泽雨施，黎元安宁，夷狄慕义。《诗》云：受天之祜，四方来贺。'今摄提之岁，仓龙甲寅，德在东宫。宜及嘉时，遵唐帝之典，继孝武之业，以二月东巡狩，封于岱宗，明中兴，勒功勋，复祖统，报天神，禅梁父，祀地祇，传祚子孙，万世之基也。"对此建议，刘秀起始斩钉截铁予以拒绝。建武三十二年（公元56年）正月，刘秀夜读《河图会昌符》，该书上有"赤刘之九，会命岱宗。不慎克用，何益於承。诚善用之，奸伪不萌"的话。于是，突然决定要到泰山进行封禅。在即位32年后，以"受命中兴"的理由，于56年二月东去泰山封禅。

东汉光武帝刘秀上泰山，随从众多，有关记载较细。刘秀封禅泰山后，中国进入三国二晋南北朝等近500年的大混乱大分裂时期。泰山也因此寂寞冷清了500年。

四、唐代封禅泰山的皇帝
——唐高宗、圣神皇帝、唐玄宗

唐太宗李世民（599年—649年）曾欲封禅泰山。玄武门事变后，高祖退位，太宗即帝位，次年改年号为贞观，开创了历史上有名的"贞观之治"。贞观五年（631年），群臣请求唐太宗封禅泰山，遭到了太宗的拒绝。632 年，太宗再次拒绝群臣请求封禅大典（当时只有魏征表示反对）。641 年，唐太宗终于下诏有事于泰山，但行至洛阳，因边境传来战事，太宗只好打道回府。封禅之事未能如愿。

唐高宗李治（628 年—683 年），显庆（656 年—661 年）末年，高宗患风眩头重，难于操持政务，皇后武则天逐渐掌握朝政，朝廷内外称他们为"二圣"。在位 34 年，天下太平，史家有"永徽之治"的美誉。在大臣的敦请，尤其是皇后武则天的"密赞"之下，李治决定携皇后同封泰山。

唐高宗李治和皇后武则天封禅的时间，选取在一年的开始，即我国的传统节日春节期间，随从众多，各国的藩王和少数民族的首领皆参与盛会，令人瞩目。据《册府元龟》卷三十六记载：公元 665 年 12 月 12 日，李治从洛阳出发赴泰山，随从皇帝车驾的队伍延续数百里。北方的突厥族、西域的于阗族、南亚的天竺（今印度），以及东邻日本、新罗、高丽等首领，都率领各自的部属随从高宗和武则天封泰山，并在高宗的封祥碑上刻石纪念。这样宏大规模，是与唐代国力强盛而又实行开放性的政策密切相关的。

据《旧唐书》记载，高宗李治和皇后武则天于这一年阴历的腊月中下旬到达当时的齐州（今山东省济南市），在齐州住十天，于除夕的那天，从齐州到泰山。中经灵岩寺佛教圣地，于正月初二（666 年 2 月 21 日）在泰山开始一系列的祭祀活动。

据《大唐新语》记载，武则天举行祭祀大典时，让宫人手牵锦绣制成的大帏帐遮隔，以示回避。现存岱庙中的"双束碑"，俗称"鸳鸯碑"。这块碑上刻着高宗李治、武则天、中宗李显、睿宗李旦、玄宗李隆基、代宗李豫、德宗李适等七人在泰山建醮造像诸事。

唐玄宗李隆基（685 年—762 年），712 年即位，改元开元。唐代进入了开元至天宝长达 40 余年政局比较稳定的鼎盛阶段。史称"开元盛世"。

作为唐代的第六位皇帝，唐玄宗在位 44 年，出现了"开元盛世"，朝中大臣上书力请玄宗东封泰山。玄宗经过一番谦让之后，欣然首肯，于 725 年 12 月 16 日到泰山举行了封禅大典。

唐玄宗于开元十二年（725 年）十月率百官、贵戚及外邦客使，东至泰山封禅。唐玄宗东封泰山，单就仪仗队伍前的马队，就以每种颜色作为一个方队，交错排列，远远望去就像彩云绣锦，可见规模之大，盛况空前，封禅礼沿袭乾封旧制。封禅后，封泰山神为"天齐王"，礼秩加三公一等，玄宗亲自撰书《纪泰山铭》，刻于岱顶大观峰，并令中书令张说撰《封祀坛颂》、侍中源乾曜撰《社首坛颂》、礼部尚书苏撰《朝觐坛颂》，均刻石纪德。

唐摩崖碑，高 133 米，宽 5.7 米，碑文书 24 行，满行 51 字；碑额高 3.95 米，隶书"纪泰山铭"。摩崖碑上刻序言、铭文及额款共 1008 个字，是唐玄宗东封泰山歌功颂德的纪事碑，曾多次贴金。它体伟幅巨，飞龙蟠首，金光夺目，蔚为壮观。碑文共分五段：首先叙述封禅的始因及唐玄宗东封泰山的气派"张皇六师，震叠九寓，旌旗有列，士马无哗，肃肃邕邕，翼翼溶溶，以至于岱宗"；第二段考证了封禅的来历，改革"秘而不传"的封禅旧制，公开宣称自己是为"苍生之祈福"；第三段叙述了封禅仪典的过程，并颂扬天下太平、国富民强；第四段是李隆基向昊天上帝表示"永保天禄"的决心；第五段则以铭文的形式歌颂了高祖、太宗、高宗及中宗、睿宗等五圣的功绩，进一步表明"至诚动天，福我万姓"的改革精神，并谆谆告诫后来者"道在观政，名非从欲"，反映了唐玄宗开元盛世时的雄心壮志和务实的特点。

五、最后一位封禅泰山的皇帝——宋真宗赵恒

真宗在位 26 年，只有两件事让后人对其印象深刻—澶渊之盟和封禅泰山。宋朝建立时，北方有强辽，南方分布着南唐、吴越、后蜀、南汉、南平（荆南）等国。1004 年，辽圣宗再次攻宋于澶州。在宰相寇准力争下，真宗亲临战前线，在战事有利于宋朝情况下，与辽国萧太后订立澶渊之盟，岁输辽银 10 万两，绢 20 万匹。澶渊之盟后，为平息朝野不满，转移全国注意力和从心理上震慑辽国。

宋真宗亲自策划封禅泰山，由王钦若（962 年—1025 年，历任秘书省校书郎、太常丞、左谏议大夫、参知政事、刑部侍郎等职）伪造天书，启示"祥瑞"。据《宋史》记载：1008 年正月初三、四月初一、六月六号，写有文字的三块黄帛从天上坠下，前二块落在皇宫屋顶上，第三块落在泰山醴泉之北，内容为歌颂宋真宗统治文字。宋真宗下诏于皇城西北天波门外建造玉清昭应宫来奉安"天书"。

王钦若接着动员泰山、孔府所在地的兖州百姓上千人诣阙请封禅。再让文武百官、诸路将校、州县官吏、蛮夷、僧道、耆寿等上万人入皇宫请愿封禅，曹州、济州的父老数千人人又诣阙请皇帝临幸。此种活动多达五次。宋真宗如是下诏封禅。

大中祥符元年（1008 年）十月，宋真宗自汴京出发，千乘万骑，沿途数万群众围观跟随，东封泰山。改乾封县为奉符县；封泰山神为"天齐仁圣帝"；封泰山女神为"天仙玉女碧霞元君"；在泰山顶唐摩崖东侧刻《谢天书述二圣功德铭》。诏王旦撰《封祀坛颂》、王钦若撰《社首坛颂》、陈尧叟撰《朝觐坛颂》，各立碑山下。现唯王旦《封祀坛颂碑》尚存于岱庙院内。

宋真宗封禅与历代不同，坛址选在日观峰而非极顶，时辰也不同，选在日出时分，面对东方太阳而祭。主要想利用契丹对太阳神崇拜震慑辽国。为此，宋真宗连夜登山设御帐于云步桥。封禅当日，红日高照，风和日丽。封禅礼毕，举国欢呼。泰山神也成为"天齐仁圣帝"，即俗称的"东岳大帝"，其正殿"天贶殿"，也在中国所有的山神殿中，唯一具有九五之制的帝居规格。在山上发现一尊神女石像，封为"天仙玉女碧霞元君"，为此盖了昭真祠，即后来的碧霞祠。在泰山顶唐摩崖东侧刻《谢天书述二圣功德铭》宋真宗登泰山时，加封青帝为广生帝君，并篆刻碑记，赞颂青帝"节彼岱宗，奠兹东土，生育之地，灵仙之府"。

宋真宗玉牒文：有宋嗣天子臣某，敢昭告于昊天上帝：启运大同，惟宋受命，太祖肇基，功成治定。太宗膺图，重熙累盛。粤惟冲人，丕承列圣，寅恭奉天，忧勤听政。一纪于兹，四隩来暨。丕贶殊尤，元符章示。储庆发祥，清净可致，时和年丰，群生咸遂。仰荷顾怀，敢忘继志，佥议大封，聿申昭事。躬陟乔岳，对越上天，率礼祗肃，备物古蠲，以仁守仁，以孝奉先。祈福逮下，侑神昭德，惠绥黎元，懋建皇极，天禄无疆，灵休允迪。万叶其昌，永葆纯锡。

宋真宗玉策文：嗣天子臣某，敢昭告昊天上帝：臣嗣膺景命，昭事上穹。昔太祖揖让开基，太宗忧勤致治，廓清环宇，混一车书，固抑升中，以延积庆。元符锡祚，众宝呈祥，异域咸怀，丰年屡应。虔修封祀，祈福黎元。谨以玉帛、牺牲、粢盛、庶品，备兹烟燎，式荐至诚。皇伯考太祖皇帝、皇考太宗皇帝配神作主。尚飨。

宋真宗耗全国之力，封禅泰山，把泰山崇拜推到了无以复加的高度，也为延续了上千年的泰山封禅活动画上了句号，他成为最后一位封禅泰山的皇帝。之后，帝王来泰山只举行祭祀仪式，不再进行封禅。

六、把泰山由"帝"变"神"的皇帝
——明太祖朱元璋

朱元璋，（1328年—1398年）即明太祖，年号洪武。于洪武三年（1370年）朱元璋第一次派官员祭祀泰山神，立碑《去东岳封号碑》，皇帝制曰：磅礴东海之西，参穹灵秀，生同天地，形势巍然。古昔帝王登之，观沧海，察地利，以安民生……自唐始加神之封号，历代相因至今。曩者，元君失驭，海内鼎沸，生民涂炭。予起布衣，承上天后土之命，百神阴佑，削平暴乱，正位称职，当奉天地、享鬼神，以依时统一人民，法当式古。今寰宇既清，特修祝仪。因神有历代之封号，予起寒微，详之再三，畏不敢效。盖与穹同始，灵镇一方，其来不知岁月几何。神之所以灵，人莫能测，其职受命于上天后土，为人君者何敢预焉！惧不敢加号，特以"东岳泰山之神"名其名。依时祭神，惟神鉴之。

在另一个诏书中，朱元璋说："岳镇海渎之封，起自唐宋。夫英灵之气，萃而为神，必受命于上帝，岂国家封号所可加？渎礼不经，莫此为甚。今依古定制，并去前代所封名号。五称东岳泰山之神……"

朱元璋虽不再来泰山封禅祭天，但仍不断派人来泰山祭泰山神，洪武祭祀碑立于明洪武十年（1377年），系朱元璋遣李文忠、吴永舆、邓子方代祭泰山神时所立。碑高5.3米，宽1.43米，厚0.58米，立于岱庙天贶殿院内。碑文：皇帝谨遣曹国公李文忠、道士吴永舆、邓子方致祭于东岳泰山之神曰：朕荷上天后土之眷命，蒙神之效灵，以致平群雄，息祸乱，主黔黎于华夏，统控蛮夷，于今十年，中国康宁。然于神之祀，若以上古之君言之，则君为民而祷，岁有春祈秋报之礼，于斯之际，有望于神而祭者，有巡守于所在而燎瘗者。今予自建国以来，十年于兹。

国为新造，民为初安，是不得亲临所在而祀神也。特遣开国忠臣李文忠、道士吴永舆、邓子方以代予行，奉牺牲、祝帛于祠下，以报效灵。自今以后，岁以仲秋诣祠致祭，惟神鉴之。尚飨。

明国家典制规定国家的大典礼、大政务，如新皇即位、皇帝大婚，及征伐奏凯、河渠祈祷之事，或巡狩经过，皇子得病等军国大事皆命重臣或内侍致祭岱岳。这是因为，泰山无论是神是帝，"泰山安则天下安"早已是根深蒂固的民族信仰。据记载，明太祖委派大臣或道士五次到泰山致祭。后来，自成祖朱棣到神宗朱翊钧200余年间驱使臣、道士祭岱45次之多。

明代后，泰山渐渐走向了世俗。至清代，皇帝眼中的泰山，更成了诗赋的题材，为泰山的拔地通天、雄伟气势所折服，为大自然造化的鬼斧神工而惊叹，泰山的形象成为抒怀与寄托情感之偶地。

七、清代皇帝与泰山

清圣祖康熙（1654年）于顺治十八年（1661年）即位，在位六十一年，是中国历史上在位时间最长的皇帝，为大清王朝奠定了宏伟之基业。是康乾盛世的开创者，是清朝最有作为皇帝，为我国多民族国家的形成和巩固，做出了卓越的贡献。

康熙一生六次南巡，三至泰山，两登岱顶。

公元1684年初冬，康熙首次南巡，首站就是泰山。十月十一日至泰山，在岱顶纵目眺望，畅豁襟怀，遂留《登岱》诗："岩岩岱岳高无极，攀陟遥登最上头，路转天门青霭合，峰回日观白云浮。振衣截崇凌千仞，骋目苍茫辨九州，欲与臣邻崇实政，金泥玉检不颂留。"

康熙帝夜宿山顶，赋《登岱对月》："夜宿乔岳巅，缥缈近云阙，孤高绝尘翳，天外见明月，不闻城市喧，惟听空籁发，开轩肆遐览，万象争突兀，对此心悠然，清梦自超越"。可见当夜天清月朗，下山后，康熙至岱庙祭泰山神，为三献之礼，行二跪六叩大礼。自谓"岳为五方之长，发生万物，故躬祀之为万民祈福"典礼之后，康熙亲笔为天贶殿书写匾额："配天作镇"。

康熙帝二次至泰安是 1689 年正月。1703 年，康熙最后一次南巡，第二次登上泰山。作《望岱忆旧》诗一首："青天竦峙翠云浓，端立船头眺岱宗。忆上崇巇最高顶，非探芝检效东封。"

康熙研究前人泰山著作"但言华山为虎，泰山为龙，地理学家亦仅云泰山特起东方，张左右翼为嶂，总未根究泰山之龙于何处发脉"。康熙撰写《泰山龙脉论》，认为泰山实发龙于长白山。

清乾隆帝（生于 1711 年），雍正十三年（1735 年）即位，改年号乾隆。是清朝第五任皇帝，在位 64 年。乾隆时期的清朝边疆稳固、社会安定、国富民强、文治武功都达到了极盛。

1748 年二月，乾隆陪母亲首次登临泰山，乾隆乘马而上，其险处均架设栈桥。诸王侍臣陪行，到朝阳洞小憩，至极顶驻跸行宫。次日祀碧霞元君，后下山至岱庙。乾隆沿途各庙宇、亭、行宫遍题匾额。

此后乾隆十六年、二十二年、二十七年、三十年等均南巡回銮过泰山谒岱庙，并驻跸岱阴灵岩寺，登玉符山。乾隆三十六年，为恭贺皇太后八十大寿于春二月奉皇太后东巡谒岱庙，登岱祀碧霞元君，在岱麓白鹤泉按古明堂遗制初建行宫。

乾隆五十五年（1790 年），八十大寿、春三月特东巡谒岱庙，登岱祀元君。礼毕后，大宴群臣，犒赏三军，回銮所经沿途减租税，赐银与父老、数以万计。这是乾隆最后一次登泰山。

乾隆共 11 次来泰安，其中 6 次登上泰山峰顶，留有咏颂泰山的诗篇

170 余首，御笔碑碣 130 多块，抒发了一代帝王对泰山的崇敬之情。乾隆帝登泰山留下了大量的摩崖诗刻，其中最著名的见朝阳洞万丈碑，上刻御制朝阳沿诗，高山峻崖，摹刻宏伟，高 20 余米，宽 9 米，每个字长 1 米，在山下亦清晰可见。

　　随着历代帝王、官员的纷至沓来，给泰山遗留下的祭祀用器日益增多。这部分专用于祭祀泰山神灵的祭品、供器种类繁多，形式华贵，主要有铜器、瓷器、玉器、漆器、玻璃器、木器、金银器、印玺、服饰等，统称其为"泰山祭器"。

第三章 封禅文化的意义

从自然的角度看,泰山的自然之美并不是最出众的。泰山的美是一种雄浑、粗犷、壮阔、博大之美,体现的是崇高、雄伟、刚毅、矗立和坚韧不拔的精神。泰山作为"国泰民安""江山一统"的精神支柱,把它崇高的身影投射到整个民族的政治生活和亿万人的精神世界中。从而成为中华民族和古老中国的象征。

由于历朝皇帝的顶礼膜拜,使其称得上"圣山"和"国山"以及"五岳之首"。"五岳之首"更多地强调了泰山在中国名山中的政治和文化地位,而封禅则正是这政治文化意义中最最厚重的一笔。

从尧舜时的巡狩、柴望到始于秦的封禅。泰山以其壮伟雄姿随着帝王的封禅活动而成为五岳独尊的历史地位。

封禅文化是帝王文化在泰山的延伸,使泰山变成了历史文化名山。封禅文化使泰山成为国家和民族的象征。

现今泰安大型实景演出项目《中华泰山·封禅大典》是以泰山文化为创作素材,通过秦、汉、唐、宋、清五朝皇帝登山封禅的历史背景为创作主线。主要了表现了华夏民族敬畏天地的精神导向,弘扬和歌颂了中国历史文化上所呈现的"天人合一"精神。

第三篇

泰山儒释道文献研究

泰山宗教文化在泰山文化中有着特殊的历史位置，是中华民族诸多文化特征的体现，以其高耸雄伟的自然特征和悠久灿烂的历史文化构筑起泰山宗教信仰的基础。从史前巡狩柴望的朦胧的信仰，到封禅告祭，作为中国历史上独有的一种山岳崇拜现象，对泰山宗教的发生发展产生了深刻而久远的影响。

中华传统文化中的儒、释、道三教，都在起源阶段就与泰山有着不解之缘，泰山经历了三教的兴起、繁盛、衰落的全过程。

第一章 泰山宗教基本情况

神话是宗教的土壤，宗教是神话的传承和归纳。泰山，古代神话中，自然神、始祖神兼有之。如泰山玄女、西王母、夷人祖神伏羲、不屈的战神蚩尤、风神飞廉与穷奇、神射手后羿，等等。后来又增加了佛教、道教等宗教的神祇，以及众多民俗神。

历史上，泰山曾出现过儒教、佛教、道教、天主教、伊斯兰教等。长期以来，它们在这里共存和发展，以至今天仍庵、观、寺院、教堂并存。新中国成立以前，泰山有 400 余处庙宇，仅见于《泰安县志》记载的大庙就有 188 处。约占泰城面积的一半以上。泰山古有"神州"之称，"济南府人全，泰安州神全"。

道教宫殿有岱庙、王母池、斗母宫、关帝庙、碧霞祠、三官庙、老君堂、地主祠、阎罗祠等，所祀神仙有玉皇大帝、元始天尊、灵宝天尊、太清道德天尊、三清真人、太上老君、西王母、后土、地主、东华帝君等。

佛教有著名的普照、灵岩、朗公、神通、竹林诸寺，供奉释迦牟尼、弥勒、药师、观音、文殊、普贤、韦驮、罗汉等。

为纪念儒教鼻祖，泰山上下都建有文庙，主祭孔子、亚圣（颜回、子思、曾参、孟轲），及"十二贤人"。

到了近代，泰安城又兴建基督教堂和伊斯兰教堂，拜祀上帝和真主。这样世界三大宗教，泰山都有了。

天界、地界、人界三界神全：如玉皇、天尊、风伯、雨师、雷公、电母、八仙等，属天神序列。而后土、城隍、酆都大帝、阎王等，属地神序列。像三皇、人祖、泰山老父、孔子、颜子、鲁班等，属于人神序列。

到了近代，泰安城又兴建基督教堂和伊斯兰教堂，拜祀上帝和真主。这样世界三大宗教，泰山都有了。

第二章 泰山的儒学文化

一、孔子与泰山

儒学创始人孔子，故里曲阜，距泰山七十公里，他曾多次带领学生登临泰山。留有孔子登临处、望吾圣迹处，孔子庙等遗址。明代《泰山志》说："泰山胜迹，孔子称首。"这不仅拓展了泰山文化的内涵，也使儒家思想文化借泰山之力发扬光大。孔子登临泰山，抒怀畅志；考察封禅，学习礼仪；了解民情，观知时政，设坛讲学，开创了名人登泰山的先河；也为泰山儒家文化的发展奠定了基础。泰山在春秋时期是齐鲁两国的交界之地。鲁国是周公封地，设周朝祖庙。所以周朝的政治、文化、法律制度在鲁国保存得较为完备。孔子一生大部分时间在鲁国度过，这为他在泰山一带的活动提供了充分的条件。"登泰山而小天下"，成为历代文人名士不可缺少的生活内容，沿袭成为积淀深厚的文化心理，蔓延成为流传久远的文化风气，演变成为传统的文化中的一大景观。

最早吸引孔子的是封禅礼仪，隆重庄严的神圣而严格的封禅仪式，对十分重视礼乐制度的孔子有极大的吸引力。孔子一生以周公为榜样，以恢复周朝政治和礼乐制度为己任，准备随时辅弼国君实现这一主张。

《韩诗外传》记载："孔子升泰山，观易隆而王可得而数者七十余人。"
经过多次实地考察，发现历代封禅的具体仪式差异很大。当时的封禅与
祭山活动都要由国君举行，诸侯以下举办是不合礼节的。据《论语·八佾》，
鲁国掌权的大夫季孙氏要祭泰山，孔子急忙去问季氏当管家的学生冉有：
人不能阻止吗？冉有回答不能。孔子气愤地说："呜呼！曾谓泰山不如
林乎？"孔子在泰山一带著名的政治活动是在泰山东侧莱芜境内的夹谷
之会。《史记·孔子世家》载：鲁定公十年（前500年），孔子任鲁国司寇，
开始以自己的政治主张治理国家，并逐渐安定强大起业，这使齐国十分
不安。为了治理鲁国，齐景公采纳大夫黎鉏等人的建议，邀请定公在夹
谷聚会，想趁机以武力使鲁国屈服。鲁定公应允赴会，孔子以司寇代行
相事随行。齐国随景公赴会的是著名政治家晏婴。

　　会见开始后，齐国演奏地方歌舞，于是"於旄羽被矛戟剑拔鼓噪而至"，
意在威胁定公。孔子迈上台阶，扬起衣袖盛声喝道：我们两国国君正在
庄严地会见，为什么会有这种野蛮的歌舞？景公示意歌舞退下。过了一
会儿，齐国要求演奏宫廷雅乐，于是有"优倡侏儒为戏而前"，以此侮
辱定公。孔子又迈上台阶大声说：戏弄诸侯者要依法斩首。由于孔子态
度严正，掌握礼节严密合度，军事上又有充分准备，使齐景公感到鲁定
公不是可以轻易挟持的，便匆匆结束了会见。归国以后，齐景公埋怨臣
下说，孔子是按照礼仪辅佐国君，而你们却以旁门左道教我，现在失礼
于鲁国，该如何？于是只好归还以前侵占鲁国的汶阳田、龟阴田，表示
谢过。现泰城东十余里傅家村附近还有谢过城遗址，就是因此事而修建的。

　　鲁哀公十一年（前484年），遣使以重金迎孔子自卫返鲁。其时孔
子在各地奔走漂泊十四年，阅历更加深广，政治经验更加成熟。孔子感
已是六十八高龄，在进退维艰的处境中很难有大的政治作为，归国心情
十分复杂。因而当他路经泰山，登高远望时，感慨万千，遂作《邱陵歌》

以抒怀：登彼邱陵，峛崺其阪。仁道在迩，求之若远。遂迷不复，自婴屯蹇。喟然回顾，梁甫回连。枳棘充路，陟之无缘。将伐无柯，患滋蔓延。惟以永叹，涕霣潺湲。此诗历代皆传为孔子所作。如是，则为孔子第一首专门吟咏泰山的诗歌，也是他继《龟山操》之后第二首有关泰山的诗。它开创了咏山水以抒情言志的先例。诗中运用以"山道"喻"仁道"的比兴手法，形象寓意十分恰切。

夹谷之会后，齐国担心"孔子为政必霸"，费尽心机离间鲁君与孔子的关系。"季桓子微服往观再三，将受。乃语鲁君为周道游，往观终日，怠于政事"《史记·孔子世家》，孔子不得已，五十五岁时带领弟子离开鲁国，开始了长达十四年的周游列国之行。途中经过泰山以南，今新泰以西的龟山，看到肥沃的龟阴田，夹谷之会的胜利成果犹在，而自己却被迫离鲁，胸中郁愤，遂作《龟山操》一曲。据东汉蔡邕《琴操》记载："《龟山操》者，孔子所作也。齐人馈女乐，季桓子受之，鲁君闭门不听朝。当此之时，季氏专政，上僭天子，下畔大夫，圣贤斥逐，谗邪满朝。孔子欲谏不得，退而望鲁。鲁有龟山蔽之，辟季氏于龟山，托势位于斧柯。季氏专政，犹龟山蔽鲁也。伤政道之陵迟，闵百姓不得其所，欲诛季氏而力不能，于是抚琴而歌云：予欲望鲁兮，龟山蔽之。手无斧柯，奈龟山何？"

瞻鲁台。在岱顶南侧，是孔子登山眺望鲁国的地方。《孟子·尽心上》载：孔子登东山面小鲁，登泰山而小天下。故游于海者难为水，游于圣人之门难与言。这是讲知识境界要不断递进，才能有更高的道德修养。"此处曾有"孔子小天下处"刻石，以志纪念。

在泰山南麓王母池东侧有一山丘名曰"虎山"。《礼记·檀弓》篇载：孔子过泰山侧，有妇人哭于墓者，而慨叹"苛政猛于虎"。不过此处地势开阔，山峦疏旷，似非虎狼出没之地，"虎山"之称或系后人附会。

清乾隆皇帝在此立"乾隆射虎处"石碑，借题发挥，寓革除"苛政"之意。

在泰山以东莱芜口镇立季札子墓。季札是吴王寿梦的第四个儿子，曾三次放弃位，周游列国学习礼乐，是吴文化的集大成者。季札曾专程赴鲁观看同代乐舞，后出使齐国，返途中长子夭折于泰山脚下，只好就地安葬。《礼记·檀弓》记载，孔子认为季札是吴国最熟悉札乐制度的，曾专程前往考察季札长子的殡葬仪式。现在季札子墓旁，仍立有"孔子观礼处"石碑。

在新泰木厂峪乡以南十五里名曰盗道泉峪，得名于"盗泉"。《尸子》载："孔子至于暮矣，而不宿于盗泉，渴矣而不饮，恶其名也。故有"志士不饮盗泉之水，廉者不食嗟来之食"之说。后人因恶其名，改"盗"为"道"，今称道泉峪。

在宁阳县东庄乡境名曰郕邑之地。《列子·天瑞》篇载："孔子游于泰山，见荣启期行乎郕之野。荣启期是一九十高龄隐士，披鹿皮，束草绳，正在弹琴唱歌。孔子问："何事使先生如是兴耶？"荣答说："使我兴者多也。世间人最尊，我乃，其一乐；人又分男女尊卑，我为男，乃二乐；人命长短，甚夭于腹褓，我幸已九旬，三乐矣。贫寒是贤士之的通境，亡是生的终结，我已常中度生足矣，何虑之有？"孔子感触说：幸也！真慰矣！这件事情给孔子很大的启发和影响。

泰山有孔子庙有两处，一处在泰城岱庙东南，始建于宋代，一处在岱顶天街东首，碧霞祠西侧，始建于明嘉靖年间。庙中除奉孔子外，还祀颜回、曾子、孟子、子思，是为"四配"，另有"十二贤哲"位列。清代泰安知县徐宗干题联：仰之弥高，钻之弥坚，可以语上也；出乎其类，拔乎其萃，宜若登天然。

"孔子登临处"牌坊位于红门宫前。明嘉靖三十九年（1560年）山东都察御史朱安等人建。坊上镌联："素王独步传千古，圣主遥临庆万年"。

不过汉代以前,登山是走泰山东路,入山须走大津口乡。明人在此建坊是以儒家文化喻晓世人,扩大孔子在泰山的影响。

孔子弟子中与泰山相关者首推大弟子颜回。《孔子家语》载:"颜子与孔子上鲁泰山,孔子东南望阊门外有系白马,引颜渊以示之:若见吴阊门乎?颜渊曰:见之。孔子曰:门外何有?颜曰:有如白练之状。孔子抚其目而止之。"其地在岱顶孔子庙前,明人于此立"望吴圣迹"石坊。此处又称望吴峰、孔子岩。在泰山西南、汶水以北的汶阳田中,有一处"颜子坡",是师徒二人下山后到过的地方。这位学深而命短的颜回,引起了泰山人的怀念。

曾子是早期泰山民歌的作者,是孔门弟子中研究忠、孝最有成效者,称为曾子学派,著有《孝经》《大学》等,被后代奉为"宗圣"。据《琴操》载,曾子微时"耕泰山之下,天雨雪冻,旬日不得归,思其父母,作《梁父吟》"。其曲调沉郁苍凉,哀婉之情,遂流传广泛。这是曾子对泰山文化的贡献。

有若,亦称有子,孔门十二哲之一。在《论语》中,孔门弟子只对曾参、有若称"子",足以说明他在当时的地位。据《孟子·滕文公上》记载,孔子死后,弟子们日夜思念。因有若貌似孔子,子夏、子张、子游等人遂相商议,立有若为师,一如孔子生前那样恭敬地侍奉请教。有子故里在泰山脚下肥城有家庄,是有若后裔聚居之地,有子墓在有家庄附近,清乾隆五十年(1785年)曾出土宋代碑碣,证明其为有子墓地无疑。

冉耕,字伯牛,十二哲之一,以德行与颜回、闵子骞、仲弓并称。孟子门人公孙丑认为冉耕大致接近孔子,只是没有孔子那样博大精深。冉耕故里在肥城冉家庄,村内有冉子祠,是族人奉祀祖先冉子之处。清雍正十三年(1735年)专为冉氏族人设世袭五经博士一员,奉祀生十二年,以示对这位贤哲的优抚。林放,是一位学识渊博、精通礼仪的学者。《论语·八佾》:"林放问礼之本,子曰:大哉问礼,与其奢也,宁俭;

丧与其易也，宁戚！"林放故里在今新泰放城乡，地望即以林放得名。清乾隆六十年（1736年）。当地出土一块残碑，证明其为林放故里。当地人称为"泰山林放"，作为泰山人"知礼"的杰出代表，并专门在其故里建起一座先贤林放祠，供人们祭祀瞻仰。

"泰山岩岩，鲁邦所瞻"，这是孔子晚年删定的《诗经》中对泰山的赞叹。泰山对孔子的影响是巨大的：学习礼乐，由此得窥封禅大典全豹；登泰山而小天下，以开阔的眼界胸襟审度自己德才学识的修养；孔子临终唱出"泰山其颓乎！梁柱摧乎！哲人萎乎"的最后歌声，把自己的生死与泰山联在一起，足见泰山在孔子心目中不同寻常的地位。

孔子对泰山的影响意义深远：夹谷之会，是儒家政治的成功范例，证明儒家绝非"盛容服而饰辩说""博学不可仪世"的虚妄之士；《龟山操》《邱陵歌》，引出屈原、李白等人行路难的千古传唱；"智者乐水，仁者乐山"，似乎已涉及文化地理对人的性格的影响；"智者动，仁者静，智者乐，仁者寿"，是对山水、心理、审美、礼乐、仁寿最早的认识。明朝严云霄《咏孔子庙》誉"孔子圣中之泰山，泰山岳中之孔子"，说明孔子在山川游览中留下了最为丰富的思想文化遗产。

汉代建立后，泰山的儒学发展进入了新时期，特别是泰山地区的羲娥，对传播儒学做出了突出的贡献，今《尚书》二十八篇就是伏生和羲娥传播下来的。宋代泰山是儒学的复兴地，黄宗羲在《宋元学案》一书中称作泰山学案的泰山学派中诸人，率先提出以"仁义礼乐"为先学的主张，并对儒家经典进行精湛阐发，开宋代之先河。泰山学派主要有：孙复、石介、胡瑗。他们在泰山凌汉峰下构馆讲学，号为泰山书院，明清儒学进入没落期。但值得一提的是，明末宋焘讲学于泰山青岩居，后泰安人将其与孙复、石介、胡瑗以及清康熙年间的泰山学者赵国麟一同祭祀，为泰山五贤之一，现泰山仍有"五贤祠"遗址。

二、儒家思想对泰山民间传说的影响

儒家文化博大精深，以忠孝和仁爱重礼为内容的道德观在 2000 多年的传承中，不断地被世俗化、普遍化，并且影响到人们的世界观和言行。其中的孝悌观念转化为中华民族的传统美德，成为判断一个人是非善恶的标准。孝敬父母、尊老爱幼、诚实守信、讲求道义成了人们的是非善恶观。许多民间传说便成为人们表达内心观念的重要手段。《天牢狱》云，一个叫黑小的人，被父母含辛茹苦抚养长大，长大后却气死父亲，抛弃母亲，最后被泰山奶奶（碧霞元君）所惩罚。《舍身崖易名》提，一个叫何孝梓的人为了治好母亲的病，宁愿到舍身崖舍身的故事。《王小敬母》传说一个叫王小的人，看到小狗对自己母亲的恋恋不舍从而受到感动良心发现，开始敬母的故事。这些故事的中心是关于"孝"的，中间包含着人们朴素的是非观和善恶观。在泰山民间传说中只要行孝就会有好的结局，反之必将大祸临头，这种朴素的价值观追根溯源就是儒家孝道观念在人民生活中的积淀。

儒家的仁爱观在泰山民间传说中也有充分的体现，比如，《鲁义姑》传说，一个鲁国妇女在兵荒马乱中丢弃自己亲生的儿子，带自己的侄子逃跑，以自己的义举避免一场战争的故事。《娘娘坟》传说，讲述为了劝阻隋炀帝的荒淫无耻挺身而出冒死直谏结果被杨广杀害的正宫娘娘的故事。《冯玉祥的故事》的传说，讲述爱国将领冯玉祥将军隐居泰山时兴办教育，修桥铺路，抵抗侵略的故事。《宝贝镜子》传说，讲老大心术不正为了宝贝而陷害自己的弟弟，最后害人害己葬身狼腹的故事。这几则传说中有兄弟之情、朋友之谊，有对国家的爱，也有对礼法的维护。显现出泰山人民心目中的仁爱观。

　　泰山民间传说是生活在泰山附近的人民表达自己思想感情的体现，展示了泰山民间文化的光辉。可以清楚地感受到以仁爱、重礼和崇尚孝道为核心思想的儒家文化对泰山民间文化的影响。

第三章　泰山与佛教

一、佛教基本情况

佛教与基督教、伊斯兰教并称为世界三大宗教。相传公元前六世纪至公元前五世纪中，古印度迦毗罗卫国王子悉达多·乔答摩（即释迦牟尼）创立。基本教义是：把现实人生断定为"无常""无我""苦"；"苦"的原因既不在于超现实的梵天，也不在于社会环境，而是由每人自身的"惑""业"所致；"业"指身、口、意等活动。"惑""业"为因，造成生死不息之果；根据善恶行为，轮回报应。所以摆脱痛苦之路，唯有依经、律、论三藏和修持戒、定、慧三学，才能彻底转变自己世俗欲望和认识，超出生死轮回的范围，达到这种转变的最高目标，就叫作"涅槃"或"解脱"。

公元前三世纪，由于阿育王的信奉，佛教在印度国内外得到广泛流传。公元二世纪，在贵霜王朝迦腻色迦王的大力扶持下，佛教发展为世界性宗教，在许多国家形成各具民族特色的教派。

二、佛教传入中国

西汉末年东汉初年佛教开始由古印度传入我国。佛教传入中国之处被称为浮屠教。后经晋、南北朝、隋唐等长期传播发展，而形成具有中国民族特色的中国佛教。由于传入的时间、途径、地区和民族文化、社会历史背景的不同，中国佛教形成三大系，即汉地佛教（汉语系）、藏传佛教（藏语系）和云南地区上座部佛教（巴利语系）。

三、佛教传入泰山

据《高僧传》载，东晋十六国时最早在泰山传教的是朗公。东晋初，前秦皇始元年（351 年），高僧朗公在泰山东北麓的（济南历城县柳埠）昆瑞山麓创建了泰山地区的第一个佛寺：朗公寺，也即山东佛教的发祥地。《十六国春秋》亦载："高僧朗公，少年时为佛图澄的受业弟子，硕学渊通，后来隐于泰山昆瑞谷，并常去灵岩说法。前秦国王苻坚很钦佩其德行；北魏太祖皇帝则遣臣致书嘉奖，赠以素旃、毛毯、银体为礼。

佛教在泰山历经魏晋南北朝四五百年，寺院渐多，灵岩寺、神通寺（重修）、光华寺、普照寺及谷山玉泉寺等。泰山经石峪和祖徕山映佛岩刻上了举世闻名的《金刚经》《大般若经》《般若波罗蜜经》等经典梵文。佛教到隋唐时进入鼎盛时期，藏佛寺、资福寺、法华寺、竹林寺、无封寺等禅院相继创建。泰山北麓佛慧山黄石崖上，分布着石窟摩崖造像 85 尊，大小各异，神采飘逸，系北魏孝明帝正光四年（523 年）至东魏孝静帝兴和二年（540 年）所雕凿。

因宋真宗封泰山后道教极盛，佛教在宋朝处于低潮。

明永乐间，高丽僧满空和尚航海来中国，1428 年登泰山，重建竹林寺，复驻锡普照寺。清康熙间，诗僧元玉卓锡普照寺，普照寺影响日大。

佛教在发展过程中，曾遇到多次不幸事件，教徒称之为"法难"。大的灭佛事件有四次：即北魏太武帝、北周武帝、唐武宗、后周世宗等灭佛运动。这几次灭佛运动对泰山佛教发展都有重大的影响。

四、泰山佛教史话

齐鲁盛行黄老学说，相信方术和道仙的人很多，佛教传入之初，很多人把释迦牟尼和黄帝、老子并提，把佛教也看成是一种神仙方术，地处齐鲁中部的泰山一带，也就成为佛教传入较早的地区之一。

东汉末年，外来的僧人增多，译出不少佛经。为了和汉代兴起的"泰山治鬼"之说相结合，不少僧人在翻译佛经中，把"地狱"译成"泰山"。早在三国时期，吴国康僧会所译《六度集经》中，多处附会"泰山治鬼"之说。"命终灵魂入泰山地狱""泰山之苦，难可想见"。"死于泰山，泰山之鬼拔出其舌，著于热沙，以牛耕之，又以热钉钉其五体，求死不得，殊恶如此"。当时汉译佛经以意译为主，上述之"泰山"，不是传自印度或西域佛经的原意，而是译者将泰山民间信仰与佛经相糅合的创意。

前秦苻坚皇始元年（351 年），佛图澄的弟子僧朗，为逃避冉闵之乱迁居泰山。创建朗公寺，讲解《放光般若经》，传授弟子僧等百余人。僧朗博学，在当时佛教界占有很重要的地位。南燕主慕容德授予僧朗东齐王的称号，并赐予奉高、山茌两县的封禄，以师事之。前秦主苻坚，"送紫金数斤，绢绫三十匹，奴子三人，以备洒扫"。北魏开国皇帝拓跋珪，即使在军事倥偬之际，也要"敬问泰山朗和上"，要僧朗帮助他克服离王畿最远的地方。此外，后秦主姚兴、东晋孝武帝，都和泰山僧朗有过书信往来和厚礼馈赠。这在中国佛教史，特别是在泰山佛教史上，都是厚重一笔。

当时一些名僧也经常往来于泰山一带，大约在前秦苻坚建元十七（380年—381年），高僧道安来到泰山，对佛经的翻译提出一些规律性的东西，为佛教寺院订立规制；划一僧人的姓氏，道安以后僧尼一律姓"释"，这些在中国佛教史上都有划时代的意义。道安翻译的佛典《鬼子母经》中，也有"死后亦入泰山地狱"之语。

僧朗、道安以后，到北魏孝明帝正光年间（520年—525年），法定来到泰山西北的方山开山，重修寺庙在方山之阴，为神宝寺，后又迁至方山之阳，为灵岩寺，法定被誉为开山第一祖。446年，魏太武帝灭佛，灵岩寺也受到严重打击。但不久，文成帝继位，佛教又得到迅速恢复。这一时期泰山一带除较大的佛寺外，还有北魏时兴建的光化寺、谷山玉泉寺，北齐时兴建的四禅寺，以及普照寺等，寺院经济也相当发展，仅泰安白马寺就有寺田800余庙，并出现了不向当地政府供输赋役的佛图户。

魏晋至东晋后期，以宣传"空"为中心的般若学始终是佛教的主流。泰山经石峪的北齐隶刻《金刚般若波罗蜜经》，就是大乘空宗的主要经典。经石峪隶刻举世无双，被誉为"大字鼻祖，榜书之宗"。此外，光化寺和映佛岩也是刻的般若经，两处石刻距今已有1400多年。这些规模宏大的佛经石刻的出现，是佛教在泰山一带繁荣昌盛的历史见证。

历经魏晋南北朝几个世纪的发展，佛教在泰山逐渐扎根，到了隋唐，由于统治阶段大力扶植，泰山佛教迈入鼎盛时期。

隋文帝为泰山佛教的发展贡献颇大，曾多次下诏在各地兴建寺院、佛塔，组织翻译佛经。开皇元年（581年），"三月诏于五岳各立一寺"。

开皇三年下令将朗公寺改名神通寺。开皇十四年，柴燎岱宗，诏河南王为神通寺（朗公寺）檀越，齐王为神宝寺（静墨寺）檀越，华阳王为宝山（灵岩寺）檀越。所谓檀越，就是向寺院施舍财物、饮食的世俗信徒。开皇十五年，文帝东巡泰山，诏访泰山名僧法瓒进京，后送舍利于神通寺，并广造神像。泰山一跃而成为山东佛教文化的中心。这些佛教建筑已成为各地风景轮廓的标志。泰山佛教文化艺术为泰山人文景观的增添了浓厚色彩。

灵岩寺至唐代在全国的影响远超神通寺，著名高僧慧斌就曾住持灵岩寺，慧斌晚年为弘福寺住持。贞观十九年（645 年），玄奘就是在这个弘福寺，开始了大规模翻译佛教经典的工作。这也印证了灵岩寺当时的地位。

武则天为夺政权，利用佛教为自己制造舆论，曾谕令"释教宜在道法之上，缁服（僧服）处黄冠（道士）之前"。麟德二年（664 年），高宗和武则天来泰山封禅时，打破以往帝王之惯例，先到灵岩拜佛，然后到岱顶祭天，说明高宗和武则天对佛教的重视。

唐中后期，禅宗成为中国佛教最有势力的宗派，佛教完全中国化，禅宗在泰山一带也广为传播，据《封氏闻见记》和《五灯会元》的记载：唐开元（713 年—741 年）中，泰山灵岩寺有降魔禅师大兴禅教。降魔禅师是禅宗北派领袖神秀的弟子，神秀谓之："汝与少皋之墟（泰山一带）有缘。"降魔大师敬奉师命来到灵岩寺，弘扬佛法，此后几年，学者云集，佛教规制，饮食上僧人过午不食、戒荤食，坐禅修行又常达数天之久。为此，茶就成为僧人坐禅理想的饮料。由于禅宗大力提倡，不仅泰山寺院僧人饮茶成风，而且促进了民间饮茶习惯的进一步普及。

唐代中国高僧鉴真曾东渡日本传法，鉴真在日本的第四代弟子慈觉大师在 839 年，随最后一次遣唐使入唐求法，慈觉大师在中国期间，对泰山等地有细考，回国后，用汉文书写了《入唐术法礼行记》，记载了在唐十年的经历，《入唐求法礼行记》一书，与《大唐西域记》《马可波罗游记》并列为世界古代东方三大游记。

唐僖宗因黄巢起义逃亡成都，中和三年（883 年），他听说泰山有一僧人号大行，念诵《阿弥陀经》有功底。便赏其赐号"常精进菩萨"，赐爵"开国"，并召见之。《阿弥陀经》主要宣扬"极乐世界"如何"美妙无比"。"阿弥陀佛"如何"神通广大"，反复诵念"南无（皈依、致敬）阿弥陀佛"，死后就可入西方"净土"。佛教净土宗就是通过这部经典而得到广泛传播的。

灵岩寺在唐代是禅宗北派降魔禅师讲法的所在，但南派后来居上。北宋时慧南和尚从临济宗衍化为南派新系－黄龙系。黄龙系主张"道不假修，但莫污染；禅不假学，贵在息心"。慧南的弟子净如，就在灵岩寺阐扬黄龙系教义。净如的弟子道询继续在灵岩寺住持讲法，足见灵岩寺是北宋禅宗南派的重镇，与少林寺是禅宗同派。

北宋时灵岩寺有僧侣沙弥 500 余人，据"每岁孟春迄夏首，四向千里老幼匍匐而来，散财施宝，唯恐不及，岁入数千缗"，可见香火之盛。北宋八个皇帝御书相赐，并规定灵岩寺的住持必须由皇帝直接派遣。灵岩寺现在尚存宋代彩色泥塑罗汉像 40 尊，其中有东土初祖达摩、庐山莲社慧远、天台醉菩提济颠（济公）、晋朝泰山僧朗、灵岩开山法定、净仁大师仁钦等名僧栩栩如生，梁启超誉之为"海内第一名塑"。灵岩彩塑是宋代泰山佛教昌盛的生动写照。

南宋初年，金兵大举南犯，烧毁灵岩寺的殿宇、僧舍。鉴于僧众对金兵的愤恨，辛弃疾发动僧人抗金，联合其他佛寺僧众数千余人，编入耿京的抗金队伍。

金元时期，境内"敕建"或"奉敕"明确寺产，并立"牒牌"的寺院 40 多处。元贞年间（1295 年—1297 年）泰山西麓的竹林寺，"东振齐鲁，北抵幽燕，西逾赵魏，南距大河，莫不闻风趋赴。其道施者朝暮不绝"，盛况空前，不仅国内僧徒络绎不绝，海外僧人来泰山传经学法者也迅速增加。日本邵元和尚，是临济宗东福寺开山圣一国师圆尔的法孙，"慕中国释教之盛"，在元泰定四年（1327年）乘船来中国，在中国期间翻译了大量佛经，与灵岩寺第39代住持僧息庵结交甚笃，息庵去世后，邵元在"息庵禅师道行碑"中，历述息庵生平，赞扬息庵佛门好事，其文情深意长，是一篇歌颂中日友好的史诗。

明代永乐十八年（1420年），高丽僧满空等渡鸭绿江先到南京天界寺，后于宣德三年（1428年），登泰山访竹林寺，后又到普照寺住持20多年，"佛殿、山门、僧堂、伽蓝焕然一新"，四方受法者千余人，还为朝鲜翻译了大批佛经。明天顺七年（1463年），满空去世后，就葬在普照寺西南不远处。满空等高僧，到泰山不仅弘法佛教，对在不同国家民族间传播与交流文化，有重大贡献，其意义也就超出了宗教的范围。

随着宗教的发展，朝廷从僧人中选任僧官，协助政府管理僧尼。明朝为了加强对寺僧的管理，建立了细密周详的僧官制度。洪武年间，泰安僧纲司、僧会司的司署分设于普照寺、资福寺。各级僧官都由僧侣担任，属于国家官吏，虽给予一定的优待，但不给薪俸。

景泰三年（1452年），规定各寺观田土不得超过60亩，"僧既不能输税其地令没官"。但灵岩寺拥有瞻寺地3500亩，自宋以后就免差役，只纳税银，金元明时都奉旨税银和差役全免，一直到清代仍不纳税，这表明了最高统治者对泰山灵岩寺的重视。

宋以后，统治者提倡："以佛治心，以道治身，以儒治世。"经过隋唐时期的儒、释、道三教鼎立，逐渐走向三教会同。儒家主张入世，对死的问题并不感兴趣，而佛学提出一整套关于生死学说，为中国固有文化所欠缺；道家讲玄学，恰与佛教空宗理论相通。之后，大师继出，或倡禅净一致，或说性相融合，或论佛儒合一，使冷落的佛门，气象焕然。泰山不少寺僧受官吏名望，宋大观（1107年—1110年）初，灵岩寺的住持仁钦，赐号静照大师，他在"灵岩建绝景亭以宴宾客，修崇兴桥以通往来，士大夫咸爱与之游焉。"明正统（1436年—1449年）年间，住持古奇"能文善诗，士大夫多敬重之"。万历（1573年—1620年）初，灵岩可长老，擅长诗赋，精通戒律，"名重朝野"。由于他对佛教教义有很高的造诣，被朝廷封为达观大师。当时儒家中也出现不少不受戒的佛门弟子，精通佛典。元玉，字祖诊，弃儒从佛，康熙初年，卓锡普照寺，广结泰山社会名流，在寺东构筑石堂以读书，别号石堂老人。有《石堂集稿》等著作。他提倡"道"反对"术"，主张把三教糅合在一起。

至清代，随着民众对碧霞元君的崇拜，泰山成为碧霞元君的道家天下，红门原为佛教院，这时由于香火冷落，院内除了原有的弥勒佛外，又供上"碧霞元君"的神像，"敲着木鱼念佛经，烧香磕头供元君"。红门宫边又筑起一座"孔子登临处"石坊，也设有香坛，这也正是儒、释、道三教会同的写照。

儒佛相互渗透之时，佛道也逐渐结合。据《日知录》记载明神宗把他的母亲李太后尊为"九莲菩萨"，为李太后建大殿在"天书观"，天书观却是宋真宗时建的道教观宇，供碧霞元君。斗母宫也是佛道结合的地方，斗母的全称"先天斗母大圣元君"，传为北斗众星之母，是道教信奉的神，然大部分时间这里住的是尼姑。院中斗母殿原供斗母及十二星君像，东殿祀观音、文殊普贤菩萨像，西侧配殿又祀碧霞元君。

入近代，佛教一直处在低迷状态之中。1929年，泰安成立了佛教协会。日本侵华时，徂徕山和泰安农村中较大的寺院大多被日军破坏。1946年6月，新四军攻克泰城，规劝斗母宫尼姑还俗。同年，陈毅南下，途经泰安，游览王母池，令县人民政府对七真像加以保护。

1951年"土改"，多数寺庙改为学校或林场。保留下来的寺庙，寺田按政策处理，原来的僧尼逐渐变成自食其力的劳动者。通过民主改革，寺庙废除了封建特权，僧尼群众过上了民主生活，正常的宗教活动也受到国家的保护。

在"文革"时期，寺庙古迹、经像法物和艺术文物都遭到不同程度的破坏，正常宗教活动被迫停止，僧尼受到冲击。

1978年以后逐步落实了国家宗教政策，1981年，原红门宫和尚永柱，被接回普照寺，进行佛事活动。同时，尼正品（中国佛教协会理事）、仁义住持属临济宗的斗母宫。

泰山佛教组织积极履行自己的职责，积极维护和开放寺庙，有的因地制宜，从事林、农业生产，有的配合泰山旅游，从事服务性行业，修教与劳作并重。一些重点寺庙，成为国际佛教界人士和其他外宾、华侨参观访问、交流佛教文化的场所。近几年来，泰山佛教徒在信奉的教义中，又提倡人间佛教思想，它包括佛教教义中的五戒、十善、四摄、六度等自利利它的广大行愿，但对以上教义赋予新的内容，即奉行五戒、十善以净化自己，广修四摄、六度以利人群，实现人间净土为己任。既继承了佛教原有教义和修行方法，又对原有的教义进行了补充和发挥。

五、泰山现存著名佛寺

佛教在道教先入为主的泰山，采取避让道教的发展战略，道教山之阳，佛教山之阴，道教山之巅，佛教山之谷。泰山现存著名佛寺有灵岩寺、普照寺、谷山玉泉寺、竹林寺及四门塔、经石峪等佛迹。

灵岩寺

灵岩寺坐落于灵岩山之阳灵岩峪内。灵岩山是泰山十二脉之一，原名方山，因山东平坦、四面如削而得名，因其形如玉玺，又名玉符山。整个寺院依山就势，共有殿宇三十六处，亭阁十八座。主要文物古迹有千佛殿及殿内四十尊泥塑罗汉、辟支塔、墓塔林、慧索塔、积翠证明殿、大雄宝殿、御书阁等几十处，以及历代石刻、碑碣等。

寺庙为东晋时期朗公率众所建，取名"灵岩寺"。北魏太武帝446年灭佛法，寺院被毁。至520年法定和尚又在方山之阳甘露泉西侧重建灵岩寺。唐贞观年间（627年—649年）高僧慧崇将寺院迁至西南山麓。宋熙宁年间（1068年—1077年）始移建于现址。

唐宋时期僧众达近千人。唐高宗李治、武则天到泰山封禅时，曾住于此。宰相李吉甫把灵岩寺、天台国清寺、江陵玉泉寺、南京七霞寺合称为域中四绝，并且置于四绝之首，足以说明灵岩寺在当时的声望。灵岩寺在唐宋之后，一直是禅宗的五宗之一，朝洞宗的重要寺庙。朝洞宗后来传到日本朝鲜，灵岩寺的名声也就随之东渡，今天仍时常有日本和朝鲜前来祭拜灵岩的僧人。乾隆皇帝南巡八次驻跸灵岩寺，每次都泼墨抒情，留下了不少碑文。明代文学家王世贞游后叹曰："游泰山而不至灵岩，不成游也。

灵岩寺的千佛殿是寺内主体建筑，建于唐，拓于宋，重修于明清，规模宏伟，金碧辉煌。内置须弥座，供三尊释迦分身大佛：中为宋塑藤胎毗卢遮那，东、西为明铸药师卢舍那和阿弥陀铜佛。四壁台座上置40尊罗汉彩色泥塑，为宋、明之作，技法精湛，神态各异，喜怒哀乐，栩栩如生。梁启超称其为"海内第一名塑"，1983年刘海粟题"灵岩名塑，天下第一，有血有肉，活灵活现"。壁面上原有明制铜、木小佛千尊，今存293尊。

灵岩寺墓塔，有从唐代到清代的墓塔 167 座，墓志铭 81 块。规模庞大的灵岩寺墓塔林，为研究中国的佛教历史，和墓塔建筑艺术史，提供了珍贵的实物资料。建于 1200 年前的慧崇禅师塔，是塔林中最早的一座，也是灵岩寺内现存最古老的建筑物。塔身为全石结构，高 5.3 米，东西两侧各有半掩式假门，东门中雕有一执仗老妪做推门而入状，西门中雕有一年轻女子做出门状，这一老一少，一进一出，也许象征着佛教的人生轮回转世。

辟支塔始建于宋代 994 年，历时 63 年。塔高 54 米，是八角九层的楼阁式砖砌建筑。一至四层为空心，由塔心柱设登塔楼梯。自第五层起，塔心柱与外墙合二为一，成为实砌塔体。辟支是佛的称呼，意为"独觉"。塔的下部为石砌基，四周雕有阴曹地府和各种酷刑，估计和泰山地狱传说有关。

普照寺

泰山佛寺为避免与道教争锋，选地一般都在岱阴或泰山的西北麓或东南麓，建在泰山之阳的只有两座，而唯一完整保存下来的只有普照寺。普照寺位于岱麓凌汉峰下，取"佛光普照"之意，传为六朝时建，后历代皆有拓修。清人有"门前几曲流水，寺后千寻碧峰。鸟语溪声断续，山光云影玲珑"的赞咏。

普照寺属禅宗临济派，据清聂剑光《泰山道里记》载，普照寺为唐宋时古刹。金大定五年（1165 年）奉敕重修，题为"普照禅林"，有敕牒石刻勒殿壁。明宣德三年（1428 年）高丽僧满空禅师登泰山、访古刹，在泰山 20 余年，重建竹林寺，复兴普照寺，四方受法者千余人。现存明正德十六年《重开山记碑》记此事。道光年间（1821 年—1850 年）建佛阁（今摩松楼）。光绪六年（1880 年）重修正殿和东西配殿。

　　普照寺为四进院落，以双重山门、大雄宝殿、摩松楼为中轴线，左右配以殿庑、寮房、花园等。山门前石狮对峙。门上悬匾"长松筛月不辨今古，黑豆未芽何分儒佛"。进门为一院，钟鼓二楼分列东西，钟楼内置石柱钟架及清嘉庆二十二年（1817年）铸莲瓣口形铁钟。大山门内立有明正德十六年（1521年）所刻《重开山记》碑，记载高丽僧满空和尚卓锡泰山，重建竹林寺、普照寺的经历。二进山门为二院，门内两山墙各开发券拱门。西拱门外有元代经幢一尊，记僧法海于元贞年间（1295年—1297年）重修普照寺的情况。沿阶而上为三院，中为大雄宝殿，前后廊式，端庄雄伟，内供释迦牟尼鎏金趺坐铜像。院内有清道光年间（1821年—1850年）住持僧明睿及弟子所造双檐盖罩铁香炉1尊。后院有著名的"六朝松"（已于2010年死亡），古松粗达数抱，枝密盘曲四伸，树冠如盖。松下有"筛月亭"，取"古松筛月"之意。亭下有方形石桌，敲击四角和中央，则发出清脆如磬的五种声音，因名"五音石"。中轴线以东，有禅院和石堂院；以西为菊林院，门前悬楹联一副："松曰好青，竹曰好绿；天吾一瓦，地吾一砖"。山房门额悬"菊林旧隐"横匾，院内有"一品大夫"松。清代主持僧元玉是位颇有成就的诗僧，别号"石堂老人"，著有《石堂文集》，其时遍植菊花，号称"菊圃"。今寺东南尚有其墓塔遗址。

　　清代康熙年间，泰山普照寺住持僧元玉，被称为"援佛归儒"的佛门改革者。元玉，号祖珍，晚号古翁，自称石堂老人。他生于江南通州马姓人家，少年出家，受拂於金粟天岸大师。顺治年主青州法庆禅寺，康熙初年元玉至泰山，建石堂，主持普照寺，于佛诞之日依古制建坛传戒。艺菊莳竹啸咏其中，与江山民、孔壁六等为友，号称八散人。他的诗作在当时有很大影响，被誉为诗僧，著有《石堂文集》。他在普照寺东的小溪旁遍植菊花，号称"菊圃"。今寺东南的巨石上尚有其诗刻。

元玉儒学功底深厚。作为佛门弟子，在泰山这片儒家文化的发祥地，他开堂说法，儒家的"三纲五常"，忠臣孝子之心就是佛心，就是天性。他注重现实，有意淡薄入世和出世之间的界限。他的目的就是要把佛教变成具有浓厚儒家色彩的世俗宗教，实行"援佛归儒"改革。在普照寺重修碑的碑文中他写道："儒家仁厚德即释氏慈悲心。"

韩国高僧与泰山佛教

佛教在泰山并不占据优势。从地理位置看出，灵岩寺、玉泉寺等佛寺庙被排斥在远离泰山登山中轴线以外很远的地方，只有普照寺与登山中路近在咫尺，属特例。而这座佛寺的中兴，主要应归功于五百年前一位韩国高僧的努力。

普照寺《重开山记碑》《新续高僧传》载："释满空者，高丽（今韩国）僧也。人称云公，盖其字耳。永乐间，与数僧航海东来。宣德三年给度牒令参方礼祖，因登泰山，访古刹，重建竹林寺，复驻锡普照寺，四方纳衣受法数千。天顺七年闰七月二日，说偈而逝。弟子洪因为建塔立碑，称普照寺初祖云。"

这位高丽僧满空身世及为何远渡重洋至泰山修禅？泰山学院周郢教授通过史料考证，朝鲜李朝立国后，太祖李成桂以儒为国教，排斥佛教，实行放逐僧侣，减少寺田等政策，使佛教大受打击。而明朝由于明太祖曾为僧人，对佛教的保护和提倡不遗余力。两个王朝佛教政策的反差，使朝鲜发生了一次影响颇大的逃僧事件。据《朝鲜李朝实录》记载，庆尚郡僧人适休，前往妙香山内院寺，招引该寺僧众八人，于永乐十九年（1421 年）正月十六日乘桴潜渡鸭绿江，逃入明朝统治之下的辽东。辽东都司将诸僧送赴北京，受到明王朝的礼待。朝鲜政府除了严缉各僧亲旧，并遣使奏明廷，请求交还"逃僧"，被明成祖拒绝。周郢教授认为，满空便是此"逃僧案"中的和尚之一，依据有三：其一，《重开山记》碑中记载满空和尚等数僧来华时间是永乐间，而逃僧事件发生在永乐十九年，时间相合；其二，《重开山记》碑称诸僧是"扁舟航海"而来，而朝鲜《李朝实录》记录其乃"乘桴渡鸭绿江"，都是用小船偷渡，手段相合；其三，《重开山记》碑说满空和尚来到明朝，明廷"遣官送赴南京天界寺住坐"，而朝鲜文献记录明朝对逃僧的处理也是"奉圣旨前往南京住天界寺"，两者结局相合，所说的应是同一件事。由此满空的身世便解开了：满空禅师名信云，俗姓刘氏，乃平安道妙香山内院寺僧人。永乐十九年随师适休潜渡来明。从其来到中国算起，到他在泰山普照寺去世的天顺七年（1463 年），满空大师在中国共生活了 42 年，而他在泰山兴佛的时间长达 35 年。

满空在明朝崇佛政策护佑下，于明宣德三年（1428 年）登泰山，寻访古刹。他在泰山首先重建竹林寺，竹林寺位于泰山西溪之旁，自唐以来屡兴屡废，元李谦《重修竹林宝峰寺记》："东振齐鲁，北抵幽燕，西逾赵魏，南距大河，莫不闻风趋赴"。元末竹林寺遭兵火之燹，先后衰落。满空先重建竹林寺，后又兴复凌汉峰下之普照寺。并在此寺"驻锡禁足二十余载，以无为之化，俾四方宰官长者捐资舍贿，鼎建佛殿、山门、佛堂。伽蓝焕然一新，宇内庄严，绀像金碧交辉，僧徒弟子及湖海禅衲依法者，何止数千也"。满空于此传法讲学，作为四方敬仰的一位硕学高僧，使竹林寺、普照寺这些废弃的寺庙在泰山之阳重新开山并延续香火，至今仍是泰山佛教圣地。韩国高僧在泰山的弘法辉煌成了泰山佛教史的佳话。

泰山玉泉寺

玉泉寺，亦名谷山玉泉寺，俗称佛爷寺。它位于泰山之阴，与玉皇顶的直线距离6.3公里，山径盘旋20余公里。该寺名称繁多，因南有谷山、东有玉泉，故又名谷山寺。南北朝时由北魏高僧意师创建，后屡建屡废，1993年在旧址上重建大雄宝殿及院墙。

大雄宝殿建于层层高台之上。殿内祀释迦牟尼和十八罗汉泥塑像。寺院内有唐植银杏三株，参天蔽日。树下有元代杜仁杰撰、严忠范书《重修谷山寺记》碑及明代《田园记》碑。寺后山冈有一古松，树冠如棚，蔽荫山冈，名一亩松。寺东苹果园内石砌地堰下有一处古泉，是为玉泉，玉泉俗称八角琉璃井，常年泉水纯净、甘甜。"玉泉"二字是金代大学士党怀英所书。寺西山腰有金代大学士党怀英撰书并篆刻的《谷山寺记》碑。寺两侧山冈上因有天然大脚印嵌在石内，故俗称东、西佛脚山。寺南为佛谷，谷南是恩谷岭，又南是谷山。谷山之巅有一古松，人称定南针。谷山西北半山悬崖上有二洞，常年泉涌不息，《岱史》称之"金丝洞"，传为全真教主丘处机炼丹处。向南是卖饭棚子。西北有一深涧，盛夏冰雪不化，《泰山志》称大冰牢峪。

民间相传，一猎人在莲花峰下打猎，每当遇到罗汉像时就没有收获，一气之下欲点燃柴火烧了罗汉像，可每当要烧时，罗汉像就自动移向高处，总是烧不着，猎人惊而叩拜。当天夜间山下的民众同时做了一个梦，梦见僧人曰：老衲久隐莲花峰，山中猎人屡欲用火烧我。问僧人的名字，僧人曰名云。众人梦醒后诧异，相约去莲花峰寻找，果真在石掩奥处找到一座罗汉像。众人抬像下山，走到玉泉寺现址处，止而抬不动，众人见此处岩峦，背山面溪，丛林茂密，乃深奥绝胜地，顿悟佛意，就地兴建佛寺。

千年过后，谷山寺几经兴衰。到了金代，一位法号善宁的高僧发现了这块宝地，历尽艰难光复寺院，后经法郎、智崇等高僧主持，使禅寺达到了鼎盛时期。此时，寺东的玉泉可灌可饮，作用渐显。于是禅寺便有了谷山玉泉寺的名字。据谷山寺敕牒碑记载，1206年金泰和六年，1209年金大安元年，智崇主持从礼部处求来两份牒文，经章宗皇帝应准赐额"玉泉禅寺"。

神通寺

神通寺位于济南柳埠镇东北2公里琨瑞山金舆谷。琨瑞山，一名金舆山（金榆山），又名昆嵛山，地处锦阳川畔，它东侧的山叫青龙山，西侧的山叫白虎山。青龙山与白虎山之间的山峪即为金舆谷。

神通寺原名郎公寺，约建于东晋初，前秦皇始元年（351年），开山祖师为僧朗公禅师。原寺以门楼、大雄宝殿、千佛殿、方丈禅堂、法堂为中轴线，左右以伽蓝、达摩配殿及斋廊为翼。原寺至北魏、北周时尽毁，隋唐重加修建，隋文帝因为得神通感应，而改名为神通寺。该寺在金末已荒废不堪，元代由道兴禅师主持重建，后遭兵火毁坏，明代重修。

从元至治二年（1322年）《兴公菩萨道德碑》的文字中，该寺创始人朗公以后，还有海公（时代不详）、隆公（宋庆历年间）、雨公（金泰和年间）等高僧。明成化二十年（1484年）《重建七佛神通寺碑记》所记宗派系统和清乾隆十九年（1754年）《重修达摩祖师堂碑记》表明，该寺在佛教流派中属于禅宗。《重建七佛神通寺碑记》所记宗派系统中，既有禅宗历代祖师、高僧，也有许多是我们熟悉的著名的政治家、思想家和文学家，其中就有唐代白居易、柳宗元，宋代的王安石、苏东坡等人的名字。另外一些碑刻，反映了神通寺后期的规模和寺院经济状况。如明嘉靖、清乾隆时的九块碑记，就曾记载过该寺僧人变卖山林土地等庙产的情况。

该寺最重要的文物是铜舍利函，被定为国家一级文物。寺内另有千年九顶松一株，系东晋僧朗公所植。

到了清朝，寺院逐渐衰败，庙宇尽毁，仅有数座古塔与墓塔林立于该寺遗址之处。大部为隋唐所建，1985 年曾由政府主持重修。

东晋时，朗公来泰山，在岱阴东北麓昆瑞山创建朗公寺，是山东地区最早的佛寺。

僧朗曾师从西域来的高僧佛图澄。佛图澄除了精通佛法外，还被民众神话演义为能够役使鬼神、呼风唤雨、与天神交通。僧朗作为佛图澄的高足，不仅精通佛法，且通晓天文地理学问。僧朗的"硕学渊通"，在卓锡山东之后，得到了统治者的重视，当时南燕国主、江南的东晋皇帝、前后秦国王以及异域他邦的高丽、昆仑等国王公，无不奉金赠银，支持其发展佛教。山东第一寺由此蜚声远名，僧朗也被尊称为朗公，其寺院也被呼为朗公寺，寺院的规模也因此而不断扩大，最终成为中国东部地区影响最大的佛教圣地。

唐高祖武德二年（619 年），神通寺和尚沙栋时年七十，在神通寺西邻的山崖上造就了第一尊佛像，开始了依山凿崖的佛教功德。25 年后，号明德的僧人继踵而至，于贞观十八年（644 年）造石像两尊，寄托自己的理想和追求。此后，明德和尚又于唐高宗显庆三年（657 年）再次造像，并题记说明造像目的。后来的善男信女，紧随其后，把造像的面积扩而大之，形成山东地区最大的唐代摩崖造像。神通寺千佛崖，有大小唐代造像 220 尊，丰满健美，慈祥和蔼。尤为明显的是南端石窟内，有唐太宗的三女、高宗的姐姐南平分主为亡父所造"祈福"之像。还有唐太宗第十三子青州刺史赵王福，于显庆三年（公允 658 年）继南平公主之后，也为亡父造佛像，并题记云："愿四夷顺命，家国安宁"。反映了盛唐的愿望，泰山北麓佛慧山上有一大佛龛，额镌"大雄宝殿"四个大字。龛内有唐代天宝年间所造大石佛，俗称"大佛头"．高 7 米多，宽 4 米多，神采俊逸，雄伟壮观，为泰山石窟造像之冠。

四门塔是神通寺遗址上的一座佛教建筑，和四门塔时代相近的还有三座古塔，分别是龙虎塔、皇姑塔和九顶塔。

四门塔位于寺址东侧，建于隋大业七年（661年），是中国现存最古之单层佛塔。塔身能体用大块青石筑成，平面作正方形，每边长7.4米，通高15米，四面各有一半圆形拱门，故称"四门塔"。塔身上部用5层石板叠涩出檐，檐上用23层石板，层层收进，形成截头方锥形塔顶。中央置方形须弥座、山花蕉叶和相轮组成塔刹，与云冈石窟中浮雕塔刹形制相同。塔内部有一方形塔心柱，立于石墩上，墩台四面各置佛像一尊分别面向东西南北。佛像面部表情生动，衣纹流畅飘逸，为中国早期石雕佛像之佳作。塔后有著名的九龙柏，附近有千佛崖、祖师林、唐基台等古代佛教遗迹。

龙虎塔位于西门塔西北，与四门塔遥相呼应，因塔门雕有龙虎而得名。始建年代无考，据建筑风格推断，塔基、塔身建于唐，塔顶补建于宋，高10.8米，石砌三层须弥座塔基，上有覆莲、雄师、伎乐等精致浮雕。塔身由四块长方形石板筑成，每面辟火焰形券门，上部雕龙、虎、佛、菩萨、力士、伎乐、飞天等。室内有方形塔心柱，每面雕佛像一尊。塔顶为砖砌，重檐，顶置覆盆相轮塔刹。

龙虎塔是盛唐时期的作品，其建造很可能与武则天有关。针对李世民等冷落佛教的方针，武则天篡权后就大肆扶持和宣扬佛教，并暗示佛徒特别编造了一部新的佛经，暗喻武则天的篡权是佛陀的本义。政治的需要，导致了神通寺佛教事业的辉煌，不但僧侣们的造像名正言顺，而且还加入了皇家的队伍，如公主、驸马和王子的摩崖造像，等等。塔基、塔身为石制构件，且装饰有精美的雕刻，但塔顶却为砖砌砖筑，其风格也与唐朝径庭，颇多宋朝的样式。这种唐代身躯宋式帽的组合，再次表明该塔的命运与政权更迭相关。

　　清代乾隆时期，该寺除了自身拥有土地五顷之外，还曾兼管涌泉庵、九塔寺两处邻近寺院的庙产。涌泉庵和九塔寺早已废弃，但九塔寺有一座很好的唐塔九顶塔保存下来。"其塔一基上而顶九各出，构缔诡巧，他寺所未经有"，造型之美，确属难得，其地离四门塔约两公里。

　　和龙虎塔时代相同的还有一座石塔，除了体量小之外，基本形制和龙虎塔大体一样，因此被人们称为皇姑塔（"小龙虎塔"）。皇姑塔原来不是神通寺的遗物，而是从距此不远的另一座寺院"皇姑庵"迁移过来的。据塔身东面题记，该塔建于唐开元五年（717年），神通寺附近的这座"皇姑庵"很可能与南平长公主有关，或是她出资修建，或是后人所为。

摩崖佛龛

　　泰山佛教石窟造像均分布于岱阴或偏远地带，在泰山主峰及岱阳踪迹绝少。1985年在人迹罕至的岱顶舍身崖下，意外地发现了一躯摩崖造像。佛龛高1.9米，宽1.4米，内雕文殊菩萨骑狮子，南向。造像粗犷稍瘦，满布苔迹，疑为北魏时所为。东侧有凿痕、但未成龛。南北朝时期，北魏太武帝（423年—451年）认为佛教"为世费害"，便于太平真君七年（446年）命留守平城的太子，下令于全国废佛。岱顶舍身崖下摩崖造像仅凿一躯，另一躯始而即停。这一发现，既说明佛教被排斥的程度，又可看出当年佛家在巍巍泰山之巅，也是尽量争以立足之地。在此岩造稍大之像，游人在岱顶虽很难发现，但是在登山盘路下却能仰瞻佛容，足可见释僧周密的构思。可惜造像半途而废。

第四章　泰山与道教

一、道教简史

泰山是道教名山，与道教历史渊源颇深。中国道教起源于黄帝，发展于老子，成教于张道陵。道教尊黄帝为始祖、老子为道祖、张道陵为教祖。道教教化的目的在于净化人心，使人心神宁静，好善乐施，济世利人，从而为社会和人们的和谐共处起到积极作用。道教是为中国固有宗教。

道教的"神"指先天自然化生之圣，"仙"指后天修炼得道之人。创世神三清：玉清元始天尊，上清灵宝天尊，太清道德天尊（亦称为"太上老君"）。元始造化天地，灵宝度化万物，道德教化世人，三清三位一体，是"道"的化身。治世神玉帝：玉皇大帝是众神之帝，统御所有仙佛神圣、人龙兽异、妖魔鬼怪，总管三界、四生、六道、十方的一切生老病死、兴衰成败、吉凶祸福。民间尊称为上天、苍天、昊天、皇天、天帝、天公、老天爷等。辅佐玉帝、代天行化的四御：紫微大帝，勾陈大帝，长生大帝，后土娘娘；三元三品，三官大帝；日宫月府，两曜星君；普天星斗，河汉群真；寻声赴感太乙救苦天尊；王母娘娘、碧霞元君、妈祖娘娘等琼台女神；玄门启教，诸院宗师；南宗北派，五祖七真；天下名山洞府，古今得道仙灵；城隍土地，里域尊神。另有财神、灶神、门神，以及幽冥鬼神等不可胜数。

道教主要经典以黄帝之《阴符经》、老子之《道德经》、庄子之《南华经》及《黄庭经》（金阙后圣君著），与《文始经》（关尹子作）为五大经。而此五大经中，又以《道德经》为道家崇奉思想之中心和必修之经典。

道教的渊源于中国古人渴求长生不死的心理和行为中，早在旧石器时代晚期，"山顶洞人"曾在逝者身上撒象征生命之红色的赤铁粉，以祈死者复生。战国时期，东海蓬莱、方丈等神山出现了许多以追求不死成仙为业的方士，被称作"方仙道"。系后世道教的前身之一。

泰山是神仙方士的发源地，秦汉以后，神仙方士利用皇帝封禅泰山机会，将治国安邦的统治术与长生养性的仙术结合，改变了泰山封禅的内容，并使泰山成为一座修仙的名山，正因如此，汉武帝在泰山修了第一个宫观建筑－汉明堂。后世道教的思想理论，主要来自先秦道家哲学。春秋时期，老子关于宇宙万物产生、存在及运动变化的理论，"道"是宇宙万物得以产生的根源及赖以存在的本体，人的活动应当遵循事物运动变化的规律以求"深根固柢，长生久视"，由此开创了道家学派，并为后世道教的发展奠立了理论基础。战国时期，又有不少人依托黄帝、老子之名来开发养生、治国理论，被称作"黄老道"。秦汉封禅加速了神仙学说与黄老道思想融合，从而为道教思想的形成创造了基本条件。

在东汉末年，大巫师张角，建立了"太平道"，他们以一部《太平经》为经典，宣传天下平均。采用蓄"弟子"的方式，到四方"以善道教化"百姓，以拜"符"为仪式，组织起三十六方信徒达数十万。184年，张角自称"天公将军"，弟弟张梁、张宝称"地公将军""人公将军"，率领太平道信徒，以黄巾为标记，以"苍天已死，黄天当立，岁在甲子，天下大吉"为联络旗号，发动了声势浩大的"黄巾大起义"。同一时期大巫师张陵在四川和陕西创立了"正一盟威道教"。正式把老子《道德经》作为传道经典，奉老子为教祖，尊为太上老君，用叩头思过、符水治病等方式争取群众，发展教徒。制定了一系列宗教仪式，建立了 24 个以"治"为名的信徒组织。因凡是入道信徒都要交五斗米，外人称之为"五斗米道"。张陵被信徒奉为"张天师"，黄巾起义失败之后，"正一盟威道"吸收了太平道的教义和部分仪式，更有效地组织道民，利用天下大乱之机，在汉中地区建立了长达三十年之久的宗教割据政权。后来，张陵的孙子张鲁继任后降曹操，道教才正式以公开合法的宗教组织传遍全国，登上历史舞台。

魏晋南北朝时期，官僚、士族、读书人也纷纷信奉道教。道教的神仙系统、传承制度、宗教规戒，斋醮科仪、服饰法器、符箓样式等逐渐定型。隋末大乱，魏征等一大批道士宣称李渊父子是太上老君子孙，"真君度世，李氏当王"。唐朝以道教为国教，道教进入了空前的鼎盛时期。元朝，佛教影响增大，在皇帝主持的佛、道三次大辩论中，道教三次辩败，以致道经被焚，宫观被毁或改作佛寺，一大批高级道士被勒令剃发为僧。明清时期，道教不再受封建王朝重视，道教长期处于衰落状态。然而，道教在民间有深厚基础，正一道和全真道仍然流传至今，成为我国现存的主要宗教之一。

二、道教在泰山的发展

泰山的道教在泰山宗教发展中一直处于主导地位且历史久远，因泰山与原始道教理论"五行学说"和"五德终始论"一脉相承，故道教在泰山发祥较早。

东汉末年，张陵创五斗米道。奉老子为教祖，尊为太上老君，《老子五千文》为主要经典。其间，张陵弟子崔文子上山采药炼成"黄赤散丸"，救人于瘟疫万计。从此，道教在泰山开始传播。道教视泰山为神仙所居之洞府和道士理想的修行地，称其为三十六洞天之第二洞天。道教认为泰山神和泰山奶奶是泰山最重要的神。碧霞元君成为信徒心目中最灵验的女神——泰山奶奶，"积德行善，有求必应"。时至今日，来泰山的朝客，都以朝拜泰山奶奶为首要目的，每到农历正月十五日，来为泰山奶奶过生日的善男信女们不计其数。

在泰山修炼过的著名道冠有崔文子、张炼师、邱处机、张三丰等几十人。崔文子是泰山的早期道人，他的"黄赤散丸"为民治病，在泰山奠定了雄厚的民间基础。全真派在泰山的影响极大，以邱处机的名气为大。据泰山地方史志记载，全真龙门派创始人邱处机曾修炼于后石坞的金丝洞。以碧霞祠为代表的道教观院，现在仍然是泰山宗教的主流。

唐高祖李渊称帝以后，自称是太上老君的后裔，子孙应当享国万年。逐以道教始祖老子为李氏祖先，道教得到大力发展。唐高宗李治为老子上尊号为"太上玄元皇帝"，令诸州各建观一所，在泰山王母池西侧遂建"岱岳观"，俗称"老君堂"。自唐太宗开始，迷信长生不老之药，对炼丹术十分重视，结果唐太宗、唐高宗均因服丹过多而中毒身亡。唐宪宗也终于以"取饵过当，暴成狂躁之仪，以至弃代"。（《旧唐书》131 卷）唐高宗和武则天于显庆六年（661 年）遣道士郭行真等人特到泰山建醮造像，并立《双束碑》。唐玄宗来泰山封禅时，封泰山神为"天齐王"，黄老道教在五岳之首即进入鼎盛时期。唐代不少著名道仙不断来泰山修道传教。传八仙之一吕祖曾三至泰山，并在岩洞炼丹。唐玄宗时（712 年—756 年），泰山女道张炼师居岱顶玉女祠。唐代诗人刘禹锡曾赋《送东岳张炼师诗》颂其女道："东岳真人张练师，高情雅淡世间稀。堪为烈女书青简，久事元君住翠微。金缕机中抛锦宇，玉清坛上着霓衣。去衢不用吹箫伴，只拟乘鸾独自归"。唐代宗大历八年（773 年）张练师曾陪京都大臣朝拜岱岳，至今在万仙楼后楼花洞断崖上，仍存当年张炼师题刻。

泰山道教在宋代得到进一步的发展。宋真宗封泰山时，晋封泰山神为"天齐仁圣大帝"，封主管东方和泰山的天神青帝为"广生帝君"，封泰山老母为"天仙玉女碧霞元君"。接着拓建岱庙，创建碧霞祠。同时命大臣王钦若、张君房等编辑道藏。徽宗（1101 年—1125 年）时，自称"教主道君皇帝"。诏天下访求道教仙经，校定镂版，刊行全藏；又于太学置《道德经》《庄子》《列子》博士，一时道教大盛。这时有山东诸城人张景岩隐居岱阴明月嶂，结茅为庵，常采紫芝制"仙药"故至今有"采芝庵"遗址。大中祥符二年，宋真宗把"善服食，得延年"的泰山隐士秦辨召至京城，赐号"贞素先生"。

泰山道教主要是全真派。1167 年（金大定七年）王重阳创立以道教为主，兼容儒释的全真道。此后，道家正式分为正一、全真两大教派。正一派道士一般不出家，俗称"火居道士"或"俗家道士"；全真派道士须出家。金时，山东栖霞人丘处机在宁海昆嵛山（今牟平东南）出家，拜王重阳为师。金世宗大定十四年（1174 年）入磻溪穴居，人称"蓑衣先生"。随后去陇州龙门山隐居修道，为龙门派创始人。后来他携其弟子在岱麓长春观，常居观内，人称"长春真人"，并在岱阴金丝洞炼丹。元太祖成吉思汗尊其为神仙，元世祖忽必烈赐号"长春演道主教真人"。《泰山小史》："泰山南址有长春观，丘以全真为教，元时赐号'无为演道大宗师'别号'长春'后去峄山遂仙"。《岱史》载，长春观内有丘神仙牒碑，刻成吉思汗皇帝敕旨。继而，丘处机的女弟子訾守慎住持长春观，元帝赐号"妙真"。王重阳另一弟子孙不二，是全真教清静派创立者，修炼于泰山鹰愁涧青静石屋。大定十二年（1172 年），邱处机再传弟子曹志冲在岱阴娄敬洞建立新祠。

元代，统治者尊崇喇嘛教，对道教等采取兼容政策，元泰定帝下旨保护东岳庙。元代，泰安出一著名道人，泰安埠上保人张志纯，12岁入泰安城"会真宫"学道，数载道行超群。号"天倪子"。元惠宗赐号"崇真保德大师"，受于紫服。其间任东岳庙住持，曾创建泰山南天门，重修嵩里山神祠。在世120岁，临亡自云："脱下娘生皮袋，此际乐然轻快。百尺竿头进步，蓬元洞府去来。前世宿德医僧，今作道门小才。"元代文学家元好问和徐世隆均有《送天倪子归埠山诗》。徐世隆与张志纯时常登岱同游，或居岱庙切磋道术，成为翰林名道。到明朝中期天顺间，世隆又来泰山，这时，唯有岱麓升元观一老道士识其面貌，黑发童颜如儿时所见，后来不知去向。徐世隆有诗为证："九十行年发未花，道人风骨饱烟霞。洞天福地三千里，神府仙闾第一家。牛膝药灵斟美酒，兔毫盏净啜芳芽。隐居自爱陶弘景，莫作山中宰相夸。"天倪子逝后，徐世隆又赋《记梦五言诗》寄托哀思。

岱阳老人寨有"朗然子洞"，为元初刘朗然修道处；王重阳另一弟子宁海女道孙清静，是全真教清静派创立者，曾于岱顶鹰愁涧东崖"清静石屋"修真，其洞极深广，石床天然，清泉香冽。元代中期又有泰安女道毛仙姑筑庵徂徕山，修持30余年，留遗言："混处修持三十年，是非海里了真缘。如今脱下皮囊日，拍塞灵空永自然。"

明代有著名道人张三丰，别号"保和容忍三丰子"，辽东懿州（今辽宁阜新县）人，力大无比，能移禅塔。曾在岱阴明月嶂北岩洞修真炼丹，后称"懒张石屋"。

洪武三年（1370年），取消了"天齐大生仁圣帝"的封号，改称"东岳泰山之神"。洪武十五年（1382年），在礼部设道录司，作为泰山碧霞祠管理道教的最高行政机关。府设道纪司，州设道正司，县设道会司，分别掌握府、州、县的道教事务，均归道录司统辖，均由精通经典、道行端洁的道士担任。明清两代泰安岱庙住持一直由朝廷直接任免。洪武十年、十一年、二十八年、三十年，又先后派遣道士吴永舆、乐本然、朱锋如等改祭东岳泰山神。

明代十分重视对道书的整理，道藏刻印完成，万历二十七年（1599年），神宗差太监李升斋到泰安，并向岱庙颁发《道藏》一部。敕谕住持和道徒，"朝夕礼诵"，以祚"民安国泰，天下太平"求得封建统治的长治久安。

清韩锡胙《元君记》载："统古今天下神祇，首东岳，东岳祀事之盛，首碧霞元君……自京师以南，河准以北，男、妇日千万人。奉牲牢香币……"由此可见泰山道教香火之盛。至明清时期，泰山的道教名山地位完全确定下来。到清代至民国间，道家仍处处流其踪迹。道教在泰山历代不息，至今保留完好的道教祠庙尚有多处。

1922年—1923年，泰山道士梁鸿峻募化重修元始天尊庙，和自无极庙至扇子崖之间的盘道。1929年，国民党山东省政府在泰安成立，撤毁神像，砸毁古代石碑，岱庙处处残垣废墟，破败不堪。1930年，泰安成为"中原大战"的战场，满山修筑战沟，毁坏古迹、石刻、风景、庙宇多处。岱庙天贶殿壁画，也被"炮毁数处"。1936年，泰安成立道教协会，管理和保护庙宇。1938年泰安沦陷，泰山附近农村及徂徕山一带的道观，多为日军所毁。尤其历史文化圣地无盐山闾宫、玉虚宫，被毁一旦。1949年前，泰安境内出家道人45名，岱顶共有20名道士，分别住坐碧霞祠、玉皇庙、东岳庙、青帝宫、南天门5座宫观内。

1948年泰安解放，很多道士自愿脱下道袍，成家立业，道士人数减少到12人。仍然留在宫观中的多数是虔诚的信仰者，经过土改分得土地。道教既主张出世，又注重入世，在追求解脱的同时，又不放弃现实的生活。泰山宫观既是宗教活动的场所，又是生产劳动的集体组织，清修与劳作并重，事务民主管理。"文革"期间，泰山道教也受冲击。1978年以后，逐步落实了党的宗教政策，道士陆续回到宫观。1980 年，王母池道士孙至福被接回原庙。1981 年，一些宫观对外开放，属文物部门管理。1983 年，国务院 60 号文件确定碧霞祠为全国重点道观之一，要求在当地政府宗教事务部门的领导下，由道教组织管理使用。1985 年，道人正式接收了碧霞祠，开展了宗教活动，中国道教协会常务理事、副秘书长、山东道教协会筹委会主任张常明主任住持，当时碧霞祠有道人 8 名，后逐渐增加至几十名。

自古以来，泰山就是道教兴盛之地，道教在泰山历代不息、庙宇遍布，至今保留完好的宫观尚有 20 多处，其中有岱庙，王母池、碧霞祠、玉皇阁、玉皇庙、三阳观、关帝庙，由于党的宗教政策的贯彻，正常的宗教生活得到了法律保障，环境也得到了维护，宗教文物得到了保管，道观得到了修缮，名胜古迹与泰山自然美景相映生辉，成为泰山的旅游盛景。

三、泰山道教图

泰山的人类活动轨迹与道教的发展息息相关，更由于道教把持了封禅这一国家大典，道教也就成了泰山的显教。从岱麓至岱顶，山阳这条中轴线上的形胜之地，基本上都成了道教的步点。

泰山的布局和人工轨迹与道教的教理教义关系密切，道教按照"君人南面"这一文化理念，和中国人朝天心理的需要。否定了北坡和东坡两条登山路线，利用南坡的三个断层台阶设计了三重天的天堂，并顺着中溪的山谷，经久依山就势形成了一条中轴线。这条中轴线显示了泰山的稳重、平衡、对称的山体形象，道教通过各式各样的庙宇、楼阁和牌坊的点缀，呼应，把一座自然山潜移默化成了一座充满宗教意境和园林意趣的文化山。

元代道人张志纯取直了十八盘的登山路径，让中轴线在最后几百米对准飞龙岩和翔凤岭的山垭迎难而进，垂直向上。虽然增加了攀登的难度，却强调了朝天的宗教心理和身体体验。他又在山垭处营造了一座体量并不大的摩空阁,使之成为天梯的一处收煞,成为天堂的明确标志。有了南天门摩空阁,朝天的人就有了一个目标,"朝天神曲"也就有了一个戛然而止的强劲音符。

道士张志纯根据远古信仰中的"中国人死者魂归泰山"和"泰山治鬼"的说法,巧妙利用泰山的地形、地貌,把泰山塑造成了一个包含天堂仙界、人间闹市和阴曹地府的完整宇宙。

泰山神即主生,又主死。道士张志纯在蒿里山建祠,使之成为地府。

四、道教景观

道教在泰山景观建筑有碧霞祠、王母池、关帝庙、斗母宫、三阳观等。现存比较完整的有碧霞祠、王母池、斗母宫。

碧霞祠

雪后碧霞祠

春天碧霞祠

　　碧霞祠因供奉碧霞元君而得名；巍巍坐落在雄伟的泰山之巅，位于著名的泰山"天街"东首，泰山极顶之南，北倚大观峰，南向宝藏岭，是碧霞元君的原宫，也是泰山上规模最大的古建群之一。碧霞祠是华东地区海拔最高、建筑规格和规模最大的道教宫观。创建于北宋大中祥符二年（1009 年），已有 1000 多年的历史。初名"昭真祠"，金代称"昭真观"，明代改名为"灵佑宫"，清代重修殿堂后，改为"碧霞祠"，沿用至今。

　　道教著名女神碧霞元君，全称为"天仙圣母碧霞元君"，民间俗称"泰山玉女""泰山圣母""泰山老奶奶""泰山娘娘"。泰山碧霞祠是泰山娘娘信仰的发祥地。据《泰山道里记》和《岱览》记载，早在唐代，泰山女神就有玉女和元君的称号。

宋元拓年间建玉女祠，金改称昭真观；明洪武年间重修，改玉女为碧霞元君，称灵佑宫。明成化、弘治、嘉靖年多次拓建。明万历四十三年（1615年）铸铜亭（当时称金阙，现存岱庙）；清顺治年间神门上增建歌舞楼及石阁；乾隆三十五年（1770年）重修并建御碑楼及钟鼓楼，改称今名；同治年间建香亭。现存建筑保留了明代的规模及明代的铜铸构件，建筑风格为清代中晚期，建筑面积4000余平方米。

碧霞祠分前后两院，殿堂错落有致，风格独特，是我国山巅祠庙古建筑的杰作。有以照壁、火池、南神门、大山门、香亭、大殿为中轴线，左右分列东西神门、钟鼓楼、御碑亭、东西配殿。正殿为五间，是祠内最高大雄伟的建筑，四柱七架梁，重梁起架，十一模前后廊式，九脊歇山顶，四兔施兔柱，檐柱施斗拱，转角斗拱上承托宝瓶，歇山檐下及后檐下亦施斗拱。据记载，殿顶由360垄瓦组成，象征"周天之数"，明时瓦为铁铸，清初易为铜质。大脊上饰双凤缠枝花纹，俄脊有六走兽和一个仙人，檐上瓦钉处饰立体走龙，均为铜铸。东西配殿以及山门均为铁瓦覆顶，充分体现了其建筑规制之高。大殿内设石雕仰复莲纹须弥座神台，供奉碧霞元君神像和其三位一体的分身像眼光娘娘和送子娘娘。殿内供奉的碧霞元君鎏金铜像，为清乾隆年间所铸，至今保存完好，是镇观之宝。殿内正中悬挂清雍正皇帝御书"福绥海宇"匾，殿外为乾隆皇帝"赞化东皇"御匾。

在正殿前院的香亭两侧，有铜碑对峙：东为明万历年间《敕建泰山天仙金阙碑记》，西为天启年间《敕建泰山灵佑宫碑记》。亭前有明嘉靖和万历年间铜铸千斤鼎和万岁楼。院东南、西南是御碑亭，分别保存有乾隆两次登泰山时所立御碑，碑身刻有其登岱诗作。祠内东西配殿各三间，东配殿供眼光娘娘和二侍童铜像，西配殿供送子娘娘及二侍童铜像，殿顶瓦及构件等皆为铁铸。碧霞祠高超的建筑艺术确不愧为我国高山建筑中独具一格的上品。

南神门在山门南，顶部条石平铺，门上有歌舞楼三间；西神门与天街相连，东神门与通玉皇顶的盘道相接，两门形式相同，均为石砌拱形门洞，上筑阁楼。三座神门的阁楼与歌舞楼由石阶走廊相连。

每逢新年庙会、三月三庙会、三月十五元君圣诞，前来登山朝拜的信众摩肩接踵、络绎不绝，达数百万之众。为这座天上宫阙赢得了"千年碧霞祠、万代祈福地"的美誉。

当代，道教的发展赋予了新的生机与活力。1983年泰山碧霞祠被国务院确定为全国重点道教宫观。1985年9月，正式交由道教组织管理使用，作为宗教活动场所重新开放。

多年来，在当地政府和民宗部门的具体指导和大力支持下，泰山碧霞祠高举爱国爱教的旗帜，积极贯彻党的宗教方针政策，自觉走与社会主义社会相适应的道路，赢得了普遍赞誉和广泛好评。1989年，碧霞祠被泰安市政府授予"爱国爱教先进单位"。

岱庙

岱庙坐落于泰山的南麓、泰安市区北，俗称"东岳庙"。它是泰山最大、最完整的古建筑群，是历代帝王举行封禅大典和祭祀泰山神的地方。

岱庙创建于汉代，至唐时已殿阁辉煌、城堞高筑，宫阙重叠。在宋真宗大举封禅时，又大加拓建，修建天贶殿等，规模扩大。

坛庙建筑是汉族祭祀天地日月山川、祖先社稷的建筑，体现了汉族作为农业民族文化的特点。坛庙建筑的布局与构建同宫殿建筑一致，建筑体制略有简化。岱庙与北京故宫、山东曲阜三孔、承德避暑山庄外八庙，并称中国四大古建筑群。

岱庙北门

　　岱庙占地面积约 9.65 万平方米，四隅角楼，四面辟门，庙内的建筑可分中、东、西三路。中轴线上由南向北依次为正阳门、遥参亭、天贶殿、寝宫；东路为钟楼、汉柏院、东御座；西路为鼓楼、唐槐院、道舍院。

　　天贶殿是岱庙的主体建筑，始建于北宋大中祥符二年（1009 年），大殿共九间，长 48.7 米，宽 19.8 米，高 22.3 米，台基为石筑，白石雕栏环绕四周，重檐歇山式殿顶，黄琉璃瓦覆盖。殿内保存有巨幅宋代壁画《启跸回銮图》，长 62 米，高 3.3 米，描绘了东岳泰山之神出巡时浩浩荡荡的场面，绘有各式人物 600 余人，各类珍禽异兽、山石树木、宫殿楼阁等，构图严谨，疏密相间，气势磅礴。描绘了泰山神出巡的浩荡壮观的场面。画中人马，千姿百态，造型生动逼真。

　　岱庙东路末端的仿木结构铜亭，又名"金阙"，是中国屈指可数的珍贵铜铸大型建筑之一。始建于明万历四十三年（1615 年），原在泰山顶峰碧霞祠内，是奉祀碧霞元君之所，1972 年移至岱庙内。铜亭长 4.4 米，宽 3.4 米，造型端庄浑厚，铸造工艺极为精湛，堪称中国古代铜铸艺术的精品。

岱庙北门楼上望泰山

　　岱庙内碑碣林立，保存着历代的修庙祭告碑、经幢、题名、诗刻等共计 151 方，一直有碑林的名号。藏于东御座的秦二世诏书石刻，是以公元前 209 年李斯的篆书镌刻而成的，是目前中国保存的最为古老的文字石刻之一。藏于汉柏院的东汉建宁元年（168 年）的衡方碑、中平三年（186 年）张迁碑、西晋泰始八年（272 年）孙夫人碑和唐神宝寺碑、汉张衡不忘碑等，都是著名的碑刻。

　　岱庙是道教主流全真派圣地，第三批全国重点文物保护单位。岱庙创建于汉代，为泰山信仰的祖庭，有"秦即作畴""汉亦起宫"之载。汉武帝时期（公元前 140 年—公元前 87 年），汉廷于博县境内建泰山庙（又名岱宗庙，后世习称东岳庙，即今岱庙的前身）。武帝元封二年（公元前 109 年）四月，武帝巡东莱，过祀泰山。于泰山庙中植柏千株，夹庙之两阶，是为岱庙汉柏之由来。

　　东魏兴和三年（541 年），兖州刺史李仲璇重修岱岳祠，并"虔修岱像（泰山神像）"，此为岳庙设立泰山神像之始。

　　隋开皇十五年（595 年），文帝行巡兖州，遂次岱岳祭天"饰神庙展宫悬于庭"。开皇二十年（600 年）十二月，文帝下诏保护泰山等神造像，称："五岳四镇，节宣云雨，利益兆人，故建庙立祀，以时恭敬。敢有毁坏偷盗岳镇海渎神形者，以不道论"。

　　唐武德七年（624 年），唐廷立制：东岳泰山祭于兖州，年行一祭，以立春举行。武周时期（690—705 年），武则天命将岱岳庙（岱庙）由汉址升元观前（今岱宗坊西南）移建于今址。开元十三年（725 年）十一月，玄宗封泰山，禅社首山。日本、新罗、大食等数十国皆遣使从封。礼成后诏封泰山神为天齐王，命拓修泰山庙。开元二十年（732 年），泰山神进封王号后，其信仰较前更盛。天宝十一年（752 年），朝廷遣朝议郎、行掖令孙惠仙诸人修整岱岳庙告成，立题名碑柱于庙庭。唐时，于岱岳庙植槐，今岱庙唐槐院古槐，传为唐植。唐代（618—907 年），随着泰山神影响的增大，各地渐有行祠（于泰山以外地域奉祀泰山神的庙宇）之建，元和之前，兖州、鱼台等县已有泰山府君祠，其他关内、河东各道亦多建有东岳庙宇。

　　宋太祖开宝三年（970 年），遣太子右赞善大夫袁仁甫等重修岳渎祠庙，此为东岳庙入宋后首次重修。宋真宗大中祥符元年（1008 年）七月，创建天贶殿。十月，诏封泰山神为"仁圣天齐王"。大中祥符六年（1013 年）六月，真宗诏翰林学士晁迥撰《大宋东岳天齐仁圣帝碑铭》，记加封泰山神帝号之事，立石于岳庙。宣和六年（1124 年），宋徽宗嗣位后，屡降诏命，增葺岳庙，至是竣工，称"凡为殿、寝、堂、阁、门、亭、库、馆、楼、观、廊、庑，合八百一十有三楹"。诏翰林学士宇文粹中撰《宣和重修泰岳庙碑》。同期，民间报赛活动的频繁举行，泰山庙会逐渐形成，尤以三月二十八日之东岳庙会为盛。

大宋东岳天齐仁圣帝碑铭

　　金世宗大定十八年（1178年），东岳庙发生火灾，唯存门墙，堂室荡然。次年金廷敕令知泰安军事徐伟等加以重修。金宣宗贞佑四年（1216年），岳庙因遭战火，殿宇尽焚，仅存延禧与诚明堂。

　　元世祖中统四年（1263年）命掌教宗师诚明真人张志敬分别修复。张志敬委泰山道士张志纯提举东岳庙事务。至元三年（1266年）四月，元世祖诏命重修东岳庙，构建仁安殿，以奉祀泰山神。元惠宗至正四年（1344年）九月，惠宗颁旨，宣谕保护东岳庙产。元末，战事频繁，东岳庙被毁。

　　明太祖洪武三年（1370年）六月，明太祖以"岳渎之灵受命于上帝，非国家封号所可加"，诏去泰山神封号，改称东岳泰山之神，立碑岳庙诏告天下。明成祖永乐元年（1403年），下诏修泰安州东岳庙。明世宗嘉靖元年（1522年），山东参政吕经改泰安东岳庙前草参亭为遥参亭。遥参亭原为岱庙之第一门，明代奉祀元君像于其中，遂与岱庙分隔。嘉靖二十六年（1547年）十二月，岱庙起火，正殿、门廊俱焚，仅存寝宫及炳灵、延禧二殿。古树、碑刻也多被毁。此后朝议重修，聚材鸠工，历时十余年始开工重建。

　　清康熙七年（1668年）六月，泰安发生强烈地震，东岳庙配天门、三灵侯殿、大殿等墙垣坍塌。康熙十二年（1673年）南明延平郡王郑经在今台湾台南创建东岳庙，奉祀泰山神，自此泰山信仰传入台湾。康熙十六年（1677年）五月，重修泰安东岳庙竣工。此前东岳庙建筑多因康熙七年地震而毁，山东布政使施天裔委张所存督工营缮，全部工程历时十年。殿宇门墙皆予重修，并于正阳门前创建岱庙石坊一座。同期，在岱庙施工期间，泰安民间画工刘志学等人应召在峻极殿（即今岱庙大殿）绘制《泰山神启跸回銮图》壁画。康熙二十四年（1685年），泰安官府于岱庙建御墨亭，以庋圣祖登岱手书。乾隆五十五年（1790年）三月，高宗东巡至泰安，谒岱庙登岱祀碧霞祠。高宗前后十次巡幸泰安岱庙，共题泰山诗百七十余首。

　　自清末至新中国成立前，岱庙建筑、文物遭到严重破坏，到处断垣残壁，破败不堪。1949年以后，开始修复岱庙。1953年，整修岱庙天贶殿、东御座等主要建筑8处。1957年，翻修岱庙后寝宫、东灵侯殿、太尉殿、配天门等；汉柏院新建假山，并将石碑镶嵌在该院东墙。1984年泰山岱庙天贶殿东岳大帝神像重塑完工，塑像高4.4米。同年，复建岱庙厚载门、正阳门。厚载门建筑面积165平方米。厚载门两侧恢复城墙 96.5 米，并新建仿古建筑 100 平方米。翻修御碑亭，续建廊房 15 间。1987 年，被列入世界文化与自然遗产清单。2004 年，修复岱庙北、东城墙部分，至此岱庙城墙完善工程基本完成。2006 年，完成历代石雕、汉画像石、历代碑刻、岱庙神轴及配天门临展厅等五个展室的改造。在钟楼和西神门之间，复建廊房 11 间，面积 339 平方米。西花园进行改造工程。2007 年，完成雨花道院建设工程、三灵侯、太尉殿两个殿的彩画和塑像。2008 年，完成了汉柏亭和东御座过廊的维修。2009 年，泰山东岳庙会在岱庙隆重举行。举办"天贶殿、碧霞祠千年庆典"大型活动。进行东花园凉棚抢救性翻修、东御座垂花门及两座仪门翻修工程。

　　岱庙以其内部建筑排列布局来展示儒家礼制观念，整个建筑群以一条南北向的纵轴线为中心，均衡的横向扩展。位于中轴线上的主体建筑有：遥参亭大殿、岱庙坊、正阳门、配天门、仁安门、天贶殿、中寝宫、厚载门。仁安门与天贶殿之间有东西环廊联系，构成岱庙的中心封闭院落。其主体建筑 —— 天贶殿位于高大的双层品级台上，东环廊的中间为鼓楼，西环廊的中间为钟楼。天贶殿建在中轴线偏后点，面阔九间，重檐庑殿顶，等级最高；后寝宫面阔五间，单檐歇山顶，低一个等级；配天门、仁安门面阔五间，单檐歇山顶，为门的形式，又低一个等级。

　　遥参亭位于泰安市区的中部，坐落在岱庙正阳门外，是岱庙的前庭。遥参亭为过亭式院落，正殿五间，建在院中心长方形台基上面，为四柱五梁、九脊单檐歇山式，黄瓦盖顶。清代曾祀碧霞元君两侧为东西配殿各中间。

　　古代帝王每逢来泰山举行祭典时，先要在这里举行简单的参拜仪式，以表示对泰山神的虔诚。因此，古时又称"草参亭"。明嘉靖十三年（1534年），山东参政吕经升任副都御史，临行前改为"遥参亭"，一直沿用至今。遥参亭门外的遥参坊是乾隆三十五年（1770年）创建，至今完好无损。另有旗杆高竖，左右铁狮蹲列。坊南的"双龙池"，清光绪六年（1880年）开建，方石垒砌，引王母池之水，环绕岱庙注入池中。因池内西北、东南角各有一个进出水的石雕龙头而得名。遥参亭在唐代曾叫"遥参门"，民间曾有"参拜泰山神，先拜遥参门"之说。

遥参亭与岱庙之间是岱庙坊，又名玲珑坊，是山东布政使施天裔建于清代康熙十一年（1672年），总体略呈方形造型端正，为四柱三间三楼式牌坊，高低错落，通体浮雕，造型雄伟，精工细琢，为清代石雕建筑的珍品。坊顶是歇山式仿木结构，螭吻凌空，斗拱层叠，檐角飞翘，脊兽欲驰。正脊之中竖立着宝瓶，两侧有四大金刚拽引加固。中柱小额枋上透雕着二龙戏珠，龙门枋上浮雕着丹凤朝阳。坊下奠立方形石座，座上均竖立双柱，柱下侧是滚墩石，石上前后有立雕蹲狮两对。坊的梁、柱、额板及滚墩石上分别雕有铺首衔环、丹凤朝阳、二龙戏珠、麒麟送宝等30多幅栩栩如生的祥兽瑞禽图。坊柱南北两面都刻有楹联，南面为施天裔所题"竣极于天，赞化体元生万物；帝出乎震，赫声濯灵镇东方"。北面是清山东巡抚、兵部侍郎赵祥星题的"为众岳之统宗，万国是瞻巍巍乎德何可尚；摻群灵之总摄，九州待命荡荡乎功孰于京？"

正阳门位于岱庙坊后，正阳门始建于宋，毁于二十世纪中叶。正阳门有两扇朱红大门，门上镶有81个铁制馒钉，有铺首，象征着岱庙的尊严，古时候只有帝王才能从此门进入。庙墙四角有角楼，按八卦各随其方而名：东北为艮，东南为巽，西北为乾，西南为坤。门楼、角楼均于民国年间毁坏。1985年重建正阳门和五凤楼，黄瓦盖顶，点金彩绘，高耸巍峨。1988 年—1989 年重建巽、坤二楼。

正阳门内迎面是配天门，穿堂式，筑于石砌高台上。门上悬当代书法家舒同书额。门内原祀青龙、白虎、朱雀、玄武神像，1928 年毁。两侧原有配殿：东为三灵侯殿，祀周朝谏官唐宸、葛雍、周武西为太尉殿，祀唐武宗时中书郎杜。两配殿神像毁于 1928 年。东侧有《宣和重修泰岳庙碑》《大元太师泰安武穆王神道之碑铭》等，西侧有《大宋封东岳天齐仁圣帝碑》等。

配天门

唐槐院位于岱庙西，与东侧的汉柏院相对。原有延禧殿，旧称延禧殿院，清末时殿废，因院内有唐槐而名唐槐院。原树高大茂盛，蔽荫亩许，民国年间枯死。1952 年在枯槐内植新槐，俗称"唐槐抱子"。树下有明万历年间甘一骥书"唐槐"大字碑，又有清康熙年间张鹏翮题《唐槐诗》碑。西树立有清乾隆帝亲笔题刻："兔目当年李氏槐，枒槎老干倚春阶、何当绿叶生齐日、高枕羲皇梦亦佳"。

唐槐抱子

汉柏院位于庙东南隅，院内原有炳灵殿，又有汉柏，故旧称炳灵宫或东宫，今称汉柏院。门内巨匾高悬，李铎书"炳灵门"。周围有古柏5株，传为汉武帝东封时所植。如今扭结上耸，苍劲葱郁若虬龙盘曲。虽已肤剥心枯，却新枝继生。古人誉为"汉柏凌寒"，为泰安八景之一。树下有清康熙年间河道总督张鹏翮题《汉柏诗碣》。院内存历代碑碣90块，仅乾隆皇帝登岱传作就有26块，诗30首。亭台及东墙内嵌70余块。有张衡《四思篇》、曹植《飞龙篇》、陆机《泰山吟》、米芾《第一山》、乾隆帝《登岱诗》。明崇祯年间陈昌言、左佩铉题篆的《汉柏图赞》、乾隆皇帝御制的《汉柏图》。

东御座位于汉柏院北，原为清代皇帝驻跸之所。其垂花门与东华门相直，大门与汉柏亭相对。院内殿宇毗连，步廊环围，1985年辟为泰山珍贵文物陈列室。正殿内按清宫设置作复原陈列，有龙墩、龙椅、立柜、方桌等紫檀古木家具及各种大理石花饰挂屏。配殿内陈列泰山祭器。殿前松柏下，东有宋真宗御制《青帝广生帝君之赞碑》，西有驰名中外的《泰山秦刻石》残字碑。

天贶殿是岱庙的主体建筑，位于岱庙仁安门北侧，元称仁安殿，明称峻极殿，民国始称今名。相传北宋大中祥符元年（1008 年）六月初六有"天书"降于泰山，宋真宗即于次年在泰山兴建天贶殿，以谢上天。天贶殿大殿建于长方形石台之上，三面雕栏围护，殿面阔九间，进深四间，重檐八角，斗拱飞翘，上覆黄琉璃瓦，檐间悬挂"宋天贶殿"的巨匾，檐下八根大红明柱，柱上有普柏枋和斗拱，外槽均单翘重昂三跳拱，内槽殿顶为四个复斗式藻井，余为方形平棋天花板。殿内供奉泰山神即东岳大帝。

大殿东次间有明代铜铸"照妖镜"一架，原在遥参亭，1936 年移此。殿内东、西、北墙壁上绘有巨幅壁画，名《泰山神启跸回銮图》，描绘泰山之神出巡的盛况。东半部是出巡，西半部是回銮，是中国道教壁画杰作之一。大殿重台宽广，雕栏环抱。中置明代铁铸大香炉和宋代两大铁桶；两侧有御碑亭，内立乾隆皇帝谒岱庙诗碑。

宋天贶殿

殿两侧原有环廊百间，与仁安门两侧的东西神门连接，内绘十殿阎罗、七十二司。东廊中间有鼓楼，西廊中间有钟楼，均毁于清末。1982 年后，陆续重建环廊与钟楼。今东廊内陈列历代碑刻，自北而南有《仿秦刻石二十九字碑》《汉衡方碑》《汉张迁碑》《晋孙夫人碑》《魏齐隋唐造像记刻石》《大唐齐州神宝寺之碣》《唐鸳鸯碑》《唐经幢》《宋升元观敕牒碑》《金泺庄创佛堂之记》《金重修天封寺碑》《五岳真形图碑》《登岱八首》《太极图》《谷山寺敕牒碑》《颂岱诗》《乾隆御制诗》《望岳诗》《筑桥碑记》名碑 19 块。西廊内陈列汉画像石 48 块。殿前院，古柏蔽荫，碑碣林立：东有《宋封祀坛颂碑》《金重修东岳庙碑》、清乾隆皇帝御制《重修岱庙碑记》；西有《大宋天贶殿碑铭》、明太祖御制《封东岳泰山之神碑》；中立《大观圣作之碑》、清康熙年间《重修岱庙记》等。

铜亭铁塔：岱庙后院的东西两侧，东为铜亭，西为铁塔。铜亭又名"金阙"，为明万历四十一年（1613 年）铸。亭为铜质，施以鎏金，亭长 4.4 米，宽 3.4 米，内祀元君铜像。璀璨耀目，端庄浑重，该亭以仿木结构形式装配而成，为重檐歇山式，显示了中国古代精湛的冶铸工艺。20 世纪 70 年代迁入岱庙。

铁塔

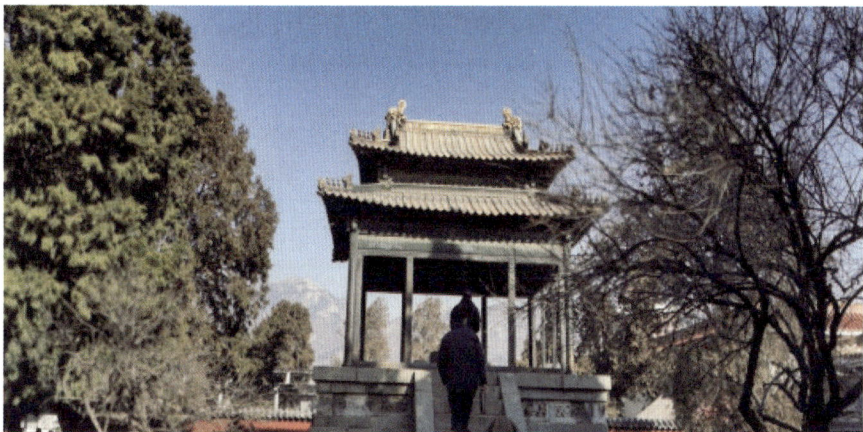

铜亭

　　秦刻石，也称李斯碑。此刻石是秦二世胡亥所下诏书，由丞相李斯以小篆字体书刻制成的。此碑立于秦始皇二十八年（公元前 219 年）。据《史记》载，秦《泰山刻石》全文共 36 句，3 句为韵，12 韵，144 个字。小篆字体笔画简易而形体整齐秀美，较繁赘的大篆更为人们所喜爱。《泰山秦刻石》原在岱顶，后渐磨损。至清代移存山下岱庙，曾被盗而又追回。尚存完整者 7 个字"臣去疾臣请矣臣"，半残者三字"斯昧死"。《泰山秦刻石》已成为稀世瑰宝。西侧的铁塔为明嘉靖年间铸，造型质朴雄伟，原有 13 级，立于泰城天书观，抗日战争中被日军飞机炸毁，现仅存 3 级，高约 4 米，1973 年移此。

　　岱庙碑林：岱庙历史久远，藏碑颇丰。现存历代碑刻 300 余通，林立而群，形制各异。有中国现存最早的刻石秦李斯小篆碑；有充分体现汉代隶书风格的"张迁碑""衡方碑"；有晋代三大丰碑之一"孙夫人"碑；有形制特异的唐"双束碑"，以及宋至清历代重修岱庙的御制碑等。从碑的内容看，有封禅告祭、庙宇创建重修、文人题诗吟岱等，形成了一座天然的中国历代书法博物馆，故有岱庙碑林之称。

宋《大宋东岳天齐仁圣帝碑》又名《祥符碑》，立于大中祥符六年（1013年）六月。碑高8.2米，宽2.15米，碑阳刻文34行，满行61字，共2319字。由翰林学士晁迥撰文，翰林待诏、朝散大夫尹熙古篆书碑额并书写碑文。该碑是宋真宗大中祥符四年（1011年）将泰山神由"王"晋封为"帝"之后所立。碑文叙述了自唐玄宗至宋真宗不断为泰山神追加封号的经过，以及真宗封泰山、谢天书后的重大变化。

《宣和重修泰岳庙记》又称《宣和碑》，立于宋宣和六年（1124年）三月。碑高9.25米，宽2.1米，龟趺螭首。龟座高1.85米，宽3米，长5米，重4万余斤，为岱庙诸碑之冠。碑阳刻文26行，满行74字。额阴刻"宣和重修泰岳庙记"2行8字。翰林学士宇文粹中撰文，张漴书并篆额。宣和六年（1124年）北宋王朝危在旦夕，为保江山，宋徽宗不惜耗费巨资，歌功颂德，粉饰太平，借神的力量庇佑自己。碑文主要叙述宋徽宗建中靖国元年（1101年）登基至宣和四年（1122年）二十一年间陆续重修岱庙的情况。

岱庙保存了历代帝王祭祀泰山神的祭器、供品、工艺品。更为珍贵的是有184块历代碑刻和48块汉画像石，成为我国继西安、曲阜之后的第三座碑林。

王母池

王母池位于山东省泰安市环山路东首，古称群玉庵，又名瑶池。《泰山述记》记载：王母池本名瑶池，俗名王母池。三国魏曹植有"东过王母庐，俯观五岳间"的诗句，唐李白则有"朝饮王母池，暝投天门阙"的吟咏，《岱史》也说："黄帝建观岱岳，遣女七人，云冠羽衣，修奉香火，以迎西王母，故名。"黄帝之事，荒远难稽，足见建庙历史之久远。

　　王母池是一组依山傍水、高下相间、玲珑紧凑的古代建筑群。为三进式庙宇，平面呈长方形，南北长 73.6 米，东西宽 53 米，面积 3900 平方米，由大门、王母池、王母殿、东西配殿、东西耳房、悦仙亭、七真殿和蓬莱阁组成。临溪而建，殿庑亭阁，参差坐落在三层台基之上，红墙黑瓦掩映于苍松翠柏之中。山门上嵌清道光年间徐宗干题匾。门内为池，周环石栏，中架拱桥。池东立《泰山凿泉记碑》，叙述冯玉祥于 1932 年在此凿朝阳泉的经过。池西洞内有王母泉，泉水清澈甘洌。池北洞内有宋代立《重修王母殿碑》。池上为群玉庵，祀王母，下临虬在湾，前有飞鸾泉。

　　王母池分前后两院，前院有王母泉，泉水清澈甘洌；后院为七真殿，殿内泥塑神情各异，栩栩如生。东为观瀑亭，西有老君堂，曾陈列有唐代的"鸳鸯碑"王母池同斗母宫的建筑属于同一种类型，都是依山临水而建，都有专为观水而修的房舍，与周围环境协调宜人。因此自古以来，从曹植、李白到元好问，无不有诗提到它。

　　"群玉庵"一称难以稽考。据三国时曹植《仙人篇》中"东过王母庐"，崔爱国、吉爱琴认为此地已有早期建筑。北魏郦道元《水经注》记载"古者帝王升封，咸憩此水，水上往往有石窍存焉，盖古设所跨处也"。唐代李白《泰山吟》六首有"朝饮王母池"的句子，是否有庙，并无文献证据。由《双束碑记》可知，唐大历七年，代宗遣内侍魏成信至岱岳观修斋，并投告王母池，这是官方认可王母池的较早记载。元祐八年，岱岳观重修王母殿，办置花园一所。李谔《王母池办置花园记》刻石，原立于王母池内二山门的墙根处，今轶。聂剑光《泰山道里记》记称，黄帝建岱岳观，遣女七人，云冠羽衣修奉香火，以迎西王母。宋代的李谔将一则神话传说采录到碑刻中，勒石在王母池。

　　建中靖国元年，"泰山大雨，涧谷水溢，王母池亭宇砌石皆被冲去。

后由道士募工重修"。据姚建荣《重修岩岩亭碑》，正隆末年，金军与各支抗金义军在泰山附近数次激战，泰山王母池东岩岩亭毁损。明嘉靖间殿阁方具规模，清代多次重修。王母池现在建筑，主要是明清两代多次重修的结果。近数十年，王母池经过多次扩建，修缮旧的殿堂。

《岱史》引用《图志》，认为王母池就是瑶池，又名虬在湾。吕继祥曾经考证过"池"的所在，认为王母池原来在梳洗河内，与虬在湾同出而异名。《泰山道里记》云在白鹤泉东北，飞虬岭下。《水经注》云，古者帝王升封，咸憩此水上。西北为王母殿，殿东跨涧为王母楼，俗名梳洗楼……其水为中西溪所迳，遂名梳洗河。

《泰山志》记载王母池"池大盈亩，悬流注之"。道观内的水池，东西长仅 7.3 米，南北宽不过 3.45 米，无论如何不足以盈亩；平时水深不过两米。唐代《双束碑记》记载，大历七年（772 年）唐代宗遣使到岱岳观修斋，并投告"瑶池"，建中元年（780 年）"登岱岳因访瑶池"，唐代"瑶池"一称毋庸置疑。道光前，已经有以"王母池"命名的记载。与瑶池的称呼几乎同时，在《双束碑记》《淄州刺史王圆游记》提到"大历十四年……各携茶果相侯于回马岭，因憩于王母池"。唐代诗人李白《泰山吟六首》中，有"朝饮王母池，暝投天门关。独抱绿绮琴，夜行青山间"的句子。宋皇祐间的《王母池办置花园记》，宋代官员以"王母池"一名称呼此地。

待到元明时期，"瑶池"一称渐渐式微，"王母池"渐成正名。由元代《王母池禁约刻》可知，"王母池"作为庙宇的正式称谓出现在文告中。明代李养正诗作《饮王母池》中，王母池、瑶池二名并用。

据乾隆四十七年《泰安县志》，其中《卷三·山》认为王母池即瑶池，包括"虬在湾"：王母池，亦曰瑶池。《卷七·祠祀志》又说：王母殿，在老君堂东。殿下临虬在湾，有泉侧出，汇为池。甃以石栏，曰瑶池，又名王母池。1929 年的《重修泰安县志》中，祠宇志介绍"群玉庵"词目时说，群玉庵，即王母池，在老君堂东。王母池下临虬在湾，王母池者，侧出之泉所汇，甃以石栏，曰观澜亭。又增置八仙殿。

"梳洗河"源出岱阳黄岘岭之中篏，山海经所谓环水水。有古梳洗楼基此河，所由名也。《泰山道里记》言及的王母梳洗楼已不存，石渠却因此得名梳洗河，自从虎山水库修成，石渠水势渐小，不过未曾断流。河上所筑石桥为清代重修，名为"八仙桥"。桥东北石壁上一个天然石洞，相传吕洞宾在此修炼，现名吕祖洞。《泰山图志》云，在王母池南东崖下。唐韦洪诗谓之"发生洞"，宋钱伯言纪游称"金母洞"，传吕祖纯阳子炼丹于此，内有纯阳石像。吕祖洞与王母池道观第三进院落的七真殿相呼应，七真殿又叫作"吕祖殿"，主祀吕洞宾。梳洗河中，依依垂柳下，有碧水一潭，叫作虬在湾，常年积水，湾底的累累巨石被冲刷的洁白而光滑，在水势涨落间，这些条石忽隐忽现，似虬龙浮游。

民国县志对于"王母池"条目的记述：王母池……出飞虬崖下，池上为群玉庵，祀王母；西为药王殿，后为八仙楼，塑像颇工。前有飞鸾泉、曹公渠……之东有观澜崖，下为吕公洞。又东跨涧为楼，俗名梳洗楼……比如吕公洞、观澜崖（亭）、梳洗楼、梳洗河、虬在湾等，都与王母池或者王母传说相关，因此属于广义的王母池范围，使得王母池的文化体系层次丰富多彩。

泰山斗母宫

斗母元君，简称斗母，也叫斗姥，是道教崇拜的一位与众不同的女神。"斗"狭义的意思就是北斗七星，"斗姆"既是北斗众星的母亲。相传原来是龙汉年间的周御王的妃子，名叫紫光夫人，由于有感悟而生九子。在道教中，斗母崇拜十分普遍，许多道教宫观都建有"斗母殿""斗母阁""斗母宫"。《太上玄灵斗姆大圣元君本命延生心经》称斗姆尊号"九灵杰妙白玉龟台夜光金精祖母元精"，神号全称是"先天斗姥紫光金尊摩利支天大圣圆明道姥无尊"。道教尊称为"圆明道母无尊"，简称"先天道姥"，谓之"象道之母"。

斗母宫是泰山景区中最为幽静的所在，于红门宫上处，位于龙泉峰下，斗母宫石坊之后，是一组完整的古建筑群，因为有龙泉之水自西北山崖而下，环绕宫墙东注中溪，所以古称"龙泉观"。庙宇创建无考，是泰山最古老的道观之一，里面供奉着北斗众星之母，称之为"斗母宫"，又名"斗姥宫"。明代嘉靖二十一年即1542年德藩重建，到了清代康熙十二年即1673年由比丘尼主持，并且进行了重修和拓建，从此道观就成了尼姑庵，清代光绪年间，宫宇辉煌，尼僧众多。当时的黄河总督刘鹗在《老残游记续集》中曾生动地描写了这里的尼姑生涯及其佚事。

斗母宫古临溪而建，钟鼓二楼直接建于宫门两旁并与山门连在一起。斗母宫分前、中、后三院。中院有西向山门，精雕石狮蹲列门下。门侧分列钟、鼓楼。院内正殿原祀斗母神，俗称千手千眼佛。今置地藏菩萨铜像。东配殿原祀精雕紫檀观音、文殊、普贤三菩萨，均毁于1966年，今为文物展室。

前院，北有僧房，东南有寄云楼，均辟为茶室。院中有清光绪年间赵尔萃所建的天然池，蓄龙泉水灌溉田地。池北为南山门。南山门内是一处院落，院中有光绪二十五年即1899年泰安名士赵尔萃修建的"天然池"，内有两股泉水，每逢夏、秋之季双泉突涌，俗称"孪生泉"。池旁有古槐，并有小槐相偎依，被人们誉为"母子槐"；池东有寄云楼五间，修建在深谷绝壁之上，上边是环廊式楼阁。池北有蕴亭，1982年重建。穿过蕴亭向北走便是二进院落，院内正殿三间，绿琉璃瓦盖顶，前后步廊式。

后院有正殿，正殿东侧有配殿三间，后边接连着卷棚悬山顶明廊，在此可临溪观赏美景。殿内原来祭祀着精致的木雕观音、文殊、普贤三位菩萨，后被焚毁。正殿的东南有听泉山房三间，前后步廊式，南北山墙上各开一门，通达无阻；山房北有"龙泉"；泉北是石亭三间，1982年创建，上有匾额，大书"龙泉亭"三字。

正殿西边是西山门，门檐下有一对雕刻精湛、光滑似玉的石狮把守。门两侧分列着钟鼓二楼。

斗母宫修建于深壑绝壁之上，重峦叠翠，深秀幽雅。深涧内有三条断崖，溪水漫崖而下，注入碧潭，被誉为"三潭叠瀑"。瀑流如龙飞舞，又称"飞龙涧"。潭的北侧有巨石，上书袁世凯少子袁克文的题刻"流水音"。清代泰安知府宋思仁曾在《斗母宫诗》中颂道："满涧松荫尘不到，夜深风雨有龙归"。

西山门外有古槐巨枝伏地，如卧龙翘首，俗称卧龙槐。原来这里只有一棵树，后来又长出了侧根，成了另一棵小树。小树长大后，枝繁叶茂，老树却枯萎了。在这过程中，小树突然发现母树上有一窝乌鸦，先是老乌鸦叼食喂小乌鸦，当小乌鸦羽毛丰满以后便又去捕食给老乌鸦，共计18天。这就是人们常说的"乌鸦反哺"的故事。从此之后，小槐树便把自身的养料输送给了母树，使它重获新生，所以如今卧龙槐仍是枝繁叶茂。宫南西崖有"蔚然深秀""洞天福地""肤寸升云"及"虫二"诸刻，与山色辉映。"虫二"字谜即"风月"二字拆去边框，意为风月无边。

卧龙槐北是高老桥，传说是古代黄老道徒高氏创建的。桥北道西是人祖庙，在明代时为人祖庙，祭祀的是秦始皇，传说是秦二世登泰山时创建的祖龙庙遗址。到了清代改为三官庙，供奉天官、地官、水官。据传它们是尧、舜、禹的化身，后来庙宇荒废，大殿、客房、僧舍渐毁。

新中国成立后改为三官庙小学，1994 年又重修。庙内还有一株古柏，传说是秦二世胡亥所植。在它那粗壮而低矮的主干上，生长着五条巨大的侧枝，人们附会为秦始皇的化身，说他功德盖世，一手遮天，使子孙世代相传，所以被称为"五指树"。三官庙后的西崖上有清代光绪十二年即公元 1886 年，吴大澂仿秦代李斯小篆《琅琊刻石残碑》；另外还有他篆书的《汉镜铭》："上大山，见神仙，食玉英，饮醴泉。驾飞龙，乘浮云，宜官秩，保子孙。寿万年，贵富昌，乐未央。"

三阳观

三阳观位于泰山南麓凌汉峰山腰。这里松柏茂盛，泉石铿然，幽奥静僻；周围百鸟争鸣、风声云影。是泰山著名的古道观，被赞誉为"道家之秘境，寰宇之大观"。明代文学家、诗人于慎行曾作《下泰山游三阳观》："半岭通仙界，萦回岳麓西。已看三观迥，犹觉万峰低。暮雨瑶华落，春云玉洞迷。游情浑未减，缥缈望丹梯。"

明嘉靖三十年（1551 年），东平全真教果老派系重阳派道士王阳辉（号三阳）携徒昝复明（号云山）于此"伐木剃草，凿石为窟以居"，后"稍营茸庐居"，泰安道士德藩感其苦志心诚，助资修建，名三阳庵。初具规模的时候，王阳辉去世，云山承其师志，广结众缘，大兴缔造，形成入门三重的具有殿、阁、台、亭，以及客寮的较大规模的"丹台紫府"，更名三阳观。明于慎行为之记曰："入门三重，得蹬道而上，有殿有阁。又左为客寮四楹，以待游镳。"明代万历年间的重臣、泰安人萧大亨又大力重修。据史书记载，三阳观宫宇辉煌、巍峨壮丽、香火鼎盛，四方道俗纷至沓来。至清代时又数次重修，香火日盛。三阳观道士最多时曾达到 200 多人，逐渐成为泰山道教名观。清末民初时，国政凋敝，三阳观逐渐衰微，新中国成立前夕已没有道士居住，后荒废倒塌殆尽。

　　为了再现三阳观的历史风貌，挖掘人文历史文化，泰安市政府严格按照其历史风貌和文物修复的修旧如旧原则，对三阳观进行了复建。先后复建了山门、混元阁、三观殿、玄武殿、天仙圣母大殿、东西行宫，规整了院落，并对观内外碑碣进行了扶正描红，修葺面积 5200 余平方米。修复后的三阳观复建后的三阳观南北长 90 米，东西宽 61 米，总面积 5469 平方米，其中建筑面积 540 平方米。观以山门、照壁、混元阁、天仙圣母大殿为中轴，两侧配以三官殿、真武殿、祖师堂、寮舍数楹。三阳观内天井甚阔，数株古柏银杏点缀其间，一年四季，冬暖夏凉。

　　如今观门洞开，门匾镌刻着"三阳观"，迎门墙上画着太极道符。山门外还有一个石坪，上刻"救苦台"三个大字，毕竟无论佛道，都是以解救天下苍生为己任。救苦台上面是"龙脉窝居"刻石，题刻年代及作者不详。

　　三阳观为三进院落，随山就势一重高过一重，院落之间有石阶相连。

　　山门外台阶下立有 1934 年五月冯玉祥所题，赵正印、范明枢、闫纪东、刘传远等 135 人所立碑一组三通。碑文面西，三通碑刻同覆一歇山顶石质碑帽。碑身有残，碑文字迹多缺失。为维修后所立。

　　山门西北有"迎仙门"摩崖题刻；山门东侧有"救苦台"摩崖石刻；院东有"三阳洞"石刻，院墙外正北方有"奇观"摩崖石刻。

　　走进山门，一股清幽之气迎面而来，"三人抱"的银杏树挺立中间，将院子盖在"臂膀"下。建筑就地取材、以石砌成，是泰山古建筑中最富特色的一组石结构建筑群。

　　山门为歇山顶单拱券石门，面阔 7.10 米，进深 3.90 米，通高 3.2 米。门上覆绿色琉璃瓦，两端龙吻，垂兽前有三跑兽加一仙人骑脊。距山门 3.74 米处有一照壁，长 3.5 米，高 2.7 米，厚 0.55 米。背面嵌有"三阳庵石记碑"一块。

一进院落东西两侧有石碑共 7 通，东侧有康熙四十八年十月河南开封人士所立"永垂不朽"碑、康熙二十六年所立"万古流芳"碑、"重修三阳观碑记"碑、明万历年间所立"太上老君长清净"碑、清嘉庆九年所立"重开三阳观碑记"碑、康熙二十八年河南开封陈留县人士所立"万古流芳"碑、康熙二十七年"陈留县"进香碑。院内还有扑地残碑"善救善民"碑。一进院内有井一座，上有"龙泉"摩崖石刻。一进院落到二进院落有 26 个台阶，踏步宽 0.29 米，垂带石长 2 米，与二进院落高差为 3 米。

二进院落宽 56 米，进深 6.7 米，有三官殿及二层建筑混元阁，在混元阁一层为真武殿。院中有碑刻 10 块，有康熙二十九年河南开封陈留庄"万古流芳碑"；明万历二十三年"赐进士出身资政大夫礼部尚书兼翰林院学士、经筵日讲国史副总裁官鲁国于慎行撰文、泰山后学王应星书"的"重修三阳观记"碑；明万历二十三年"赐进士第荣禄大夫太子太保刑部尚书郡萧大亨撰、儒学生员王应星书"的"三阳庵新建门阁记"碑；位于玉皇洞东侧的明隆庆四年"赐进士出身奉政大夫河南按察佥（qian）事郡人岳峰萧大亨撰"，"本山道士昝复明刻石"的"建立三阳庵记"碑；嵌于三官殿西窗下墙内的"李子贡其肄业三阳庵"碑；嵌于三官殿檐廊东山墙内的康熙四十六年的"陈留县"进香碑；嵌于三官殿东窗下墙内的草书"幕字碑"；位于三官殿门外西侧墙外的"重修三阳观行宫记"碑；位于玉皇洞东侧明万历十七年十月十五日，奉大明皇贵妃郑淑旨敬诣的"皇醮记文"碑；位于西侧通道之西的"皇醮碑记"；位于院落东侧的"辛亥春日"张启昌"游三阳观"断碑。

混元阁分为上下两层，全部用石墙石柱砌成，古朴典雅，下层供殿是借助近 5 米高的山体陡崖砌筑而成的券洞，供奉着玉皇大帝，里面两侧对称凿有 4 个小洞。混元阁上层建于券洞之上的台基，为三开间全石结构庑殿顶建筑，内奉太上老君，阁外石阶连接上下两层。混元阁虽然是石质结构，却与普通民居有很大的差别。

三进院落：混元阁的上层殿后近乎直角的台阶上矗立着一座大殿，被称为天仙圣母大殿。仰观大殿，有一匾额，上书"灵光普照"四个大字，这便是三阳观的三进院落了。一进院落与三进院落之间落差几十米，使最上层的大殿愈发气宇轩昂、巍巍壮观。殿堂巍峨高耸，格局对称，虽然与山门不同轴，但三层中心成一条直线，不偏不倚。殿中供奉着泰山圣母碧霞元君。三阳观的天仙圣母大殿内便是如此左侧供奉的是"眼光娘娘"，能治眼疾，让人心明眼亮，是一位光明使者；右侧供奉的是"送子娘娘"，专司生儿育女，能保佑人们怀孕生子，繁衍后代。

站在大殿前俯瞰，整个泰城收入眼底，浓绿的蒿里山卧在城市中，远处徂徕山与汶河若隐若现。

三官殿位于混元阁一层东侧，内供天官、地官、水官。建筑形式为五檩硬山顶。前廊通面阔 8.45 米，进深 1.2 米，通高 2.9 米。殿室面阔 8.45 米，进深 3.93 米，通高 5.42 米。正脊两端龙吻，仙人骑脊。彩绘形式为旋子彩绘，明间为二龙戏珠，次间为麒麟、花卉。

真武殿位于混元阁底层西侧，内供奉真武大帝。建筑形式为五檩硬山顶。前廊面阔 8.45 米，进深 3.93 米，通高 5.4 米。殿三间，通面阔 8.45 米，进深 3.93 米，通高 5.42 米。双扇木板门，东西各有一窗。正脊两端龙吻，仙人骑脊。彩绘形式为旋子彩绘，明间为二龙戏珠，次间为麒麟、花卉。

混元阁位于二进院落中轴线上，共两层。下层又称玉皇洞。面阔 10.35 米，进深 11.26 米，高 4.9 米，门高 3.02 米。玉皇洞内两侧各有两个拱形洞，东面的洞中南侧洞面阔 1 米，进深 1.8 米，通高 1.8 米。北侧洞面阔 0.95 米，进深 1.8 米，通高 1.8 米。两洞相隔 0.95 米。西面的两个门洞建筑形式与东面相同，洞口两两相对。玉皇洞整体为石块砌成，内供奉玉皇大帝。

玉皇洞东西两侧各有一通道，东侧通道宽 1.19 米，西侧通道宽 0.78 米。经两侧通道拾级而上为二层建筑混元阁。内供太上老君。面阔 9.16 米，进深 6.06 米，高 4.36 米。建筑为单檐庑殿顶，拱形内顶，全部为石块垒砌，石砌墙体厚达 1.18 米。屋面上覆琉璃瓦。正脊两端有龙吻，四条垂脊各有三跑兽加仙人骑脊。

混元阁依山势而建，整体建筑通高为 9.26 米．二层建筑进深比一层小 5.2 米，面阔二层比一层小 1.19 米。二层殿室前有面阔 10.35 米，进深 2.95 米的平台，平台前及两侧有护栏。

东西厢房位于混元阁偏后东西两侧。建筑形式皆为卷棚顶。面阔 7.71 米，进深 3.67 米，通高 4.9 米。

天仙圣母殿为硬山式前出廊建筑。殿面阔 11 米，进深 4.7 米，通高 6.8 米。殿前有檐廊，面阔 11 米，进深 1.75 米，通高 4.3 米。明间前有台阶，踏步五级，宽 3.97 米。内供泰山碧霞元君、送子娘娘、眼光奶奶。东西两侧塑有青龙、白虎护法。

圣母殿前有 1913 年"邑人钱寅宝撰并书、赵常贵等 384 人所立"的"重修三阳观记"碑。

在圣母殿东南有摩崖题刻"全真崖"。

三阳观东北是凌汉峰，峻拔陡峭，三峰并峙，松林茂密，栎树间杂。南宋建炎元年（1127 年）石匠姜博士及道人孙上座在此结寨抗金，题刻、房基、石臼等尚存。

红门宫

红门宫，岱宗坊北，红门路北首，王母池西北；为攀登泰山之起点。因西北悬崖上有两块红门，形似门扉而得名。

　　红门宫创建年代不详，明清时重修。宫内分东西两院，东院正殿三间，原为道教殿堂，后曾供奉弥勒佛，俗称弥勒佛殿，另有过亭和更衣亭各三间；西院正殿三间，为祀奉泰山女神碧霞元君之所，殿南有合云亭，殿右有且止亭。两院间高阁名曰飞云阁，阁下为拱门，登山通道穿行其间。举首远望，泰安风光尽收眼底，每日晨曦辉映半山，景色极为壮丽，被称之为泰山"红门晓日"胜景。

　　宫前三重石坊形若阶梯。前为一天门坊，明代建，参政龙光题额，清康熙五十六年（1717年）巡抚李树德重建，两侧有明代人题"天下奇观"及"盘路起工处"大字碑。中有孔子登临处坊，明嘉靖三十九年（1560年）巡抚山东都察院右副都御史朱衡筹建，嘉靖状元罗洪先题额并联："秦王独步传千古，圣主遥临庆万年。"联语于1967年被凿毁。坊西立清嘉庆初年泰安知府金撰书《泰山种柏树记碑》。后为天阶坊，明嘉靖年间建，巡按山东监察御史高应芳题联："人间灵应无双境，天下巍岩第一山"。

　　一天门坊前路西是关帝庙，始建无考，原祀三国时蜀汉名将关羽。明清时山西盐商常在此聚会祭祀，奉福神，故又名山西会馆。1983年重修，现为国家文物局泰安培训中心。庙东院有古柏一株，墙外碣书"汉柏第一"。

　　宫东跨溪而南是白骡冢遗址。传唐玄宗登泰山时乘白骡，礼毕下山至此，骡累死，遂封"白骡将军"，并备棺垒石为冢。现冢无存，仅留石碑，传为白骡冢碑。民国年间赵正印根据碑额棱上有"垂拱元年"等残字，断为唐高宗《小字登封纪号文碑》。1988年复立于原处，但残字碑已成无字碑。

　　宫西是大藏岭，其巅有石屋能藏物。

　　宫后有一巨石耸立，上刻"小泰山"。传为碧霞元君的化身，原有元君小庙，旧时香客多在此焚香祈福，新中国成立后庙毁，1985年重建。稍北路西有清代和民国年间"合山会记"碑26块，记载当年朝山进香的盛况，今称小碑林。

　　红门宫是泰山中溪的门户，呈半封闭凹形空间。再加宫前三重白色石坊及碑碣，构成一组高低错落、色彩鲜明、形若天梯的古建筑群。自飞云阁洞北望，林荫夹道，石级绵延。自古有"红门晓日"之景。清人赵国麟诗云："凌晨登红门，雾色明朝旭。俯视万家烟，平畴尽新绿"。

第四篇

泰山祈福文化

在泰山数千年的人类活动中,从原始的山神崇拜、大汶口文化、帝王封禅等上层礼制,到普通民众普及的东岳大帝、碧霞元君信仰,以及泰山石敢当传说,形成了泰山独特的民俗文化现象。近几十年来,随着开放、争鸣、文化自信,对泰山民俗的研究达到了顶峰,大量文献及研究论文面世,极大地推动了泰山民俗文化的研究和发展。

第一章　东岳大帝形象演变与文献

　　东岳大帝也即泰山神。历代帝王或巡狩，或封禅，或神祭，或褒封，奠定了泰山神在道教诸神中的崇高地位，"被供奉为神灵界的王者"。《三教源流搜神大全》"泰山者，乃群山之祖，五岳之宗，天帝之孙，神灵之府也"。秦汉之前，古人认为泰山为"峻极之地"，是人与天相通的神地所在，对之特别崇拜敬畏，谓泰山之神即东岳大帝。

　　泰山位居东方，是太阳升起的地方，也是万物发祥之地。道教认为，泰山神"东方万物之始，故知人生命之长短"；"主管人间贵贱尊卑之数，生死修短之权"，"东岳泰山君领群神五千九百人，主生主死，百鬼之主帅也"。作为泰山的化身，泰山神是上天与人间沟通的神圣使者，是历代帝王受命于天，治理天下的保护神，成为民间宗教信仰之一。

　　唐玄宗开元十三年（725年）封禅泰山时将泰山神封为"天齐王"。宋真宗大中祥符元年（1008年）东封泰山时，封"仁圣天齐王"，大中祥符四年（1011年）封"天齐仁圣帝"。元代加封为"天齐大生仁圣帝"，明代又恢复为东岳泰山神。古代帝王来泰山封禅，均先在岱庙礼拜泰山神，泰山神地位越来越高。清康熙帝、乾隆帝礼泰山神时，行三献典礼。元代之后，祭祀泰山神多由皇帝遣官致祭。明清后，《神异经》中的金虹氏后说载入《道经》。

秦汉以来，泰山神的影响逐渐渗透社会各阶层，进入人们的日常生活中，于是泰山神作为阴阳交代，万物之始的神灵，在保国安民、太平长寿的基础上引申为可以召人魂魄、统摄鬼魂的冥间之主。随着泰山神影响的扩大，其信仰向四周扩散开来，在全国各地几乎都建有规模不等的东岳庙。

一、东岳大帝起源

文献记载对于东岳大帝起源有下面几种传说。

（一）泰山神源于对泰山的自然崇拜

泰山神属道教的自然神，源于中国原始的自然崇拜。自然界是一个充满神灵的世界，崇拜自然神灵是远古先民与自然沟通的途径，在众多的自然崇拜中，影响最大、流传最广的莫过于大山崇拜。泰山又称为"东岳"，《岱史·形胜考》引《诗》注云："东方主天地生气，以方位别于五岳，是为天之东柱"。《文献通考》也指出："岱庙东岳，以其处东，北居寅丑之间，万物终始之地，阴阳交泰之所，为众山之所宗主也"。东方是太阳初升的地方，"東"字从"木"，"日"在其中，甲骨文中"木"与"桑"通，古时有日出扶桑之说。东方，按五行属木，四时为春，五常为仁，八卦属震，二十八宿为苍龙。"春之为言蠢也，产万物者也"；"仁"乃天地大德；"震"与"苍龙"则是帝王出生腾飞之地。于是东方主生的思想具体到泰山，泰山还成了"天地大德""帝王出生腾飞之地"。

泰山还称为"岱山""岱宗"，"固谓夫出震配乾万物始代，储坤亘五岳惟宗。在古人心目中，泰山是万物交代的群岳之长。《尚书大传》引孔子说："夫山者，嵬嵬然草木生焉，鸟兽蕃焉，财用殖焉，四方皆无私与焉。出云雨以通乎天地之间，阴阳和合，雨露之泽，万物以成，百姓以飨。此仁者之乐于山也"。按照万物有灵的观点，泰山神之"神"的含义为"山林川谷丘陵能出云为风雨，见怪物，皆曰神"。故而理所当然地受到先民的崇拜和祭祀。

泰山崇拜还与天地崇拜紧密相连，这也是泰山神信仰的重要内容。据《尚书》记载，舜"肆类于上帝，于六宗，望于山川，遍于群神"。"上帝"即最高天神，"泰山"则为"六宗"之一。在古人心目中，泰山峻极，离天最近。按照"山岳则配天"的观念，作为"东天一柱"的泰山，正是阴阳始代、天地交泰之地。故而早在三代以前就在泰山极顶"古登封台""燔柴以祀天"。进而又演化出泰山神乃"天帝之孙"的信仰，泰山崇拜与天地崇拜的结合便愈加密切。

到夏商周三代，泰山神逐渐人格化，此时的"神"的含义正如孔子所言："山川你之灵，足以纪纲天下者，其守为神"。

（二）金虹氏说

东方朔撰《神异经》："昔盘古氏五世之苗裔曰赫天氏，赫天氏子曰胥勃氏，胥勃氏子曰玄英氏，玄英氏子曰金轮王。金轮王弟曰少海氏，少海氏妻曰弥轮仙女也。弥轮仙女夜梦吞二日，觉而有娠，生二子，长曰金蝉氏，次曰金虹氏。金虹氏者，即东岳帝也。"《东岳大帝本纪》《历代神仙通鉴》亦持此说。

金虹氏积德之初，因在长白山中佑民有功，伏费氏时即被封为太岁，掌天仙六籍，遂以岁为姓，以崇为名，先被尊称为太华真人，弥轮夫人乃水一天尊之女。据说神农时，泰山神被赐天符都官，名号府君，后至尧、舜、禹、场周秦汉魏之世，也一直都在天都府君之位。汉明帝时，封为泰山元帅。唐武后垂拱二年（686 年），封东岳为"神岳天中王"。武后万岁通天元年（696 年）又尊为"天齐君"。唐玄宗开元十三年（725 年）

加封"天齐王"。宋真宗大中祥符元年（1008 年），诏封东岳天齐仁圣王，四年又尊为帝，称"东岳天齐仁圣帝"。对泰山神之祭祀和崇奉，自上古三代就有。三代民居都在黄河中下游一带，故天子"以血祭祭社稷、五祀、五岳"，其中五岳之长就是泰山，泰山被尊称为岱宗。

（三）黄飞虎说

《封神演义》述东岳大帝及其子炳灵公，为泰山之神。《封神演义》中商朝末年，纣王荒淫残暴，连黄飞虎的妻子也不放过。黄飞虎之妻为守贞节自杀身亡。黄飞虎的妹妹是纣王的妃子，在痛斥纣王之后被摔下摘星楼而亡。黄飞虎身负家仇，和老父、二弟、三子、四友带一千家将反出五关，投奔周武王，被封为开国武成王，讨伐昏庸暴虐的纣王。黄飞虎战死于渑池（今河南省渑池县）。周武王评价黄飞虎"威行天下，义重四方，施恩积德，人人敬仰，真忠良君子"。姜子牙特封黄飞虎为五岳之首、东岳泰山天齐仁圣大帝，总管人间吉凶祸福。但这只是限于封神演义有这种说法。

（四）太昊说

道经《洞渊集》记载："太昊为青帝，治东岱，主万物发生。"《枕中记》述："太昊氏为青帝，治岱宗山；颛顼氏为黑帝，治太恒山；祝融氏为赤帝，治衡霍山；轩辕氏为黄帝，治嵩高山；金天氏为白帝，治华阴山。"

（五）盘古化身说

盘古，又称盘古氏，混沌氏，是中国传说中开天辟地创造人类世界的始祖。周游《开辟衍绎》附录《乱仙天地判说》记载："天人诞降大圣。曰浑敦氏，即盘古氏，初天皇氏也。龙首人身，神灵，一日九变，一万八千岁为一甲子，荆湖南以十月十六日为生辰。有初地皇氏，初人皇氏。"《古今图书集成·岁功典》卷八十三引《补衍开辟》说："代（世）

所谓盘古氏者，神灵，一日九变，盖元混之初，陶融造化之主也。"

《述异记》载"昔盘古氏之死也，头为四岳，目为日月……秦汉间俗说盘古头为东岳，腹为中岳，左臂为南岳，右臂为北岳，足为西岳。"《五运历年记》也称："首生盘古，垂死化身……四肢五体为四极五岳……"盘古化身说，把泰山与里开天辟地的创世主盘古联系在一起，意在表明泰山信仰源远流长及声名的显赫。

（六）上清真人说

《文献通考郊社》中说："五岳皆有洞府，上清真人降任其职。"

（七）山图公子说

唐代道士司马承祯撰《天地宫府图》列十大洞天、三十六小洞天、七十二福地。其三十六小洞天，第二东岳泰山洞。周围一千里，名"蓬玄洞天"，由山图公子治理。

（八）天帝之孙说

《孝经援神契》谓："泰山，一曰天孙，言天帝之孙也"。《三教源流搜神大全》也说，泰山"乃群山之祖，五岳之宗，天帝之孙，神灵之府也"。此说，正是古人认为泰山为"峻极之地"，是人与天相通的神地所在，泰山神为天帝之孙，正是"泰山"与"天"关系的形象化。

二、东岳大帝信仰与风俗

岱庙，是泰山神的庙，是全国各地东岳庙的祖庙。它是封建社会中供奉泰山神、举行祭祀大典的地方。现岱庙天贶殿内供奉东岳泰山之神。

东岳大帝被冠以神的形象，排于玉清元宫之第二位，冠五岳之首。泰山神形象的塑造很大程度上与人们的心理崇拜与冥中向往有关。东岳大帝塑像都是和帝王一样造型，都是头戴紫金冠（类似于玉皇大帝一样的帽子），手拿笏板（上面描绘又七星连珠的图案），身穿黄色龙袍服装，上面绘制有龙腾、七彩云、潮水等图案，威风凛凛、居高临下的造型一般在庙殿中央，身边一般配有伺候人员塑像，分别为金童玉女，两边站班神像也是雄赳赳气昂昂的，手执宝剑和银枪。

泰山神主生死，并由此延伸出具体职能：兴云致雨，发生万物；新旧相代，固国安民；延年益寿，长命成仙；福禄官职，贵贱高下；生死之期，鬼魂之统。

泰山神能兴云致雨，主阴阳交代万物发生。《春秋公羊传》有记载："山川能有润千里者，天子秩而祭之。触石而出，肤寸而合，不崇朝而遍雨天下者，惟泰山尔。"所以后代的祈雨活动，除了祭天外，在诸山之中，最重视的就是泰山。兴云致雨和万物生长相关，故而泰山神又主管着万物的生长。更重要的是，泰山位于"万物始终""阴阳交泰"的东方，所以"主万物发生"，是万物生长的源泉。

泰山神既是天帝之孙，自然会主更替王朝、稳固江山。几千年来，"泰山安则四海皆安"的观念深入人心，这一点突出表现在历代帝王的封禅和祭祀活动中。凡改朝换代王者易姓、天降祥瑞国家升平，或者天灾人祸动荡不安等情况，帝王必定或巡狩，或封禅，或祭祀，以期沟通神意，上承天命，固国安民，意图国泰民安。

登泰山祈福，延年益寿，长生成仙。战国秦时期，信奉方仙道的方士们纷纷到泰山修炼求仙。仙与山有密切的联系，《说文》："仚即仙，人在上貌，从人从山。"《释名》说："老而不死曰仙。仙，迁也，迁入山也，故治字人傍山也。"其次，帝王封禅求仙。汉武帝时，"少君言上曰：'祠灶则致物，致物而砂可化为黄金，黄金成以为饮食器则益寿，益寿而莱仙者乃可见，见之以封禅则不死，黄帝是也。'"武帝深以为然，曾先后七次到泰山行封祭天以求国泰、以求长生。武帝太始四年所铸一鼎的鼎铭即曰："登于泰山，万寿无疆。四海宁谧，神鼎传芳。"第三，对普通百姓来说，上泰山，见神人便可长寿万年。据罗振玉《辽居杂著》所记西汉的《太山镜铭》曰："上泰山，见神人，食玉英，见沣泉，驾蛟龙乘浮云，白虎引兮直上天。受长命，寿万年。"可见，在上至帝王，下至百姓心目中，都形成了较为系统的泰山主长生的信仰观念。

泰山治鬼，主人生死贵贱。泰山治鬼说大约始于汉代。《后汉书·乌桓鲜卑列传》说："中国人死者，魂归于岱，泰山地也。"泰山地府在蒿里山，汉《乐府歌辞·蒿里曲》就有"蒿里谁家地，聚敛魂魄无贤愚"的诗句。记述泰山神东岳大帝管理阴曹地府的文献资料不胜枚举，如《云笈七签》中称："泰山君领群神五千九百人，主治死生，百鬼之主帅也，血祀庙食所宗者也。"

东岳大帝在我们中国人的思想意识中，一直都认为泰山是管辖鬼魂的地方。《三国志·管辂传》记有管路和兄弟所言："但恐至泰山治鬼，不得治生人"。《后汉书·乌桓传》说：其俗谓人死，则神游赤山，如中国人死者魂归岱山；《后汉书·方技传》则载："许峻自云，尝笃病，三年不愈，乃谒泰山请命"；刘桢《赠五官中郎将》诗云："常恐游岱宗，不复见故人"。应璩《百一诗》云："年命在桑榆，东岳与我期"；《古乐府》亦有诗曰："齐度游四方，各系泰山录。人间乐未央，忽然归东岳"；《三教搜神大全》则说："汉明帝时，封泰山神为泰山元帅，掌人间居民贵贱高下之分，禄科长短之事，十八地狱六案簿籍，七十五司生死之期。"所以《岱史》引道经言："五岳之神分掌世界人物，各有攸属。岱（泰山）乃天帝之孙，群灵之府，主世界人民官职、生死、贵贱等事。"《风俗通义·正失》亦载："岱宗上有金崔玉策，能知人年寿修短。"《五岳记》则称"东岳泰山神天齐王，领他官仙女九万人。"

泰山治鬼魂之说，汉魏间已经盛行。民俗中，国人的思想意识一直认为泰山是管辖鬼魂的地方。《日知录》说："考泰山之故,仙论起于周末,鬼论起于汉末。"《风俗通义·山泽》:泰山"尊曰'岱宗',宗者,长也,万物之始,阴阳交代,云触石而出,肤寸而合,不崇朝而遍雨天下。"《三国志·管辂传》记有管路和兄弟所言:"但恐至泰山治鬼,不得治生人。"《后汉书·乌桓传》:"其俗谓人死,则神游赤山,如中国人死者魂归岱山。"泰山地府在蒿里山,汉《乐府歌辞·蒿里曲》就有"蒿里谁家地,聚敛魂魄无贤愚"的诗句。记述泰山神东岳大帝管理阴曹地府的文献资料不胜枚举,如《云笈七签》中称:"泰山君领群神五千九百人,主治死生,百鬼之主帅也,血祀庙食所宗者也。"

《茶香室丛钞》引《封禅书》内容,终于将神仙、鬼魂统一于泰山神的管辖之下:"泰山有天主地主之词,其义即缘封禅而起。王者于此报天放有天主打,王者于此报地,故有地主调。死者魂归泰山,即归于地主耳。"这使泰山神终于有了双重的神性职能。

自然崇拜过渡到精神信仰和依托形式,泰山神信仰不仅与政治权力相联系,而且与灵魂不灭及来世观念相结合,进入了道教阶段,泰山神信仰具有了丰富的伦理意义和人文色彩。不仅在道教神仙信仰中拥有崇高地位,还随着社会发展广泛地与王权政治发生了联系。从单纯的自然崇拜,递延出代表国泰民安重大义理的绝对权威和象征。这一权威和象征突出体现在对泰山及泰山神的祭祀仪典和历代褒封上。

三、东岳大帝圣诞

农历三月二十八日,是纪念东岳大帝的诞辰。

自宋朝始,每年此时立泰山庙会,以祭东岳大帝。地点在东岳庙即岱庙。除祭祈活动外,增加了经济活动,服务于八方朝拜者。东岳大帝是中国民间传说中主管世间一切生物（植物、动物和人）出生大权的。纪念他的目的是祈求他在人死后早放灵魂，投生转世。游行时除抬东岳大帝塑像外，还用人装扮成各种传说中的鬼神形象，组成宗教游行队伍，到大街小巷游行。善男信女向游行队伍烧纸钱、点香烛、叩头，以祈求大帝保佑冥间亲属免受折磨。泰山以外，以北京东岳庙最为著名，是元明清朝廷举行祭岱仪式的场所。

明田汝成《熙朝乐事》云："三月二十八日，俗传为东岳齐天圣帝生辰，杭州行宫凡五处，而在吴山上者最盛。士女答赛拈香，或奠献花果，或诵经上寿，或枷锁伏罪。钟鼓法音，嘈振竟日。"明沈榜《宛署杂记》卷十七云："（顺天府宛平县）城东有古庙，祀东岳神，规模宏广，神像华丽。国朝岁时敕修，编有庙户守之。三月二十八日，俗呼为（神）降生之辰，设有国醮，费几百金。民间每年各随其地预集近邻为香会，月敛钱若干，掌之会头。至是盛设鼓乐幡幢，头戴方寸纸，名甲马，群迎以往，妇女会亦如之。是日行者塞路，呼声振地。甚有一步一拜者，曰拜香庙。"清顾铁卿《清嘉录》卷三云："（三月）二十八日，为东岳天齐仁圣帝诞辰。"

四、泰山神信仰的影响

泰山神的塑造起源于原始山林崇拜，至商周泰山神就已是一个完整的神，到了唐宋以后因受到历代皇帝的不断加封和道经的竭力宣扬，兴盛之极，庙宇遍及全国。封禅作为"统和天人"的盛典，表明统治者利用泰山，借泰山神道设教。在这一过程中，泰山神由一般的自然神人格化为有帝王之尊的神灵，为泰山赋予政治色彩。

封禅的兴起，又促使泰山信仰与天地信仰相联系，泰山神又成为"天帝之孙",地位越来越高。汉明帝永平年间被封为"太山元帅",魏晋时期称"泰山府君"。特别是唐代以后,伴随着帝王们到泰山封禅告祭,泰山神不断被加封。据《唐会要》记载,武则天垂拱二年七月初一日,封泰山神为"天中王";武则天万岁通天元年尊为"天齐君"。唐玄宗开元十三年封禅泰山时,封泰山神为"天齐王"。最后一位封禅泰山的皇帝宋真宗,大中祥符年间先是诏封泰山神为"仁圣天齐王",其后又加封为"天齐仁圣帝"。元至元二十八年,元世祖再加封泰山神为"天齐大生仁圣帝"。至明代,这种情况才发生转变,明太祖去泰山神历代封号。明清两代虽多有祭祀泰山,但未再加封神号,泰山政治色彩逐渐淡化,而神学气息越来越浓。这是人格化的"东岳大帝"向自然神"东岳泰山之神"的最终复归。

泰山神东岳大帝信仰对于中原地区的政治、经济、文化乃至中华民族的凝聚力都产生了一定的影响。

首先,由于"泰山安则四海皆安"的观念深入人心,历代帝王祭祀封禅泰山对于稳定社会秩序有深远的影响。泰山神不断加封与历代帝王到泰山封禅告祭有着密切联系。帝王们加封泰山神,一是表明他们是"受命于天"的帝王,即所谓"君权神授"。以康熙帝为例,为了巩固他们在中原的统治,康熙帝派人航海探测泰山的发源,并亲著《泰山龙脉论》,称泰山发源于长白山,为"受命于天"入主中原寻找神学依据。二是"夸示内外"。这在宋真宗身上表现得尤为突出。"澶渊之盟"后的宋真宗为了摆脱国内外的压力,造作祥瑞,封禅泰山,又借封禅成功加封泰山神,其目的就是"因封禅以镇服四海,夸示夷狄",巩固政权。三是借东岳大帝主生亦主死,执掌人间地府,主人贵贱高下、寿禄厚薄、善善恶恶、生死短长,而神道设教,来引导百姓"弃恶扬善""多积阴德",进而稳定社会,巩固江山。

泰山神也是中华民族精神的象征，东岳大帝信仰有促进民族凝聚力的作用。再者，古人认为，"中国人死者魂神归岱山也"，魂神归泰山就是归泰山神管辖。这是一种"万物归源，落叶归根"思想。泰山之所以能成为中华民族包括海外华人心目中的神山，成为中华民族的共同象征，落叶归根的传统文化、心理积淀应该说是一个重要因素。

再者，泰山神信仰促进了泰山及周围地区的发展和经济繁荣。泰安城的兴起与历代帝王祭祀封禅泰山息息相关。唐代以前，泰山脚下仅是一个镇级治所，称岱岳镇。据《金大定重修宣圣庙记碑》载："宋开宝五年徙乾封县于此，大中祥符元年改曰奉符，废齐阜昌之初改为军，曰泰安，本朝开国六十有八年升之为州。"泰安城内"棂星门至端礼门，阔数百亩，货郎扇客，杂错其间，交易者多女人稚子"。此外，神诞庙会，作为集宗教信仰和商业贸易为一体的特殊的经济现象，也为经济和民俗文化的丰富起到极大的促进作用。追根溯源，宋大中祥符年间开始的庆贺东岳大帝圣诞的活动，为东岳泰山庙会的正式定制奠定了基础。宋、元、明、清至民国，东岳庙会千年兴盛。从以宋代为背景的《水浒传》中的有关描写中可窥庙会兴盛之一斑："原来庙上好生热闹，不算一百二十行经商买卖，只客店也有一千四五百家，延接天下香官。到菩萨圣节之时，也没安著人处，许多客店，都歇满了。"明代东岳庙会依然影响甚大，明人陆容的《菽园杂记》卷七引许彬《重修蒿里山祠记》载："每年三月二十八日，属东岳帝君诞辰，天下之人不远数千里，各有香帛牲牢来献。"至于清代的泰山庙会，清人唐仲冕在《岱览·岱庙》中有记载："庙城宏敞，每年祈赛云集，布幕连肆，百剧杂陈，肩摩趾错者数月。旧传三月廿八日为岳帝诞辰，是日尤胜。"

东岳大帝信仰对文化艺术的发展也产生了广泛的影响。郭沫若先生指出"泰山是中华文化的局部缩影"。在这个"缩影"中，泰山神东岳大帝的形象是重要的组成部分。其主要表现有两点：一是正史中有许多关于泰山神东岳大帝的记载和遍及全国各地的东岳庙。一是历代文学艺术作品也往往涉及东岳大帝。如《搜神记》《冥报录》《集异记》《续夷坚志》《剪灯余话》《水浒传》《封神演义》《耳食录》《金屋梦》等都有泰山神东岳大帝的描述；诗词歌赋、戏曲，以及游记散文、民间传说涉及泰山神的更是不胜枚举。泰山岱庙天贶殿内的《东岳大帝启跸回銮图》场面恢宏、构图精巧。至于民俗文化，泰山神东岳大帝信仰的影响和贡献就更大了。泰山地区的民俗以泰山信仰为主导，以对泰山神和碧霞元君的信仰民俗为主线，社会民俗、经济民俗和旅游竞技民俗交织融汇。尤其是对地府、人间、天庭三重空间的信仰格局，使该地区历代都保持了颇具规模的香社组织、祈福还愿的香客队伍。因此，泰山民俗具有了独特的特点，历来为民俗研究者所重视。

第二章 碧霞元君信仰

泰山之巅，碧霞祠，是为碧霞元君而建。碧霞元君全称为"东岳泰山天仙玉女碧霞元君"，又称泰山奶奶、泰山娘娘、泰山老母。在中国民间信仰中占有重要地位。其影响力历经上千年，特别是在明清时期以后，对于中国北方地区文化产生重大的影响。中国民间有"北元君，南妈祖"或"北圣母南妈祖"之称。

一、文献中的碧霞元君

泰山碧霞元君的来历，明代起众说纷纭。因确凿的文献资料极其有限，零散无序。

古代传说中就已经有泰山玄女帮助黄帝战蚩尤的故事，泰山玄女是泰山女神最早的原型，晋代张华的《博物志》云："太公望为灌坛令，期年风不鸣条，文王梦见一妇人当道而哭，问其故，回曰："我东岳泰山女，嫁为西海妇，欲东归，灌坛令当吾道。令有德，吾不敢以暴风过也。"干宝的《搜神记》对其也有记载。但关于她的记载也多属神话、传说。顾炎武《山东考古录》云：世人多以碧霞元君为泰山之女。文人知其说不经，曲引黄帝遣玉女事附会之。不知当日褒封固真以为泰山女也。封号虽自宋时，而泰山女说，西晋前已有之。

按《玉女考》、李谔《瑶池记》云，黄帝尝建岱岳观，遣女七，云冠羽衣，焚修以迓西昆真人。玉女盖七女中之一，其修而得道者。

《玉女卷》曰：汉明帝时，西牛国孙宁府奉符县善士石首道妻金氏，中元七年甲子四月十八日子时生女，名玉叶。貌端而性颖，三岁解人伦，七岁辄闻法，尝礼西王母。十四岁忽感母教，欲入山，得曹仙长指，入天空山黄花洞修焉。天空盖泰山，洞即石屋处也。三年丹就，元精发而光显，遂依于泰山焉。泰山以此有玉女神。山顶故有池，名玉女池，旁为玉女石象。宋真宗东封，先营至，泉水忽瀑，清可鉴，味甘美。王钦若请浚之。象偶折，诏易以玉，复砻石为龛，构昭真祠祀焉。尹龙谓世传天仙玉女碧霞元君之祠始此。国朝成化间，拓建改为宫。弘治间更名灵应。嘉靖间再更碧霞，碧霞宫之名始此。累朝增葺，宫制滋阔，而神之灵益显，四方之瞻礼者益奔走焉。若谓玉女为东岳金虹太乙定父所生，而化身为观音之在世，岂理也哉！世乃谓玉女亲受帝册为女青真人，永镇泰山，以主其祀，岂不谬哉！

王晓莉、陈宏娜在《碧霞元君由来及演变》一文中认为碧霞元君的雏形有以下几种可能：一，泰山女最早记载出现晋代，见于张华的《博物志》。事情发生的年代是在周文王时期。她是东海泰山神的女儿，嫁到西海。她行动之时，是伴随着暴风大雨的。二，为一女性石像。相关的记载见于清张尔岐《蒿庵闲话》。她是汉代时仁圣帝的配祀，与金童相对。后倒于水池中，宋真宗封泰山时，浮出水面。建龛享祭。或者也有说她是玉女池旁的石像，在宋真宗时，开始享受香火。三，黄帝七女之一。书上有关于此的记载出现在明代王之纲的《玉女传》。她是一个修道得仙的女子，在泰山上迎迓西昆真人。四，汉代民间女子。她是汉人石守道的女儿，她的名字叫玉叶。她生而聪慧，通晓诸法，并曾礼奉西王母。在得到仙长的指点后入石洞修行，最后得道成仙。她的魂灵依傍在泰山。也有人说她是观世音菩萨的转世。她受到朝廷的祭祀是在宋真宗时期，建昭真祠。

在唐代道教首先把泰山女神拉入其神殿，"元君"是道教神仙谱系中女神的称谓，而"碧霞"之名也与道教神仙的称谓习惯有关，道教神殿中有很多冠以"紫""碧"之类名号的神仙。传说中泰山乃阴阳交代、万物始生之地，山顶常云蒸霞蔚，"碧霞"之名与此有关。

《重修泰山碧霞祠记碑》记"山之巅故有碧霞元君神祠，相传为唐时建"。碑今存泰山顶碧霞祠山门前西侧，立于清道光十五年。北宋已经正式出现了"碧霞元君"一名。泰山岱庙有一《东岳元君香火社碑》拓片，碑文已漫漶不清，但可见碑文开头是"碧霞元君香火"，碑文中有"知人命短长"等字，立碑时间是"大宋辛酉岁冬十月望后"，由碑文知，北宋时期泰山就有了碧霞元君，而且当时碧霞元君信仰已非常成熟。这期间，泰山之外的一些地区也创建了碧霞元君庙。

《文献通考·郊社考》称："泰山玉女池在太平顶，池侧有石像，泉源素壅而浊，东封先营顿置，泉忽湍涌，上从升山，其流自广，清泠可鉴，味甚甘美。经度制置使王钦若请浚治之，像颇摧折。诏皇城使刘承易以玉石。既成，上与近臣临观，遣使砻石为龛奉置旧所，令钦若致祭，上为作记。"可以断定，宋真宗当时并没有封"碧霞元君"之号，否则肯定会像降天书、封禅泰山一样大书特书，但当时及稍后的官私文献中均未提到封号之事。

明代，泰山神的地位在下降，为碧霞元君的发展提供了空间。明正德、成化年间，泰山碧霞元君逐渐声名远播，以致声誉天下。成化年间李裕的《登泰山记》提到碧霞元君庙，问道士，则云"不知创始，每岁春月

四方谒者踵至"。弘治十年（1497 年）重修碧霞元君灵应宫，正德二年
（1507 年）有"武宗御制碧霞元君告文"，正德十一年（1516 年）政府
更设官榷于泰山，向给碧霞元君上香的香客收取香税。她在普通民众中
的地位已经逐渐超过了泰山神。万历时的《续道藏》收录了一部《碧霞
元君护国庇民普济保生真经》，该经的出现表明了碧霞元君影响的扩大。
明成化年间赐额"碧霞灵应宫"。在成化或嘉靖年间得到圣帝之女的名，
并被封为天仙玉女碧霞元君。明代时碧霞元君的香火钱"岁储十万钱"，
所得收入"充国税若干，齐鲁间藩禄官廪军储公府之费若干"。同时，
明清时期碧霞元君得到了朝廷的祭祀。明朝廷还在这里设立了专管香税
的东公署和总巡官。洪武至成化年间，全国各地创建的碧霞元君庙虽还
不多，但已经超过了前代所建。弘治、正德年间逐渐增多，到嘉靖、隆庆、
万历时期，碧霞元君的祠庙已遍布全国大江南北。

借《文献通考》中恰有宋真宗遇到玉女石像一事，此后文献便顺理
成章地把碧霞元君同宋真宗联系起来，于是便有了清初山东学者张尔岐
笔下的故事："元君者，汉时仁圣帝前，有石琢金童玉女，至五代，殿
圮像扑，童泐尽，女沦于池。宋真宗东封还次御帐，涤手池内，一石人
浮出水面，出而涤之，玉女也。命有司建祠奉之，号为圣帝之女，封天
仙玉女碧霞元君。"清代康熙、乾隆、雍正都曾给泰山碧霞祠题有匾额。
乾隆还先后六次登泰山，祭祀碧霞元君，并为之题诗十余首。

近现代对碧霞元君信仰的缘起及演化研究逐步增多和加深。容庚的
《碧霞元君庙考》、罗香林的《碧霞元君》对其进行专题研究。罗香林
考察了碧霞元君的起源，讨论了人们迷信碧霞元君的原因、泰山碧霞元
君与妙峰山碧霞元君的区别、及与中国古代女神的关系等，是一篇较全
面系统研究碧霞元君信仰的文章。袁爱国《泰山女神源流考》深入考察
了泰山女神信仰的渊源及其发展演变过程，并指出碧霞元君信仰源自原

始母系氏族社会的女神崇拜，碧霞元君是继原始泰山女神之后出现的新一代泰山女神。这一研究成果为碧霞元君研究开拓了新的思路，随后学者们纷纷对碧霞元君的代际划分提出各自的见解。吕继祥《泰山娘娘信仰》是一部专门研究泰山女神碧霞元君信仰的著作。分别从泰山娘娘信仰的缘起、宋真宗封禅与泰山娘娘受封、泰山娘娘的司职与功能、府第与仙迹、民间香社与香客、道教与道教中之人、泰山娘娘与有关神祇的比较、泰山娘娘信仰的原因和影响对碧霞元君信仰进行了详细的阐述。范恩君《论碧霞元君信仰》通过对碧霞元君的身世来历和职司功能的探究，指出妇女问题和主生思想是碧霞元君信仰的主要内容，明清时期社会各阶层普遍的求助心理将是推动碧霞元君成为泰山主宰的根本原因。车锡伦《泰山女神的神话、信仰与宗教》对神话中的泰山女神进行了研究，并指出泰山女神的信仰肇始于原始社会中的女神崇拜，这一见解得到了学界的普遍认同，并将碧霞元君身世起源的研究推行了更深，学者们纷纷将碧霞元君与上古神话中的女娲与西王母并为同源进行研究。邓东《试述泰山碧霞元君滨进的三个阶段》认为碧霞元君的形象塑造经过了三个阶段。汉魏晋游仙诗赋中的"玉女"是碧霞元君的原型，初期的"泰山玉女"只是诗歌中的审美意象，与后来的碧霞元君大不相同。自宋代开始，泰山玉女开始从诗歌中的审美意象逐渐升华为宫祠中的神灵偶像，其形象也完成了与"玉女"至"老母"的转变。

　　刘守华的《论碧霞元君形象的演化及其文化内涵》，从先秦到明清，其形象经历了三次演化：其古代原型是泰山山神，《道藏·碧霞经》重塑了碧霞元君的形象，近现代民间传说中还有另外一种形象，即泰山老奶奶。邢莉的《碧霞元君—道教的女神》一文从道家对"阴"的重视，指出碧霞元君信仰源自道教对女性的崇拜。

　　石芳苓的《泰山女皇—碧霞元君》和车锡伦的《泰山女神的神话、

信仰与宗教》对泰山上的从碧霞宫的兴起、碧霞元君的由来以及碧霞元君在泰山上的仙迹、碑刻、庙宇等诸方面对其进行了考察。后者指出，泰山女神肇始于原始社会中的女神崇拜，道教割断了碧霞元君同古代泰山女神的联系，到明代对这位女神的信仰又隆重起来，尤其是嘉靖、万历以后，从北到南，各地普遍修建碧霞元君庙，泰山顶上碧霞元君的香火压倒了所有男性神。该文通过考察传世宝卷，把明代碧霞元君信仰的盛行同当时民间宗教崛起的女神崇拜结合起来。

二、泰山碧霞元君演进

邓东在《试述泰山碧霞元君演进的三个阶段》一文提出其演化进程划为三个阶段，分别以魏武帝的赋诗、宋真宗的甃像、明宪宗的赐额作为各阶段的标志。

（一）魏武帝的赋诗立象

早在舜、禹时代，已有玉女之称。《礼含文嘉》载："禹卑宫室，垂意於沟洫，百谷用成，神龙至，灵龟服，玉女敬养，天赐妾。"《唐开元占经》《玉女》引东汉宋均语："玉女，有人如玉色也。天降精生玉女，使能养人。美女玉色，养以延寿也。"《史记·秦本纪》记载，秦人始祖女修吞卵，生子大业，大业之子大费辅佐舜、禹有功，舜赐以嬴姓，"乃妻之姚姓之玉女"。《史记·封禅书》记载，春秋时期，秦德公元年（公元前 677 年）迁都雍城，之后，已有玉女星神的祠祀。《汉书·郊祀志下》载，汉成帝时，大臣谷永曰："至初元中，有天渊玉女、巨鹿神人、阳侯师张宗之奸，纷纷复起。"

在西汉时期的诗歌作品中，楚辞《惜誓》名句："攀北极而一息兮，吸沆瀣以充虚。飞朱鸟使先驱兮，驾太一之象舆。苍龙蚴虬，于左骖兮，白虎骋而为右马非。建日月以为盖兮，载玉女于车后。"司马相如《大人赋》："排阊阖而入帝宫兮，载玉女而与之归。"《史记·天官书》唐张守节正义："天一，一星，疆阊阖外，天帝之神，主战斗，知人吉凶。"由于战国时《庄子》《楚辞》、神仙方术的影响，汉代的明星玉女逐渐演变成为仙人玉女。曹操《气出唱》"……乘云而行。行四海外，东到泰山。仙人玉女，下来遨游。骖驾六龙饮玉浆。"曹操之前的各种非文学类典籍，均未见泰山玉女一称，由此可见《气出唱》是现存最早的写有泰山玉女的文本。

汉乐府民歌中的《泰山吟行》古题"言人死精魄归于泰山"，东汉张衡《四愁诗》"我所思兮在太山……美人赠我金错刀"。《步出夏门行》："过谒王父母，乃在太山隅。离天四五里，道逢赤松俱。揽辔为我御，将吾天上游"，《王子乔》的泛写五岳玉女："东游四海五岳……玉女罗坐吹箫笙"，已显露出将泰山自然世界意象化、意境化和神灵化的倾向。《气出唱》诗中拔地通天的泰山，飘逸灵异的云霞，怡然自得的玉女，不仅以真幻迷离的艺术世界演绎了先秦两汉以来的神仙观念，也以神奇自然环境中的神女意象浓缩了儒道诸家对于超越与不朽的共同追求。曹操以阔大的胸襟、气象，将天地造化的泰山玉女融入超越时空的泰山意境之中，为中国文化贡献出一位焕发着意境美的全新的玉女意象。此作的影响力足以使泰山玉女在中国古代社会享有很高的知名度，使后来的文人和民众完全接受这一女性神灵意象。

此后的曹植和李白，都长期生活在泰山一带，都曾经在云腾雾绕的山林深处餐霞啜泉，饱游饫看，这使《飞龙篇》里的曹植看出，泰山仙境中的袅袅云霞恰似一位旖旎多姿、顾盼生情的窈窕淑女："晨游泰山，云雾窈窕。"《仙人篇》："仙人揽六著，对博太山隅。湘娥抚琴瑟。秦女吹笙竽。玉樽盈桂酒，河伯献神鱼。"《远游篇》："灵鳌戴方丈，神岳俨嵯峨。仙人翔其隅。玉女戏其阿。琼蕊可疗饥，仰首吸朝霞。"《游泰山》中的李白遇到一群玉女由天而降，含情脉脉地向诗人敬上一杯流光溢彩的云霞仙酒。诗人无限惆怅大发感慨："玉女四五人，飘下九垓。含笑引素手，遗我流霞杯。稽首再拜之，自愧非仙才。旷然小宇宙，弃世何悠哉。""举手弄清浅，误攀织女机。明晨坐相失，但见五云飞。"在《送韩准裴政孔巢父还山》中，"俱与云霞亲""斧冰漱寒泉"推崇为一种超尘拔俗、高洁飘逸的人生境界，号召诗人归依大自然。

总之，泰山云霞中的天仙玉女，这起初是由曹操、曹植和李白等人用诗歌形式创造出来的审美意象。诗人们崇拜神灵却不皈依宗教，向往神迹却不走向神秘，将泰山视为一个由情感世界、自然世界、神灵世界共同组成的多维空间，将泰山云霞、泉水、玉女视为一套结构完整的审美意象组合，从而使泰山的自然物象上升成为超越性的意义代码，使单纯的客观存在、飘忽的感性经验升华为泰山玉女这样一种具有永久艺术魅力的经典性意象。

（二）宋真宗的易玉龛像

宋代，泰山玉女逐渐从诗境走入宫祠，由审美意象衍为神灵偶像。这一进程，始自山顶的玉女池和池旁的玉女像。先秦两汉典籍中多有对泰山泉水的赞誉，曹植《驱车篇》的"神哉彼泰山……上有涌醴泉"。《云斋广录》卷九王山撰《盈盈传》云："后至嘉庆五年（1060 年）春，予游奉符，偶与同志陟泰山……至于绝顶，有玉女池在焉。"明代王之纲《玉女传》认为玉女池乃是玉女的化身："玉女坤质为水象，池固其所自来耳。"表明人们将玉女池看得高洁而神圣，视为象征玉女的符号，体现着人们想象中的那位天仙玉女。宋代晁补之《诣岱祠即事》的"初疑无字碑，莹洁谁敢文。又怪玉女井，高绝何由"；王奕《和徐中丞容斋旧泰山一百四韵贽见》的"玉女毓渊泉，流作圣贤泽"，都将此泉池推崇到至高无上的位置。宋初山顶玉女池的命名及池旁玉女像的标示，应与建安至唐代诗歌中的泰山玉女、醴泉意象有关。

据周郢《泰山通鉴》所考：宋大中祥符元年（1008 年）九月，真宗颁诏，将岱顶玉女池旁的玉女石像易以玉像，砻石为龛，奉置旧所。《文献通考》卷 297《物异考·醴泉》：宋大中祥符元年"六月诏建亭，以'灵液'为额"。明汪子卿《泰山志》卷二《宫室》："灵液亭在岳顶玉女池北。宋建，今废。"宋真宗的易玉、龛像、建亭，其待遇虽然不高，却已经使泰山玉女由审美意象衍为神灵偶像。接下来，为了提高祀奉的规格，就需要为玉女建祠。宋元祐二年（1086 年）泰山已有玉女祠。由此，泰山玉女便从诗人的作品中走出，走进了香火缭绕的宫祠。

宋真宗的近臣查道《登岱》诗中有"捧出海天红日近，迓将蓬岛碧霞来"。碧霞宝光，乃是清晨时泰山顶滚滚云雾，经太阳强光斜射，形成一个或几个光环，背光的观赏者可从光环圈中看到自己的身影。其变幻莫测的烟霞，五彩缤纷的光环，使人如同置身于瑰丽而缥缈的迢迢天庭。泰山顶初建玉女祠时，选址之人就充分考虑到了玉女仙人与云霞、清泉仙境之间的密切联系，因而将此祠坐落在了一块既有玉女池又有碧霞宝光的风水宝地上。到明太祖的重臣宋濂《登岱》诗已经直接将玉女祠称之为碧霞宫："象纬平临青帝观，灵光长绕碧霞宫"。碧霞二字出自李白《题元丹丘山居》的"羡君无纷喧，高枕碧霞里"。而在宋濂诗中，碧霞作为泰山玉女的象征体，体现着人们想象中的那位天仙神女。自此，碧霞已成为专用于表现泰山玉女的意象。

（三）明宪宗的赐额改名

宋代道教根据西汉时太一既为至尊天神又为哲学最高范畴的成功经验，借鉴东汉时"老子化胡"学说，积极打造"老子化生玉女"理论，试图将玉女转换为形上哲学范畴。《道藏·洞神部谱录类》载，北宋道士贾善翔在《犹龙传》卷一《起无始》篇中，将老子称为"真老"，说他作为道之化身，化生为"真妙玉女"；南宋道士谢守灏在《太上老君混元圣纪》卷二引《开化置品经》，又说老子化生为"元君圣后仙妃玉女"。元中统五年（1264年），玉女祠被冠以昭真之名。至明成化十九年（1483年），玉女祠一直称为昭真观。元代道士将昭真这一道教术语移用于泰山，想借助泰山玉女的勃勃生机去激扬"真老化生"的教义。

到明代成化年间，人们已经普遍接受了泰山玉女的"天仙玉女碧霞元君"之名。明代弘治刊本《泰安州志》卷六《文》中，有天顺五年重修玉女祠时许彬的《重修玉女祠记》，其中说："瞻泰山天仙玉女碧霞元君之神，衣冠像设，俨然生气降临凡间。"成化十六年诏修昭真观时尹龙的《重修泰山顶庙记》"昭真祠在泰山之绝顶，世传谓天仙玉女碧霞元君之祠也"。成化四年重修昭真祠时刘定之的《碧霞元君祠记》"泰山绝顶旧有祠，祀碧霞元君。相传谓天仙玉女之神"。可见在宪宗赐额之前，将泰山玉女改称为"天仙玉女碧霞元君"，已是大势所趋，人心所向。

据周郢《泰山通鉴》：明代成化十六年（1480年），宪宗诏修岱顶昭真观；成化十九年工成，赐额为碧霞灵应宫。此后碧霞一名便沿用至今。

宪宗赐额特别点明碧霞，意在借用这一奇景异观来烘托玉女，渲染其神秘，增加其魅力。玉女之名，碧霞之称，都出自李白诗句，碧霞却更能够显示泰山景象的个性，因而查道、宋濂都以碧霞指代泰山神女。突出碧霞，亦可以借助历史上名人名作的影响力和艺术感染力来强调泰山玉女的由来、特色。

据清人励宗万《京城古籍考》："碧霞元君庙：臣按通志，庙在左安门外东南弘仁桥，明成化中建。"此为京城最早的碧霞元君庙。建于成化而名曰碧霞，这两个要点表明宪宗皇帝的赐额在当时的京城乃至全国产生了巨大影响。此后，京城大大小小的碧霞元君庙星罗棋布，祠庙遍及各地。到明万历二十一年(1593年),即赐额后100多年,王锡爵在《东岳碧霞宫碑记》中回顾说:"自碧霞宫兴,而世之香火东岳者咸奔走元君。近数百里,远即数千里。每岁瓣香岳顶数十万众,施舍金钱币亦数十万,而碧霞香火视他岳盛矣。"此种香火盛极一时的情形,在宪宗赐额前未出现过。

碧霞宫的兴盛,出于国家统治者的大力扶植,也来自泰山道教的精心培育。从北宋的真宗开始,道士们就接管了泰山玉女祠的日常住持焚修。嘉靖间王世贞的《游泰山记》:"……既上,罡风蓬蓬然,吹帽欲坠。道士衣羽奏乐而迎,出没云气中,亦一奇观也。行可里许,为元君祠。"姚奎的《游石屋记》:"泰山东数里许有石屋,世传碧霞元君炼真之所,予公暇欲往观焉……有羽士四人臞然,而迓予青松绝壑间。前牵后拥,乃获济焉。"

明代万历年间的泰山道教所赋予碧霞元君的职责是"永镇泰山,助国裕民,济厄救险,赏功伐罪"。王锡爵《东岳碧霞宫碑》记载:"元君能为众生造福如其愿,贫者愿富,疾者愿安,耕者愿岁,贾者愿息,祈生者愿年,未子者愿嗣,子为亲愿,弟为兄愿,亲戚交厚,靡不相交愿,而神亦靡诚弗应。"由此可知,泰山奶奶在民众的心理层面上简直是有求必应,无所不能。

如果说诗人作品中的泰山玉女在召唤有限的个体走向无限的自然,那么道教经文中的碧霞元君则要求有限的个体融入无限的社会。正因为诗歌和道经都引导人们以有限的生命去追求无限的意义,所以,几个世纪以来,有无数的人日复一日、年复一年地向这位神女求子求孙,求祛病消灾。天仙玉女碧霞元君作为民众情怀的普遍写照,在世间既是名山神灵又是家族祖母的俗称,这其中当然积淀着诗人所追求的人与自然的统一,也体现着道教所要求的人与社会的和谐。

三、碧霞元君庙及其影响

（一）碧霞元君庙

碧霞元君在泰山有上、中、下三庙。上庙即碧霞祠，建于宋真宗大中祥符元年（1008 年），亦有记载称建于唐代，如道光十五年的《重修泰山碧霞祠记碑》。中庙即泰山红门宫西院，创建年代不详。下庙即山下之灵应宫，创建年代无考，明万历三十九年（1611 年）奉敕拓建。以上三庙外，泰山周围地区还有很多碧霞元君行宫，如泰安城西校场街西侧之行宫。

泰山碧霞祠是泰山上最大的一组建筑群，是中国古代高山建筑的典范。清人聂剑光《泰山道里记》载"祠，正殿五间，像设及盖瓦鸥吻檐铃之类，皆范铜为之……其东一间曰东宝库，西一间曰西宝库……东西庑设眼光、子孙像，瓦皆铁冶。中为香亭，即万历建金阙处。东西碑亭二。南为重门，门前为台，绰楔三向，有坊三。台东有鼓楼，西有钟楼，南为大门。国朝顺治十八年，知州曲久斌重修，复于大门上增葺歌舞楼，东西各筑石阁。大门外为焚帛炉，又曰火池"。明人于慎行《登泰山记》云"出天门之上，左折而至碧霞宫。碧霞宫者，所以祠泰山元君也……规制拟于岳宫，而金碧煜，观阙辉丽，顾反过之"。作为全国碧霞元君庙的祖庙，包括主殿、配殿、钟鼓楼、香亭、神库、歌舞楼、神门等合计几十楹。确如所言，碧霞祠的建筑规模无法同山下的东岳庙相比，但从整体及单体建筑的精致程度上来看，却堪与后者媲美。

碧霞祠前"东神门"

雪景中的"碧霞祠"

晨曦中的"碧霞祠"

碧霞元君影响巨大，其行宫遍布山东、河北、河南、山西、安徽、江苏等地，浙江、江西、湖南、湖北、广东、福建、四川、云南、陕西、甘肃、辽宁、吉林、黑龙江等地也有分布。共有一千余处碧霞元君庙，其中数量最多的是山东、河北两省。全国各地碧霞元君庙的规模不一，一些元君庙的规模相当大，甚至超过了泰山的祖庙。如：河南浚县碧霞宫，山东东阿碧霞宫。余姚碧霞宫在凤亭罗壁山顶，俗呼高庙，明邑人吕元《泰山元君行祠碑》载"吾姚光禄正魏君乾亨……嘉靖癸丑以祈子重兰走泰山，祈灵于碧霞元君，奉香火南还，建祠于邑西南罗壁山之巅而虔祀之，既果，连诞四子，众益以为神，遐迩皈依，水旱疾疫祷无不应"。

（二）碧霞元君庙会

绝大多数有较大影响的神灵的庙宇，在每年的一定时间都有庙会，这个时间一般是神灵的诞辰，碧霞元君庙也不例外。

关于碧霞元君的诞辰，《碧霞元君护国庇民普济保生真经》说"是时元君已证太一青玄之位，观见众生受此沉沦，慈悲不已，为化女流，普度群生，于四月十八日分真化气，现是慈颜，陟降泰山……受命玉帝，证位天仙，统摄岳府神兵，照察人间善恶"。经文明确指出碧霞元君于四月十八日降临泰山，人们把这一天视为她的诞辰。这个时间也应该是当时约定俗成的习惯，至于为什么把这一天作为碧霞元君的诞辰，从何时开始，还无从知晓。

碧霞元君庙会规模较大，华北一些地区的规模尤大。下面是一些地区碧霞元君庙会的情况。

泰山碧霞元君庙会正值春季，无数香客抛家舍业，不仅浪费了大量资财还耽误了农时。成千上万的香客不远数百里、上千里到泰山进香所带来的社会问题也引起了一些人的关注，"不许越境烧香，如庙会、泰山进香、南海斋僧尤禁"，"自正月至二月，每日千百为群，先至省会城隍庙申疏焚香，名曰挂号，然后分投四出，纷纷结队，填塞街衢，鸣金击鼓，树帜扬幡，黠僧野道前后导引，或赴武当、南海，或赴九华、泰安。其程途则有千余里以及二三千里之遥，时日则有一月以及二三月之久。迨回至乡井，已值春暮。以乡农有限之盖藏，坐耗于妄希邀福之举；以三春最紧要之时日，消磨于无益奔走之中。失业耗财，莫此为甚"。

（三）碧霞元君影响

虽然道教把碧霞元君拉入了神殿，但严格意义上说，她不属于道教也不属于佛教，而是民间信仰类神灵，碧霞元君庙是民间信仰性质的祠庙。毕竟老百姓不会关心也不知道有什么道教《碧霞经》，在顶礼膜拜时更不会理会她到底是仙是佛，如北京丰台区田各庄天仙庙，在收回地产后规定，"只许主持道人自种。如遇丰稔，庙内充裕，须随时修理，使殿宇庄严以壮佛国之威"。由道人主持，又要壮佛国之威，可谓不伦不类。但人们只知道神话传说中泰山娘娘神通广大、慈悲善良、有求必应，是老百姓的保护神，所以才崇拜她、供奉她。

碧霞元君的巨大影响以及明代以后百姓对她奉若"女神"般的崇拜，引起了很多封建士大夫的不满，如"（泰山神女之说）不免迂腐，其所以貌泰山为女像者将以神之慈爱奔走天下之愚夫愚妇也"。山东淄博《颜神镇志》中有通判叶先登的《碧霞元君辩》中云："碧霞元君，经史所不载者，其为荒唐、诬罔、迷惑、愚邪，可胜道哉？"他们抨击的目标集中于碧霞元君作为女性神，地位和影响超过了传统的泰山主神—东岳泰山神，然而这种不满的声音非常微弱，因为不论是男性神还是女性神，都是为神道设教的政策服务的。再说，碧霞元君的地位也不是很离谱，毕竟在道教《碧霞经》中，碧霞元君听命于玉帝，在传说中，她是东岳神的妃子或女儿，地位再高也得在男性神的圈子里转。

第三章　泰山石敢当

　　"泰山石敢当"作为一种镇宅祈安的民间风俗，深入人心，传播广泛，以致发展成当今举国皆知的文化现象。2006年5月，"泰山石敢当"习俗被国务院公布为中国首批非物质文化遗产保护名录。泰山石敢当精神所蕴含的"敢于担当、勇于负责"的使命感、社会责任意识对于构建国泰民安的和谐社会，引领良好的社会风气，弘扬主流价值观念，具有很强的现实意义。

　　近期，泰山石敢当文化研究日趋深入，叶涛、周郢、将铁生等学者发表了大量有关泰山石敢当的研究成果。

一、泰山石敢当历史渊源

（一）上古至汉唐

　　石敢当的出现应该归源于最古老的灵石崇拜。上古时期的灵石崇拜反映在"石祖"崇拜和"启母石"崇拜，可以认为是"石敢当"灵石崇拜的起源。具有石敢当功能的灵石记载最早见于西汉淮南王刘安的《淮南万毕术》，"丸石于宅四隅，则鬼能无殃也"。"石敢当"文献溯源于西汉史游的《急就章》："师猛虎，石敢当，所不侵，龙未央。"颜师古注："卫有石蜡、石买、石恶，郑有石制，皆为石氏；周有石速，齐有石之纷如，其后以命族。敢当，所向无敌也。"颜氏认为，石是姓，敢当为所向无敌意。陶宗仪《南村辍耕录》卷十七"石敢当"条中引用了史游的《急就章》及颜氏注，完全同意颜氏的说法。唐大历间福建莆田镇石也题有"石敢当，镇百鬼，厌灾殃"之辞。明初姜准《岐海琐谈》："人家正门及居四畔，适当巷陌、桥梁冲射，立一石刻将军，半身埋之，或树石刻'泰山石敢当'字，为之压禳。"此前后之杨慎《升庵经说》、胡应麟《少室山房笔丛》、李贽《焚书》、午荣《鲁班经》、王君荣《阳宅十书》等在记录镇石铭文时，也均采用"泰山石敢当"之文。民国徂徕学者兰子云所撰《菊圃集》引证清举人王逢尧之说："泰山石敢当，即徂徕先生石介之三曾祖石路宾也。五代时，兵匪横行，民不聊生，石介三曾祖骁勇善战，敢作敢为，率兄弟子侄杀退兵匪，保障一方平安，由此声威大震，时人将其比拟于西汉之'石敢当'，称之为'泰山石敢当'。后人则镌石碣立于冲街宅院，以辟邪求福，'泰山石敢当'刻石遂遍及各地矣。"则指实其故里为徂徕矣。

（二）五代至宋明

此时期将灵石崇拜至石敢当人格化的确立。当泰山信仰与石敢当神话相融合，随着社会的不断发展，乡土民间的现实主义使民间信仰的石敢当的神性、法力与其他象征神力、辟邪的符号叠加组合，从而使之内涵更广，其形态与信仰功能亦随之发生人格化的形成。《旧五代史·晋高祖本纪》和《新五代史·汉本纪》都有勇士石敢护驾晋高祖的记载。野史民间传说更是纷繁复杂，各地民间信仰的勇士"石将军"、神医"石大夫"等附会融合为一体，这就将石敢当灵石变为了人物，从而使镇石石敢当人格化。

（三）宋金时代

"泰山石敢当"称号的出现。以前认为最早的"泰山石敢当"实物是金代皇统六年的泰山石敢当拓片，相当于南宋高宗绍兴十六年。但2016年在泰山附近发现元代泰山石敢当碑石，高70cm，宽41.5cm，厚11cm。碑阳正中为楷书"泰山石敢当"五字，左下角之文为"（大）元延祐五年岁次戊午吉日"。周郢在《新见元延祐"泰山石敢当"碑铭考》一文中研究认为：这一发现，不仅可证实"泰山石敢当"风俗出现时间在宋元之际，同时也可据以推知其发祥地应在泰山附近。泰山信仰中逐步形成的通天、求仙、长生不老、主生死、治鬼、地狱、平安吉祥、有求必应等文化内涵与石敢当的驱邪、镇鬼、压殃、逢凶化吉、有求必应、平安吉祥等观念融合在一起，"泰山石敢当"称号的出现，是历史发展的必然结果，也是泰山信仰和石敢当习俗发展的大势所趋。

（四）明清至民国

这一时期是泰山石敢当信仰兴盛时期。宋代兴起的泰山碧霞元君信仰，在明清时期风靡天下，同时东岳大帝的信仰更加普及，使泰山民间信仰不断高涨。这一时期有关泰山石敢当的研究颇多；明人陈断儒的《群碎录》云："五代汉刘知远时，有勇士名石敢当，其慕古人名以自表见耶？仰即其人与？"杨信民的《姓源珠玑》亦讲："五代刘智远为晋祖押衙，潞王从珂反，愍帝出奔，遇于卫州。智远遣力士石敢当袖铁槌侍。晋祖与愍帝议事，智远拥入，石敢当格斗而死，智远尽杀帝左右，因烧传国玺。石敢当生平逢凶化吉，御侮防危。故后人凡桥路冲要之处，必以石刻其志，书其姓字，以捍居民。"

清人金棨编修的《泰山志》也讲："石敢当乃五代时勇士……袖铁槌侍高祖，遇变，遂于左右格斗而死。稽宅经须避方煞，故取名石敢当耳"。清乾隆间张体乾《东游纪略》卷上记载："遂登玉皇阁，阁在泰山绝顶，中有石竦立，俗谓之真泰山。旧刻'聪明正直'四字，游人至此，多镌以携归，为镇物。谓之'真泰山石敢当'。字迹半泯灭矣。"谓岱顶石为"真石敢当"，仅见于此。民国何振岱在《西湖志》卷二十四《外纪》引《柏隐草记》：今闽俗，衡巷当直冲之处，立片石于门前，题曰"泰山石敢当"，盖以制煞也。

（五）清末至民国

这一时期对石敢当信仰褒贬不一、弘扬与禁废并存。泰山石敢当作为一种镇宅祈安的民间风俗，因其被掺入"风水止煞"的内核，被一些正统官吏士人视为"淫祀"之异端，予以排斥。近代受西方文明的浸染，很多民间习俗被视为迷信，泰山石敢当亦不能免。

早在乾隆二十六年（1761年），江苏巡抚陈宏谋罢除"泰山石敢当"之俗。清顾元熙《陈文恭公（宏谋）祠碑》："石将军者，吴人以镇不祥，云古之石敢当也。或祷焉如响，士女坌集，奸盗并作。公至，谓吴民曰：吾闻石之灵者，入水不沉，果尔，吾当为立庙。盍从我试之乎？众忻然从之。公命武夫乘高投诸渊，弗起也，公曰：噫！是勿灵也已。众乃爽然尽散。"

"百日维新"中，康有为上书光绪帝《请尊孔圣为国教立教部教会以孔子纪年而废淫祀折》，其中论及石敢当等民间信仰："惟中国尚为多神之俗……若夫木居士之一株，石敢当之一片，亦有无穷求福的人"。凡此皆应"立命有司，立行罢废"。维新运动虽旋遭镇压，但康梁罢废迷信之议却深入人心。

"中华民国"成立后，包括泰山祀典在内的自然神崇拜被政府废除，在全社会提倡科学，破除迷信。1930年，国民党中央执行委员会秘书处奉发《神祠存废标准》，进行大规模的废止神祠活动。《标准》称："秦汉以后，帝王封泰山，禅梁父，大都祝其安谧，无为民害。今者地理之学，日有进步，旧日五岳等山，在中国各山中，比之葱岭、天山、阿尔泰山、昆仑山等，已觉渺乎其小……故五岳四渎，均在废止之列。"在此形势下，石敢当信仰也自难置身事外。1930年3月5日《时事公报附刊》署名"青"之《石敢当考》云："前日本市（宁波）破除迷信委员会，有个议案，打倒泰山石敢当，以去人民阳宅风水之迷信。"

（六）当代泰山石敢当精神发展

在批判泰山石敢当的负面与糟粕之时，很多学者也关注其所承载的优秀传统文化这一层面，从精神文化的角度对其进行评说。在民族危亡的背景下，变其镇宅、护路、压殃的原有形象，充任凝聚人心、鼓舞斗志、抵御外敌入侵的象征物。在民国时期，一些学者便从精神文化的角度对"泰山石敢当"信俗特质进行评说。著名作家易君左先生在所作《定泰山为国山刍议》中陈述泰山精神，特地举出"泰山石敢当""凡此赞仰泰山之伟大尊严者，其例甚多，如泰山北斗，示景仰人物之崇高……乃至'泰山石敢当'之意义，亦以表示泰山为生民生活之保障。盖吾国国民数千年来，所拥戴之一大自然现象，厥为泰山。社会生活，心理信仰，咸系于此。"（《江苏教育》1933年第1～2合期）这是最早揭出"泰山石敢当"凝聚民族精神的文章，具有重要历史意义。

在当时民族危亡的背景下，传统的"泰山石敢当"民间信俗应时代激流变其镇宅护路的原有形象，开始充任凝聚人心、鼓舞斗志的象征物。画家高龙生发表在《抗战画刊》1938年第22期上的画图《泰山石敢当，勇士敌难冲》，把泰山石敢当绘成一位抗日战士的形象。1942中国远征军由缅甸溃败时，孤军据守山地，镌刻泰山镇石名号，用以励志振气。今云南孟定尖山尚存阿佤山游击队所留大字石刻，其文曰"以戈待敌""泰山敢当"。

近年随着国家"非物质文化遗产"保护工程的开展，"泰山石敢当"信仰习俗开始引起社会广泛关注。2005年被中国政府列为首批国家级非物质文化遗产保护名录。研究者结合时代精神与现实需要，对泰山石敢当精神内涵作了更深入的阐释。著名专家叶涛先生指出："泰山石敢当所表现的吉祥平安文化体现了人们普遍渴求平安祥和的心理，展示了中华民族的人文精神和文化创造力。"也有学者认为，"顶天立地的担当精神"是泰山精神的一项重要内容，值得大力弘扬与推广。

二、泰山石敢当的传说

（一）石敢当驱邪治病说

《茶香室丛钞》卷十记载："国朝王渔洋山人王世祯《夫于亭杂录》云：齐鲁之俗，多于村落巷口立石，刻'泰山石敢当'五字，云能暮夜至人家医病。北人谓医士为大夫，因又名之曰石大夫。按：此五字南中有之，而无医病之说，亦无大夫之称。"流传泰山石敢当为大夫之说，考其渊源，是流传已久的石敢当可降妖镇邪的演绎。

泰山脚下勇士石敢当，勇猛异常，武功高强，善打抱不平，在泰山一带英名远扬。

泰安南数十里，有一村镇名曰大汶口。有户张姓人家，女儿年方二八，脱俗漂亮。忽得一怪病，每到太阳压山的时候，就从东南方向刮来一股妖气，刮开她的门，上她屋里去。日久体虚面黄肌瘦，多方求医也治不好。传言妖气缠身，医药无治。

张家听说泰山有个勇士石敢当勇猛异常，就骑毛驴前去请他。石敢当一听原委，交代道："准备十二个童男，十二个童女。男的一人一个鼓，女的一人一面锣。再就是准备一盆子香油，把棉花搓成很粗的灯捻，准备一口锅，一把椅子，只管把东西准备齐了。"

这样天色一黑，他就用灯芯子把香油点着了。他用锅把盆子扣住，坐在旁边，用脚挑着锅沿，这样虽然点着灯，远处也看不见灯光。不久，从东南方向来了一阵妖风，风至身前，石敢当用脚一踢，锅翻灯亮，十二个童男童女锣鼓齐鸣，妖怪见状就逃，出屋朝南方逃跑了，长女病愈。

后来福建有农户女儿又被妖风缠住了身体。听说泰山有个石敢当，能治妖，就把他请去了。他用同法赶跑了妖怪。其后，东北又有个姑娘得了同病，又来请石敢当。他想："我拿他一回儿，他就跑得很远，山南海北这么大地方，我也跑不过来。这样吧，泰山石头很多，我找石匠打上我的家乡和名字：'泰山石敢当'，谁家闹妖气，你就把它放在谁家的墙上，那妖就跑了。"以后就传开了，说妖怪怕泰山石敢当，只要你找块石头或砖头，在上面刻上"泰山石敢当"，妖怪就不敢来了，所以现在盖房子、垒墙、修路的时候，总是先刻好了"泰山石敢当"几个字垒在墙上或立于路边，就可以避邪。

（二）石敢当救驾

根据民间传说，太封元年，汉武帝于东巡泰山封禅，路经泰山政治文化中心奉高。此县城东临红紫湖，城南之汶河水势浩渺，东海的水兽时常沿河上下出没，危害生灵。汉武帝乘船过河时，由当地桥沟石敢当护驾。船行至中心，突然上游狂风大作，波浪滔天，水势汹汹，武帝大惊。这时石敢当立于船首，手执宣花板斧大喝一声："石某在此，休得猖獗！"河面立时风平浪静，汉武帝安全无恙地到达对岸。

来到奉高，文武百官为武帝压惊。武帝问左右救驾者何人？有人说是石闾山下石敢当。武帝视其人非凡，又是石姓，石闾山必定蕴藏着天地之灵气，于是在泰山岠顶立石闾山石封之，四月返东海禅石闾。

闾者，巷也。迷信的说法，谁家的宅子若冲街巷便犯了路剑，家中就不得安宁。泰山石敢当石刻为什么立于巷首，便不言而喻了。

（三）姜太公

姜太公就是"泰山石敢当"。传说姜太公封神，封来封去，到最后不知道是因公而忘私，还是忙得糊涂了，竟然忘记了自己的名姓，最后只好自封为泰山石敢当。

自唐代以来，很多地方大街小巷的要冲位置，都有刻着"姜太公在此，诸神归位"的砖砌于墙壁，用来降服鬼妖。传说周文王曾封太公为灌坛令，管理泰山地区。结果泰山周围风调雨顺，五谷丰登，万民欢庆。忽然一天晚上，文王做了一个奇怪的梦。梦中在他出巡的路上，有一个非常漂亮的少女当道而哭。文王问其缘故，那少女答道："我是东岳泰山神的女儿，如今到了婚嫁的年龄，父王嫁我为东海妇。可我要去东海必须兴风作浪，这样势必要毁坏百姓的庄稼和房屋，姜太公的名声威望，也会一落千丈。我左右为难，因此而哭。"文王一觉醒来，见是一梦，急召太公来问。就在太公前来面见文王的当天，泰山地区便有大风疾雨出现，泰山神之女乘太公不在，兴风作浪去了东海。文王认为太公治理封地有方，政绩突出，于是封他为大司马。所以，中国民间便从这个故事得出结论，姜太公威镇诸神鬼怪，只要他在此，鬼神就不会兴妖作孽了。因此，人们纷纷把刻着"姜太公在此，诸神归位"的砖砌在屋外、路口的墙壁上，用来降服鬼妖。

（四）石敢当震慑蚩尤

据中国民间另一传说，"石敢当"的起源与"黄帝"有关。当年黄帝与蚩尤大战，蚩尤所向披靡，猖狂之极，登上泰山大呼："天下有谁敢挡（当）？"女娲投下一块泰山石，喝道："泰山石敢挡（当）！"蚩尤仓皇落败。黄帝于是便刻"泰山石敢当"，用以震慑蚩尤，并最终打败蚩尤。

（五）泰山石部落

炎黄部落与蚩尤部落战争时，蚩尤部落被打败。蚩尤部落联军溃散，一部分逃跑至泰山，被泰山一石器信仰部落收留。炎黄部落联军追至泰山久攻不下，后来撤军。留在泰山的蚩尤残部，一部分归附了泰山石部落。一部分回到了原来部落领地，也将泰山石部落的救命之情带回了各自原来部落领地。

三、石敢当文化弘扬四海

在我国的四川、贵州、福建、台湾等地四处可见泰山石敢当。在贵州黔东南苗族侗族自治州聚居地，常见有"泰山石敢当"木牌在房前，或直接写在门前。闽东、闽南等地皆有在房基上书有"石敢当"石碑。泉州山区的永春桥头、路口等地；闽东如宁德市的咸村镇等地随处可见泰山石敢当石碑。台湾岛上建设各式的石敢当，以期能够辟邪、止煞、镇罡，抵挡自然灾害。在都市中，部分路口或公园、庭园也有置有石敢当。在金门，也可以常见到石敢当的踪影。澳门新桥区桥巷有一座石敢当行台，建于光绪二十年（1894年），是街坊用作公众议事的地方，门上有一对藏头联书："公是公非创立规模垂久远，正人正己协力同心兆安康。"后来，附近镇守莲溪的"石敢当"碑石被供奉进室，渐渐地变成现时的庙宇，以"石敢当"为主神作供奉，并祀姜太公、玄坛、观音、关帝等神祀。以往更会在每年农历正月初七为"石敢当"举行神诞，大行庙会，并以神像出巡作保境巡游，同时会以飘色紧随队伍之后。

日本列岛上的石敢当大多数位于鹿儿岛县境内。在琉球街市的丁字路口，有很多形状不同刻有石敢当字样的石碑。鹿儿岛县境内，由于当地传说中的魔鬼有直向行走的习惯，因此琉球人在路口设置石敢当，以防止魔鬼进入自己家中。

四、泰山石敢当的现实意义

泰山石敢当满足了民众向往的趋吉避凶、保家安国、国泰民安、民阜物丰的愿望，借助泰山的声威，不仅在国内广为流传，还远播日本、韩国、越南、新加坡、菲律宾等地。

由泰山石敢当不难想到"重于泰山""稳如泰山""安如泰山"和"泰山压顶"这些成语的内涵，并由此增加几分对泰山的敬意。泰山石敢当包含的"石敢当，镇百鬼，厌灾殃，官吏福，百姓康，风教盛，礼乐张"的"平安文化"，反映了人们普遍渴求平安祥和的心理认知，因此它可以广泛传播；现代人仍然有泰山石敢当信仰的民俗存在，说明广大民众从古至今渴求平安吉祥的美好愿望是一致的，因此可以说，泰山石敢当这种民俗事象体现了中华民族的人文精神，具有表现中华民族文化创造力的杰出价值。

泰山石敢当习俗为中国广大地区和众多民族所认同并远及海外，其传承了中华文明的历史延续性。因此，它具有见证中华民族文化传统生命力的独特价值。在国内外广大地区的传播中，出现了大量精美的石刻和造像，不但具有美学价值、艺术价值，同时也具有重要的史料价值。还有那些在中国民间口头传承的神话故事和中国民间艺人创作的神话戏曲等，都充分表现了中国民间文化艺术的创造力。

泰山石敢当的"平安"文化内涵，与现实构建和谐社会有着许多相似之处，是一笔巨大的精神财富，它源于泰山，遍布全国，传播海外，具有世界意义。

泰山石敢当习俗的流变历程，清晰地显示远古灵石崇拜与镇邪压殃是其形成的基础，趋吉避凶、追求幸福平安生活是其不断复兴、创新、发展的社会动力，而人格化、神灵化的石敢当所具有的为民排忧、为国解难的品质则赋予其鲜活的生命力。泰山石敢当精神所蕴含的"敢于担当、勇于负责"的历史使命感、社会道德责任意识具有现实意义。

泰山石敢当作为优秀传统文化，其正义担当的思想价值的传承，赋予时代新内涵，使之与中国特色社会主义相适应，与社会主义核心价值观相契合。党的十八大提出积极培育和践行社会主义核心价值观。"富强、民主、文明、和谐"是我国社会主义现代化国家的建设目标，与泰山石敢当精神所折射出的勤劳、勇敢、追求美好家园、国家的理念相一致。"自由、平等、公正、法治"是对美好社会的生动表述，这与英雄石敢当刚正不阿、崇尚正义、除暴安良、追求美好社会的理念相融合。

第四章　泰山祈福文化

祈福是中华民族国家和民众追求美好生活的愿望和目标。从远古山神崇拜到帝王封禅，从名神望众吸引到民众响应，逐渐形成了独特的祈福文化。泰山祈福文化从远古走来，已经成为中华民族祈福文化的典范与代表。自古以来，泰山被视为中华民族的精神象征，华夏历史文化的缩影。崔缨《祈福文化探析》、周郢《泰山香社起源考略》、邓东《试述泰山碧霞元君演进的三个阶段》及范恩君《泰山神信仰探微》对于泰山祈福文化有着较深的研究。

一、泰山祈福文化的形成

山岳崇拜与神灵信仰是泰山祈福文化原始起因，曲进贤主编的《泰山通鉴》述，早在华夏文明初肇，泰山祈福文化便已凸显于历史舞台，此后绵延数千年至今，其文明传承从未中断，故清代史家阮元有"史莫古于泰山"之说。泰山祈福文化，首先发端于远古人类在泰山上举行的山岳崇拜的祈福仪式。

《明孝宗御制重修东岳庙碑记》："盖名山大川，两者物形之最巨者，巨。则气之所钟也巨，而神必依之。"

大汶口文化遗址发掘工作发现，其上承北辛文化，下接仰韶文化；其不仅孕育了以孔孟为代表的儒家文化，而且孕育了以祈福为核心内容的泰山文化。据考证，印第安人即为大汶口文化的子孙，美国易洛魁人手中的鹿皮画与大汶口墓葬中的地平龟惊人相似。《泰山，世界遗产瑰宝》一文指出："大汶口文化陶尊上的文字符号自上而下由'日、火、山'组成，字义为借泰山之高，在泰山顶上燎示于天（日），与天帝对话，是为泰山封禅的源头。"这说明，至少在 5000 年前，泰山地区即萌发了早期的山岳（泰山）崇拜。山岳崇拜的主要表现形式就是泰山封禅，而封禅的早期目的主要是祭祀上天，祈求福运。在泰山上下相传起自远古的燔柴祭天的封禅活动，就是这种山岳崇拜、祭祀祈福活动的典型代表，封禅祈福是泰山祈福文化的主要表现形式。

《史记·封禅书》和《尚书·虞书·舜》等古文献都对封禅进行过解释，前者以报天地之功谓之，后者则以"正月上日受终于文祖（指尧）……岁二月，东巡狩，至于岱宗，柴而望秩于山川，肆觐东后，协时日月，同律度量衡"。《尚书·质疑》称泰山封禅活动为"惟泰山为天子亲至"。

《东岳庙会研究》述："进入阶级社会之后，封禅活动渲染上了非常浓厚的'君权神授'色彩，取得统治地位的集团借神权来巩固政权。"《泰山封禅的起因》一文述："封禅是一种祭祀仪式，是中国古代帝王在五岳中的中岳嵩山和东岳泰山上举行的祭祀天地神祇的一种宗教式的活动，其中以在泰山举行封禅仪式的次数最多，影响最大。"作为规模空前隆重的祭祀典礼，泰山封禅大典的规模可堪比历史上帝王的登基仪式，泰山封禅是一种规模盛大的祭祀典礼，其隆重的程度超过了历代历朝帝王登基的仪式。如此，泰山祈福文化因为历代帝王的封禅活动而成为中国祈福文化的典型代表。（详见第二篇）

数千年来，从传说中的三皇五帝，到历史上的秦皇汉武，历代帝王通过到泰山封禅告祭，宣扬其"受命于天""功德卓著"，从而确立了泰山在整个中华文化中不可替代的地位。自隋唐以来，封建帝王又通过对东岳泰山的封王、封帝，尊崇日隆，使泰山逐步神灵化、神圣化、国家化，东岳大帝最终被纳入国家正祀的系统之中，成为国家奉祀的重要神灵之一。神灵信仰直接导致了东岳大帝、碧霞元君等泰山神灵群体的出现，使国家和民众都可以在泰山寻求到自己的崇祀对象，开启了中国历史上国家和民众共享泰山祈福的先河。

泰山自春秋时期始即是中国历代文人墨客竞相膜拜之地，至明清，无数文人墨客都驱之于此，登顶而小天下，借泰山的神圣、雄伟壮丽、第一山地位，将胸中的文墨情怀淋漓尽致地挥洒。《东岳庙会研究》述：自孔子起，历代均有文人学士登临泰山，如西汉的司马迁，东汉的张衡，三国时代的曹植，晋代的陆机，南朝宋人谢灵运，唐代的李白、杜甫、刘禹锡，宋代的苏轼、石介，金代的元好问、党怀英，元代的王旭、张养浩，明代的王守仁、边贡、王世贞、于慎行、董其昌、宋焘，清代的王士禛、施闰章、朱彝尊、姚鼐等。赞颂讴歌泰山的名篇佳作历代均有。孔子的"登泰山而小天下"，李白的"天门一长啸，万里清风来"，杜甫的"会当凌绝顶，一览众山小"，都已成为脍炙人口的千古名句。因此，纵观历代墨客在泰山上的诗词散文，十分珍贵，他们的妙笔生花，又为泰山祈福文化增添了文采，其中当以姚鼐《登泰山记》为最。

二、泰山祈福文化的内容

在中华民族祈福文化中，以泰山祈福文化最具典型性和代表性，源头最长，影响最深。泰山东岳大帝信仰和碧霞元君信仰是祈福文化的主要源泉。

民众泰山信仰

五岳之中，泰山处于最东，其顶天立地之势经久而成了我国民族精神的重要载体之一，同时也成为普通民众福祉的寄托。而民众对泰山的祭拜活动，恰恰是泰山信仰、泰山祈福文化中绝对不容忽视的中心内容。

对泰山神的崇拜

泰山神即东岳大帝，秦汉之前，古人认为泰山为"峻极之地"，是人与天相通的神地所在，对之特别崇拜敬畏，泰山神即是泰山的化身。

泰山神主生死，并由此延伸出具体职能：兴云致雨，发生万物；新旧相代，固国安民；延年益寿，长命成仙；福禄官职，贵贱高下；生死之期，鬼魂之统。（详见第一章）

《泰山神信仰探微》记："对于泰山神的信仰起源于古人对于大山的崇拜，后世帝王在封禅活动中又加封了各种称号。唐玄宗李隆基于开元十三年（725 年）封泰山神为'天齐王'；宋真宗赵恒于大中祥符年间（1008 年—1016 年）先是封泰山神为'仁圣天齐王'，后又加封为'天齐仁圣帝'；元至元二十八年（1291 年）春二月，元帝再加封泰山神为'天齐大生仁圣帝'。"泰山东岳大帝的身世，众说纷纭，种种说法无非是要给泰山神找一个尊贵的出身。泰山神之所为世人所瞩目，主要是其主掌天下人生死大权的传说。

崔绻《泰山祈福文化探析》引述《中国道教》（第三卷）"东汉墓葬中常有'生人属长安，死属太山'的铭记出土。"《后汉书·乌桓传》："中国人死者魂神归岱山也。"岱山即泰山，也就是魂神属于东岳大帝来保管。以此推及常说的"叶落归根"一词，若推及源流，也可谓是归属泰山。无论是汉民族还是少数民族，都对此说法深信不疑，这一点可从元代和清代皇帝尊崇东岳大帝的举措中得以印证。《泰山风俗》说"泰山之所以成为中华民族乃至海外华人心目中的圣山，成为中华民族的共同象征，落叶归根的传统文化心理积淀是一个重要因素。

生活在泰山地区的普通民众，在修改房屋时的习俗也十分讲究，大多采用河流中的石子，且石子需光滑平整，只有符合该条件的石子才可被用来修建房屋。根据李伯涛在《泰山民俗》中所述："形成的原因是人们怕冒犯泰山神而不敢轻易在泰山上乱打山石，砖瓦又很难弄到，就只好到泰山东、西溪中拾拣山洪暴发时冲刷下来的河流石来筑墙，于是，便形成了'泰山三宝'中'河流子垒墙墙不倒'的俗语流传。"

实际上，从宋代中期国祀—泰山封禅开始走向终结算起，民众在泰山的进香行为持续至今已有一千年的历史了。《泰山民间进香习俗》一文"从碧霞元君信仰兴起之后，普通民众便成为泰山信仰活动的主体，到了明代中期，谢肇淛在《伍雅》中发出惊叹：岱为东方，主发生之地，故祈嗣者必祷于是，而其后乃傅会为碧霞元君之神，以诳愚俗。故古之祠泰山者为岳也，而今之祠泰山者为元君也。岳不能自有其尊，而令他姓女主，偃然据其上，而四方之人，奔走其倒置亦甚矣。"明代，大部分民众开始信仰碧霞元君，东岳大帝之信仰渐渐被削弱，泰山民间祭祀活动在泰山发展到大有取代泰山禅之国家正祀的地步。

泰山"祈子"则是在泰山祈福文化方面最为突出的祈福内容。民间相传，碧霞元君女神具有能使妇女多子的功能，这符合古代民众多子多福的传统心理，尤其在碧霞元君的金身旁边又专设一个"送子娘娘"作为侍神后，这种神功济世的色彩更加浓厚，更加诱使成群结队、长久不孕和乏嗣的妇女前来挂袍祈子、拴娃娃。来泰山求助神灵的信女们，除省吃俭用也要保证给泰山奶奶供一份红袍、金莲绣鞋、锦花凤冠、光腚娃娃外，还有许多讲究，一是头上要插一小片柏枝，意为"百子"；二是在山顶碧霞祠周围的松树、海棠等树枝叉上压一块石头，名曰"压子"。

泰山地区对石敢当的信仰习俗，是民俗研究中较为独特的现象。泰山石敢当信仰历史悠久，在民间广为传播，已有一千二百多年的历史。它不仅广泛流传于中国的大地、遍及城乡，而且还远涉重洋遍及日本、朝鲜、越南、泰国、新加坡等国家。《石敢当文学考》记：宋代出土的唐大历五年（770年）的石敢当上刻有"石敢当，镇百鬼，压灾殃，官吏福，百姓康，风教盛，礼乐昌"。在泰山，人们还传说"泰山石敢当"曾栽过石榴树，寓意"榴开百子"，"留下子孙"之意，至今山东大部分地区有在家院内种植石榴树的习惯。石敢当信仰深深嵌入民众日常生活中，当夫妻关系不合时，便会在房间中放置一块泰山石敢当，以此求夫妻关系融洽、家庭和睦。

泰山封禅

泰山封禅是泰山祈福文化的重要代表形式，并且泰山封禅很早便进入国家祭祀的非凡地位。相传，远古时代的部落首领，大都有泰山封禅、祭天祈福的经历。如被称为人文始祖的皇帝，以龟为图腾，泰山以南的龟山，便是皇帝氏族的一个地理标志。相传皇帝还曾封泰山，禅云云，为上古开启泰山封禅的七十二君之一。其后的尧舜禹等帝君，亦都踵迹封禅泰山。《泰山信仰源流浅说》一文："传夏帝禹封泰山，禅会稽；商王汤封泰山，禅云云，泰山声名日益提升。"周朝代商，在泰山南北建立齐鲁两国，唯有周天子与鲁公方有泰山祭祀的特权，使泰山地区的政治地位日益突出，泰山已取得国中首祀的非凡地位。

战国时期，齐国邹衍等人结合齐地原始宗教由五行相生相克观念推论历史、政治更替，提出"五行终始论"，将泰山信仰包容其中。东岳泰山属于五行中的"木德"，西汉刘向《五经通义》指出"泰山一名岱宗，言王者受命易姓报功告成必于岱宗也，东方万物始交代之处"。这一点，在《风俗通义》中也有所涉及："岱者，长也。万物之始，阴阳交代。"正是如此，泰山自然地被后世人们引申为，人的一生之始，家族相嗣的一代之始，乃至一个王朝的更新之始。泰山主生的世俗观念由此而生，成为历代历朝封禅祈福和民间百姓泰山神灵祈福信仰的源泉。秦汉以后，历代王朝都有山川崇祀制度，列祀典之首者，尊之为"宗山"。泰山自秦汉时成为"宗山"后，除去个别时段（如武周）外，基本上都延续着这一地位。因此泰山封禅从祈福文化的角度理解，可以说是国家祈福文化的代表。王书君在《泰山文化刍谈》一书中说："作为东方文明的代表，泰山祈福文化的历史和中华民族形成的历史紧密相系在一起，从而使泰山成为历代帝王和百姓认可的祈福圣地。"

三、泰山祈福文化的现实意义

泰山祈福文化是泰山文化结构中的一个重要的组成部分，它是泰山文化的一种重要表现形式。泰山祈福文化在社会政治、经济、文化、娱乐等方面，都凸显鲜明地泰山特色，是中华民族的吉祥文化。

泰山被视为中华民族的精神象征，华夏历史文化的缩影。泰山祈福文化从远古走来，已经成为中华民族祈福文化的典范与代表。泰山祈福文化根深民众、长盛不衰就是源于它本身承载着深刻的思想文化价值。

泰山是一座民众心目中的神山，丰富的泰山信仰是中华民族战胜艰难险阻和疾病痛苦的精神支柱。泰山在普通民众心目中的形象可谓是丰富多彩，但其主体是泰山祈福文化。因此，泰山祈福文化是几千年来中华民族祈福文化传承的代表，在当今实现中华民族伟大复兴中国梦的现实助力文化之一。

第五章 泰山进香习俗

泰山是历代帝王、文人雅士、平民百姓祈福朝拜的圣地,自古就有"登泰山保平安"的说法。泰山香社是以此为目的,以奉祀东岳大帝、碧霞元君等泰山神灵为主神,以到泰山祈福为结社目的的民间信仰组织。泰山香社兴起于唐宋,繁盛于明清,一直延续至今。是泰山民俗文化的重要一脉,其传承弘扬,构成了泰山信仰发展的重要一环。周郢在《泰山香社起源考略》《泰山香社传统进香仪式研究》对泰山进香习俗做了详尽考究。

一、泰山香社的发展历程

据西汉桓宽《盐铁论》载:"今富者祈名岳,望山川,椎牛击鼓,戏倡舞像。"结合应劭《风俗通义》中的记载:"五岳所在皆有庙。岱宗庙在博县西北,三十里,山虞长守之。"可见这"名岳"理应包括东岳泰山在内。人们有求于泰山等名山,并以鼓戏等方式媚娱神灵。这是有关泰山朝山进香的最早记载。

魏晋南北朝时期，统治者尊崇佛教，各地纷纷广建庙宇。受此渲染和影响，泰山神灵信仰也获得发展空间，到泰山进香者纷至沓来，由此带动了以香客为主要客源的旅店业的发展。

至两宋时期，社会动荡不安。农民起义此起彼伏，辽、西夏和金等民族政权严重威胁两宋政权。面对内忧外患，积贫积弱的宋皇朝束手无策。但随着宋真宗在泰山的封禅，直接提升了泰山娘娘在神界的影响力，其在世俗的影响力也相应扩大，从而吸引更多的香客结社朝山进香。《水浒传》第七十四回载道："万民朝拜碧霞宫，四海归依仁圣帝。"进香队伍的膨胀直接导致泰山香客店的进一步发展。同上另载："原来庙（东岳庙）上好热闹，不算一百二十行经商买卖，只客店也一千四五百家，延接天下香客。到菩萨圣节之时，也没安着人处，许多客店都歇满了。"

明清时期，泰山香社进入发展的全盛时期。《陶庵梦忆》《醒世姻缘传》《燕程日记》和一些泰山游记对此均有记载。《醒世姻缘传》载："那云南、贵州、川湖、两广的男人妇女都从几千几万里家都来烧香"，"春秋两季，经泰山进香的，一日成几十万经过"。清朝以降，尤其是雍正十三年（1735 年）废除传袭近二百年之久的香税之后，泰山进香队伍继续膨胀并达到顶峰。现存泰山香社石碑中的绝大多数为这一时期结社香客所立，如《北斗盛会题名记碑》："北斗自明朝至今，相传数百年，此乃古会。"

近些年随着人民生活水平的提高，传统民俗文化的恢复，尤其是交通的便利和信息的快速传播，使得泰山结社朝山进香这种历史悠久而又特色鲜明的朝圣旅游形式呈空前繁荣之势。

二、泰山香社研究

"祈福保安"是香客结社朝山进香的最主要目的。对不同的祈愿者，福和安，且有不同的含义。福可以是"添嗣"，可以是"增寿"，"替泰山奶奶打醮，就指望赠福增寿"。"安"，可以是"平安""足令天灾不侵，地方静谧""祈保四时之平安"；还可以是"病愈"等。

人们把他们的世俗生活策略运用到与神灵的交流上。如"许愿－还愿"，倘若所许之愿实现了，信仰者必须还愿。还愿的方式有很多："设坛建醮以答神庥""输赀若干，献神伞一对""种树""悬匾"。"献袍"。立碑本身也是一种还愿方式，"竖碑以答神庥"等。

除神灵的灵应外，香社通常还会设计某些具有其他组织认同功能的标志和仪式，如经书宝卷，其内容庞杂，包括《无生老母经》《地母经》等近 30 种。香社对不同场合诵念不同的经文有严格的规定。如庙会上茶时念《传堂经》，临行出发时念《行船经》。香社通过不同的场合诵念不同的经文展示自身的与众不同性，从而加强了成员内部的自我认同。有些香社特地要求统一服饰以区别他社。据山东大学叶涛博士的田野调查，来自淄博博山的一香社成员的服装样式和颜色基本统一，要求"和老奶奶穿的一样"：为斜开襟儿的灰色上衣，头带灰色的尼姑帽。同样来自淄博张店的某一香社队成员每人左胸前则别有一红纸条，上面写有"佛"字。

香社还有一些禁忌。如在进香前，一般香社都讲究忌口和静身。忌口是不吃荤及蒜葱等。许多香客常年吃素，即使一般人也要求进香前几天如三五天忌口。所谓净身，有两种含义，一是沐浴洗澡，二是不行房事。时间也是提前五天。

在香社及进香风俗研究方面，近来有学者进行了大量挖掘。著名的有叶涛的《泰山香社研究》，袁爱国的《泰山风俗》。

（一）香社民俗的组织活动

香社的组织活动自然就是前往泰山"烧香祈福"。以明清时期泰山周边民众朝山祭拜"泰山碧霞元君"为例，出门朝山前要做很多预备工作。首先，要做好必要的物质准备。比如要做好会友的旅途生活必备用品，要讲好旅行工具，要做好各项开销的预算。其次，要通知香社众会友。"会首"选好进香良辰吉日后，必须通知其他社中成员。通知联系的方式一般有两种：印发会启和捎口信。由于香社成员一般来自社会底层且以女性居多，他们基本没有接受过教育，识字能力差，所以香社会员的联络方式以捎口信为多。社中成员接到口信，如决定参加，则告诉主事者，也可直接到约定地点集合，这种形式叫"约香会"。这些准备工作完成以后，便要开始准备出发。

出发前先在当地"烧信香演社"。所谓的"信香"，就是出发前向"泰山奶奶"发出提前通知。所谓"演社"是抬着泰山奶奶的圣驾，沿街烧香游行，使众人明白香社要动身前去泰山。

信香演社完毕，接下来的便是踏上征程正式出发了。出发时，香会一般都备有锣均旗幡，整个浩浩荡荡，每经过一个村庄都要锣鼓齐唱，燃烧鞭炮，很是引人注目。

由于路途遥远，香社在路途不免要寄宿。寄宿时要做的最重要事情莫过于"安驾"了。所谓的"驾"即是泰山娘娘的神像神位，它一般为画轴。香社必须安置娘娘圣驾于所住房屋旅店的正中，行一番祭拜后方可张罗吃饭休息等其他事情。香客吃饭谓之"搭伙"，即统一安排食宿。抵达朝觐地泰山后，香社必须先安排住店。由于往来频繁，香社一般有自己较为熟悉的香客店，而且店主与会首的关系很融洽。香客店一般设有小型的泰山奶奶庙，香客到店后，要先参拜店中的娘娘庙，以此表示向山顶的泰山娘娘报到。

为了彰显诚意，香客大都徒步登山，甚至不乏一步一叩头者。最终抵达终极目的地——圣母殿。在这里，香客把各自准备的祭献一一贡献。

祭祀游玩结束，便是下山。为了笼络感情，也考虑到香客登山的劳累，香客店往往会派人在红庙摆上酒席犒劳住在本店的下山香客，谓之"接顶"。《醒世姻缘传》中描写到，"走到红庙，宋魁吾治了盒酒，预先在那里等候与众人接顶"，"这些妇女一齐下了轿子，男女混杂的，把那混帐攒盒、酸薄时酒，登时吃的风卷残云，从新坐了轿回店"。

回到香客店。店主再次为香客设厂棚，请客人看戏，以增进感情，随后，香客收拾行装打点回家。回到家中，须"烧回香"，感谢泰山奶奶保佑自己平安到家。烧回香一般在抵家后的第二天早上。烧回香结束后，香社即自行解散，下一次登山烧香之时则再度召集众人前往，如此年复一年。

（二）进香过程

进香日期

民间香社到泰山进香有"春香"和"秋香"的说法，其中以春香最盛。春香，是指在农历的三四月份到泰山进香。从农历三月初三王母池庙会开始，民众进香到泰山进香的活动就进入了高峰期，农历三月十五、三月二十八、四月十八等日子，都是进香的日子，在四月初一至四月十八期间进香的人员最为集中。秋香主要是在农历九月初九前后，王母池有庙会，过去，泰安城民众还有九月九登虎山祭奠"眼光奶奶"的习俗。九月初九前后，进香的香客较平日增多但比春香期间明显要少，而且香客主要集中在山前小泰山、王母池、虎山一带，登顶的人不多。

除"春香"和"秋香"以外，春节期间（从除夕到正月初三）也是进香的高峰期。大年初一有烧头香的习俗，人们在除夕夜就上山，在碧霞祠外等候"大年初一头炉香"，以示虔诚。正月初三上午也是烧香的高潮。正月初九传为玉皇大帝诞辰，岱顶玉皇庙上香人数明显增多。

一般来说，春节期间上香的，主要是河北沧州、衡水、河南商丘、山东鲁西北的香客，尤其以河北东光县、山东德州的香客为最；"春香"和"秋香"期间，主要是鲁中、鲁西北和鲁西南、鲁南的香客，以进"春香"者为多。泰安及其周边地区的香客，因靠近泰山，四时都可以进香，因此没有十分集中的时间，春节期间山顶一般没有当地的香客。

过去，农历六月初一、腊月初一红门宫有醮会，六月六，有附近民众进香小泰山的说法，清朝初期，六月六还有上顶烧团圆香的习俗，康熙《泰安州志》卷四张奇逢《筑墙禁止舍身记》一文有"州境居民，每岁六月六日，老幼男妇，登顶瞻拜者，类数万计，俗名曰团圆香"；七月十五，也是进香的高潮，这或许与该日为"鬼节"而东岳大帝又有"治鬼"之说有关。

进香前的准备

去泰山进香的准备工作非常繁杂，有时需要耗费数月乃至半年的时间。像明恩溥所提到的鲁北进香泰山的"行山会"，为准备泰山进香，仅筹备资金就需要 3 年的时间。为使准备工作做得更加充分，有条件的香社还要在社内设置一些专事职位。

会启与约香会

香社准备要去泰山进香，首先要印发会启以联络香客。会启也称作"会招""会报""会贴"，主要内容包括：(1) 会所和设驾所。"驾"就是泰山娘娘的神像或神位，朝山之前要在社内或附近的娘娘庙里设驾致祭，有的香社在朝山时还要抬驾登顶。(2) 守晚、起程、上山、朝顶、回香的路程和日期。守晚是指出发朝山的前一个晚上，人们聚集会神，准备第二天清晨一起出发。(3) 到泰山后应该做的事情。(4) 说明化缘与不化缘。

过去，香社成员主要由乡村或城市中的女性组成，由于生活在社会底层的妇女识字者不多，以文字形式传播香社活动信息的会启，对于众多的女性香客作用不大。在这类香客中更多地采用了口耳相传的联络方式，也就是所谓的"邀会邻里，连社祀神""比邻相约"。香社的会首选定进香日期后用"捎信"（捎口信）的特有方式进行联络，香客接到口信后，决定参加时就用同样的方式告诉会首，或直接到约定地点集合，这种方式称作"约香会"。

烧信香与演社

出发朝山之前，要举行烧信香和演社的仪式，一为祈求路途平安，二是给泰山奶奶先报个信。

所谓"信香"，按照香客们的解释，就是向泰山老奶奶发出信息，报告本香社就要启程上山进香。香社去泰山进香提前给泰山神灵报信的习俗，在明代万历年间已经出现。马迁在万历三年（1575 年）的《泰山别庙纪胜碑》中写到，鲁北临邑民众进香泰山时，"率先期具香楮告行"，已经有了后世烧信香报信的意思。在有的地方，不但烧信香，还要"演社"或者就叫"烧信香演社"。演社，就是抬着泰山奶奶的圣驾，沿街烧香游行，使地方上的人们都知道香社要动身去泰山了。

守夜与饯顶

守夜是泰山周围地区香客进香的习俗。

泰山周围的香社，动身前的最后准备工作多放在前一天的夜里完成。香社成员聚集会首家中，先谈些进香准备事宜，然后举行起身的祭祀仪式。先将"奶奶驾"（一般是碧霞元君的画像）挂在正堂中，下设供桌。供品的类型和数量各地不尽相同。烧香焚纸时，由会首带领众香客祭拜。

香客们集中在会首家中，当夜都不睡觉，称之为"守夜"，如同除夕过年一般。第二天不等天亮，进香的队伍便出发了。

有的地区还有"饯顶"的习俗。即在朝山前，家里的亲戚为进香的亲人设宴饯行，因其将登泰山顶上香，故将此宴称作"饯顶"。

资金的筹措

为泰山进香筹备资金是整个香社的大事。《灵应宫光绪十六年碑》中，便讲到香社集资的不容易："然而小民捐资不易，是以结社数年少有积蓄，至初春农隙之时，不辞跋涉之劳苦，山川之险阻，接踵而至者复何少焉。"

一般的香社，成员所缴纳的会费是进香经费的主要来源。经理香社的会首，会将社友们的会费用于短期放贷，通过这种方式使其生利，达到积累资金的目的。一般的香社，社内的资金是由会首直接管理。有条件的香社还会设立管账的职位，专门负责财务经营方面的管理事宜。

贡品与祭品

贡品是献给所祀神灵、表达进献者虔诚心意的礼物，祭品则是进香仪式过程中所需要的物品。香社朝山进香的一项重要的准备工作就是为泰山老奶奶准备贡品。贡品的分量一方面表达了全体香社成员的心意，另一方面也可以体现香社的门面。香社到泰山进香最主要的贡品是为"老奶奶"准备的袍衣或袍布。

在给神灵献祭的贡品中，除了满足神灵精神需要的献媚性贡品外（如写有颂扬词句的各种旗、伞、匾等），吃饭穿衣类的物品最为集中。因此，民间有一年两次为泰山的碧霞元君老奶奶换衣裳的习俗，春季为老奶奶换单衣，秋季为老奶奶换棉衣。有条件的，把衣服做好，没有条件的，直接献上一块红布也就算表达了心意。挂袍是针对所有神灵的献祭行为，民众在准备袍衣时便考虑到了男女神灵的差异（如男袍为蓝色、女袍为红色等）。

不只老百姓给神灵献袍，连皇帝也很重视给泰山的神灵赐袍。泰安博物馆现存有乾隆四十二年皇帝所赐泰山神龙袍两件；文物精品。常年去泰山进香的香社，每年所献的贡品往往不同。香社所置办的贡品，通常都要开一个礼单，也称作"文书"或"文疏"，内里详细记载所献礼品的名称和数量，有的还记载每个香客所交的财物和银钱。礼单在敬献礼品时一并交与庙中的主持。在泰山的香社碑中，《红门宫香社碑林北斗永善香社碑》详细记述了该社筹办进香贡品的过程和一个完整的礼单。

（三）进香朝拜礼俗

朝山进香的队伍，如果是以香社的形式出现，一般会有自己的标志。讲究一点的香社，都备有锣鼓队伍，随社而行。一直到民国年间，进香的香社都打着自己的旗子，旗上绣有"朝山进香"四个大字，下写"某某乡某某香社"一行小字，另外还打出各种形式不同的旗帜。香社的会旗制式，清代以前多为长方形红旗，清代以后多为三角形黄旗。

投宿安驾

过去进香途中投宿，第一件事就是安驾。"娘娘驾"有三种，一种是元君塑像，一种是元君画轴，还有一种是元君牌位。要安置在所住房间的正中，烧香上供以后，才可以张罗其他事宜。

香客宿店吃饭，谓之"搭伙"，同来所有香客统一安排伙食。

到山住店

香客到达泰山后先要在香客店安顿好。到店的第一件事仍旧是把"娘娘驾"供奉在房屋正中。

泰山的香客店中一般都设有小型的泰山娘娘庙，客到店后除安置自带的"娘娘驾"外，还要到店内的娘娘庙叩拜，舍香钱，表示已向山顶上的泰山娘娘"报到"。

登顶拜庙

香客朝山一般是三更即起，赶早启程登山。张岱在《岱志》中曾对明朝末年的情况有所描述，"天未曙，山上进香人上者下者，念阿弥陀佛。一呼百和，节以锣鼓。灯火蝉联四十里，如星海屈注，又如隋炀帝囊萤火数斛，放之山谷间，燃山熠谷，目眩久之。"也有的香社在夜间上山；明嘉靖年间的王世贞在《游泰山记》中曾写道："三鼓起，堂之北扉而望，若曳匹练者，自山址上至绝顶，又似聚萤数百斛囊中，光熠耀不定。问之，乃以兹时士女礼元君灯，鱼贯而上者也。其颂祝亦隐隐可听云。"上山进香，普通香客多步行登顶，有条件的香客则雇山轿上山。

香社到泰山进香，主要目标是位于岱顶的碧霞元君上庙—碧霞祠。所献的贡品也都是在这里交接，这也就是许多香社碑碑文中所说的"进香于泰山圣母前"。香社成员由会首带队经过一路奔波到达岱顶，来到碧霞祠西神门下"振衣岗"时，会首会提醒大家整好衣冠，马上就要到圣母宫了。一般香客来到西神门口都要先站住，不能径直进门，门口有一个人拿着号角高声喊："西神门上张声号，泰山娘娘早知道"，然后香客通过山门，进入元君大殿前参拜。

香社在碧霞祠集体参拜，一般是在正殿前。会首站在队伍的前面，率领香社的善男信女上香、叩头、行礼，并将所备的礼单在神前诵读，告知神灵，也有请庙中的道士代读的。读罢，将贡品一一拿出陈列，敬请泰山娘娘收下。集体仪式结束后，香社成员再根据各自的情况，单独向神灵许愿或还愿。

献换袍衣

作为一项集体进香仪式，清代至民国年间，有给"泰山奶奶"换衣裳的习俗。泰山及其周边地区传说农历三月十五是泰山老奶奶的生日，香客们要专程到泰山为老奶奶换衣服，为她脱棉衣，换春衣。献换袍衣是一项由多个香社共同参与的活动，参加换装的各路香客，主要来自泰安城里、与泰安相邻的新泰、莱芜，以及淄博、德州等地。他们于三月十四日到达岱顶，当晚温台开戏，第二天再唱一天戏。三月十五这一天，就在碧霞祠后面的神憩宫给"老奶奶"换袍衣。参加换衣的香客全部为女性，由其中德高望重的会首主持仪式。神憩宫的元君像为檀香木雕成，各个关节都能够活动。

下山接顶

明清时期，香社进香结束从山顶下来时，香客店会在红门提壶设便宴迎接，并把酒浇在会首的足前，称为"接顶"。当晚在店内宴以酒菜，并唱戏招待，谓之"朝山归"。近代以来，店主只是象征性地端出酒菜，名为"道喜"；晚上看戏时把元君像挂在大厅中央，叫"请泰山娘娘看戏"。

祖庙寻根

到泰山进香的香社，传统上主要以华北地区和华东、东北部分地区为主，但是，在周郢等调查中发现，东南沿海的福建、广东和台湾地区也有来泰山进香的香客，且他们往往是以团体的形式前来进香。惠安县有两座东岳庙，当地传说，泰山是他们那边东岳大帝的祖庙，这些年，当地风调雨顺，富裕了的农民有了条件实现他们来泰山寻根的愿望。他们用流行于南方的仪式，在祖庙为带来的东岳大帝举行了祭祖典礼。

返乡接顶

香社从泰山进香结束返回乡里，还有"烧回香"和家里人为登山进香的亲人"接顶"的习俗，这些和临行前的"烧信香"和"饯顶"的仪式一样。清康熙十五年《临清州志》"风俗"部分，记述了当时临清的"接顶"和四月十八碧霞元君会的情形："俗尚泰山进香，自二月初起，至四月中止。回香之日，亲友具酒出迎……四月十八日碧霞元君会，城士女出供香火，十五至十八日，庙者水陆不绝。"

（四）个人祈愿仪式

香社成员除参加集体进香仪式外，有一些个人的祈愿活动。在某种程度上，人的这些祈愿行为往往比参加香社的集体活动还重要。

神前许愿与还愿

许愿是向神灵索求恩赐，许愿者毕恭毕敬，上香、上供、长跪不起都是向神灵祈求的手段。蒲松龄《聊斋志异》"云翠仙"中讲到泰山"跪香"祈愿的情形："岱，四月交，香侣杂沓。又有优婆夷塞，率众男子以百十，杂跪神座下，视香柱为度，名曰'跪香'。"许愿得以实现，便要还愿。民间相传，许愿不还，神灵是要怪罪的。在泰山香社碑中，记录了许多许愿和还愿的生动事例，如《红门宫香社碑林咸丰五年王母百岁碑》和《斗母宫民国十九年碑》讲的都是许愿后还愿的故事。

求子

香客向神灵祈求的内容多种多样，其中，到泰山求子，也被称作"拴娃娃""押子"，是泰山上最有代表性的一种个人祈愿行为，也是泰山信仰民俗中影响最大的一种民俗事象。

泰山求子与碧霞元君作为生育神的功能密切相关，也与泰山雄踞东方、主万物发生的观念有深层的联系。向碧霞元君求子的历史至少可以追溯到明代中期。明嘉靖十一年（1532年），皇太后遣太子太保来到泰山，为明世宗向碧霞元君求子，这是现在见到的最早的泰山求子史料。

万历年间民间已有向泰山碧霞元君求子的习俗，到泰山上"拴娃娃"，比较有名气的地方主要有3处：山顶碧霞祠送子娘娘殿、山下王母池、登山半途中的斗母宫。泰山上几乎凡是供奉碧霞元君的地方，都兼有为求子者送子的职能。泰山碧霞元君、送子娘娘和王母娘娘的神案上，常年摆放着很多泥娃娃。求子者来到神案前，烧香叩头，祷告一番，然后便从神案上选取一个泥娃娃，交给主持仪式的道士。道士取出一根红绳，拴在泥娃娃的脖子上，红绳的一端系着一个铜钱，道士摇动红绳以钱击磬，一边口中念道："有福的小子跟娘来，没福的小子坐庙台，姑家姥家都不去，跟着亲娘回家来。"之后，道士给未来的小孩起一个通俗而吉祥的乳名，嘱咐求子的妇女回家把泥娃娃放到卧室里。求子的人将泥娃娃用红袱包起来带走，求子仪式也就结束了。

按照传统的说法，泰山上求得的孩子不能到泰山上来，因为怕老奶奶把他收回去。要等孩子长到几岁后才能来。

近年来，到泰山上求子的人在"拴娃娃"以后，还要在树上拴一个红布条，名为"拴子"。如今，满山遍野的红绳成了泰山的一景。

祛病与分袍布

普通香客来到泰山，还有寻求健康和祛病的愿望。在王母池摸月石的目的是祛病，在碧霞祠磨御碑也出于相同的目的。岱顶碧霞祠院内有一块铜碑（俗称"御碑"），香客们常手持金属钱币或石块在碑上磨或碰，用磨碰铜碑的手摸摸头、摸摸腰、摸摸腿、摸摸脚，俗信，摸过的地方可以不生病。如今在碧霞祠，御碑依旧被磨、被碰，迎门新放置的大香炉，也已经成为香客们摸碰以祛病的对象。

分袍布也是一种祛病的方式。农历三月十五碧霞祠为"老奶奶"换袍衣时，为祛病而来山上进香的人，在施舍香资以后，常常要向庙里的人求一块袍布，带回家去给孩子或有病的人做衣服贴身穿着，俗信能够祛病消灾。也有人在香案前取一点水果、糕点一类的食品，当场吃掉，或者带回家去给亲朋好友，据说也可以祛病。

与时俱进的民俗传承

民俗是传承的，也是与时俱进的。当代香社的组织活动也随着历史的发展、社会的进步发生了较大的变化。当代香社在组织过程中摒弃了过去迷信神秘的言传身教方式，改为以传播优良的传统文化为目的，与有泰山信仰的民众结缘。在深入挖掘整理泰山古老的祈福平安文化，积极传承推广非物质文化遗产"泰山千年香社"的传统习俗，为催动社会文化发展起到了积极作用。

第五篇

泰山石刻文化

　　泰山巍然，文化灿烂，在炎黄子孙的心目中，历来是至高无上中华精神的象征。郭沫若言："泰山应该说是中国文化史的一个局部缩影。"泰山石刻正是这部文化史中的奇葩。历代帝王到泰山祭天告地，儒家佛道传教授经，文人墨客登攀览胜，在登山沿途留下了琳琅满目的众多石刻，令泰山斑斓多彩。其主要内容包括封禅祭祀、御制诗文、修建记事、经刻、造像记、名人遗事、墓志铭、诗文、题景咏物、楹联等。这些石刻资料，是泰山文化的重要组成部分，是认识泰山、了解中华民族传统文化的窗口，也是研究泰山的第一手资料。

第一章　泰山石刻的发展

在泰山上下及周围，存自秦以来各代石刻逾 6000 处。内容丰富，风格各异，充分反映了泰山石刻的发生、发展、兴衰及演变的过程。

一、秦时期的泰山石刻

秦汉时期是中国进入大一统国家的第一阶段，也是我国封建社会的建立时期，前后延续达四百多年，各方面都得到了巨大发展，代表文明形式之一的石刻文字，亦随之进入了初步发展时期。其演变特点是：石刻受到了历代封建帝王的重视；石刻的形制渐趋统一固定；数量逐渐增多，文字、内容由简而繁；其书法由小篆体逐步过渡到汉隶。

秦始皇于元前 221 年统一中国后，建立了中央集权制封建国家。在位期间先后五次出巡，在全国各地立石 7 处，今仅存《琅琊刻石》86 字和《泰山刻石》10 残字，其余皆在唐朝以前消亡。

《泰山刻石》为泰山现存最早的刻石。

秦始皇立石的形制，属于碣的形制，依据宋刘跂《秦篆谱序》、董逌《广川书跋》和清毕沅《山左金石志》等记载可知，与岱顶《无字碑》

的行貌相似。其高约八九尺，似方非方，四面广狭皆不等，宽约二尺余，文字环刻于四周。由此可以看出，始皇所立石的形制开始趋向统一。但与后来的刻辞碑相比，还不够正规，故古人仍称石碣为"刻石"。

秦代刻石与商周时期的石刻文字相比，字数显著增多，其内容也由简变繁，由记事转记事兼歌功颂德。司马迁《史记·秦始皇本纪》所录刻石铭文和宋刘跂《秦篆谱序》等记载，《泰山刻石》的刻辞为韵文，每3句为一韵，6句为一段，形成6段、12韵、36句、144字的格式。其内容主要歌颂秦始皇统一中国的功德。始皇刻辞有铭（韵文）无序（散文），二世诏书有序而无铭，且皆无撰书者署名。就书体而言，仅见篆体一种。

二、汉代石刻

据《史记·孝武本纪》记载，西汉元封元年（公元前110年）三月，汉武帝欲封泰山，山之草木叶未生，"乃令人上石立之泰山巅"。《史记·封禅书》《汉书·武帝纪》和《汉书·郊祀志》也都记载类似，只言"令人上石立之泰山巅"，而对立石的文字内容，皆缺记录。直到东汉初平元年至兴平元年（190年—194年）间，泰山郡太守应劭撰《风俗通义》，才首次著录汉武帝在泰山立石的铭文："石高二丈一尺，刻之曰：'事天以礼，立身以义，事父以孝，成民以仁。四海之内，莫不为郡县，四夷八蛮，咸来贡职。与天无极，人民蕃息，天禄永得。'"凡刻45字。

由记载可知，汉武帝立石的形制仍为不定型的"刻石"，高为二丈一尺（约合4.9米），故司马迁及应劭等皆称其为"石"，而不称"碑"。但此石失踪，其具体形貌无法详考。此石是原立于泰山极顶玉皇顶武帝封禅坛前附近。其刻文仅有序而无铭，其书体无从考证。由此可见，西汉的石刻文字，仍属初步发展时期。

东汉皇朝之政治、经济、文化、科技等各个方面都有较大的进步，石刻文字在前代的基础上亦有了较大的发展，尤其是出现了一系列新形制的石刻，堪称以后历代石刻文化的典范，对后世的石刻有极大的影响。

这一时期石刻数量剧增，内容丰富，形多样广。在前代已有刻石的基础上，又出现了形制比较定型的碑刻、摩崖、画像石、造像等一系列新形式的石刻，形成了刻石、碑刻、摩崖、画像石、造像等石刻同时并行的繁盛局面，并从不同角度反映了东汉时期的社会生活与文化特点。

《后汉书·祭祀志》记载："上许梁松等奏，乃求元封时封禅故事，议封禅所施用。""又用石碑，高九尺，广三尺五寸，厚尺二寸，立坛丙地，去坛三丈以上，以刻书。""二月，上至奉高，遣侍御史与兰台令史，将工先上山刻石""二十二日辛卯晨，燎祭天于泰山下南方，群神皆从，用乐如南郊。""事毕，将升封。""皇帝再拜，群臣称万岁。命人立所刻石碑。乃复道下。"这是关于光武帝建武三十二年（56年）二月登封泰山及立碑的记载，此时所立之石为已经定型的刻辞碑，高为九尺（约合2.08米），宽三尺五寸（约合80.9厘米），厚一尺二寸（约合27.7厘米）。其碑有序无铭，凡刻687字，其字数明显多于前代任何一处石刻。其立碑地点记载亦很明确，系立于光武帝封禅坛以南约7米处。可惜亦失踪。

光武帝以后诸帝，多有刻碑。如和帝永元四年（92年）有《袁安碑》，安帝元初四年（117年）有《袁敞碑》，二碑文皆篆书。顺帝永建三年（128年）有《王孝渊碑》，长方形；汉安三年（144年）有《景君碑》，碑身为圭形，有穿。当时的刻辞碑已基本定型，但为数不多。

东汉后期，桓帝、灵帝时期，生前权势显赫之族，兴盛死后厚葬，大修陵墓，豪华的墓碑和画像石等顿时大兴，盛及全国。泰山现存的《衡方碑、《张迁碑》即分别刻于东汉灵帝建宁无年（168 年）和灵帝中平三年（186 年）。泰山现存东汉后期画像石 60 多件。此期的碑刻大都由碑身、碑首、碑座三部分组成。碑身一般为长方形竖石，棱角规整，加工精细，有的还刻有纹饰，其下端皆置榫，以安装在碑座的卯眼中。碑首多为圆形或圭形，有的为螭首；大都有题额，有的额下有穿；题额有的为篆书，有的为隶书，有的阴刻，也有的为阳刻。如现存泰山《张迁碑》的题额为篆书阴刻，《衡方碑》的题额则为隶书阳刻。碑座多为方形，其上皆刻有卯眼，以与碑身下部的榫吻合；碑座已有龟趺者。从现存诸多刻辞碑可以看出，东汉后期碑刻的形制、内容、铭文体例等已基本定型，后世各代的碑刻，多在此基础上发展演变。

东汉后期的碑刻字数显著增加，多在 500 字以上，如《衡方碑》刻文 23 行，满行 36 字，凡刻 815 字，字径 4 厘米，隶书。碑文内容以歌功颂德者居多，亦有专为纪事者。其书体大都为隶书。篆书多见于碑额，其书法更为成熟。

东汉后期碑文的体例已经趋于完备。其标题大都以题额代替，标题之下为序文。序文之后为铭文，铭文多为四字一句的韵体文。铭文之后大多刻门生故吏衔名及捐资钱数，此已成为当时风尚。

画像石是现存东汉后期石刻资料中数量最多的一种石刻，其内容丰富，反映了当时社会生活的各个方面。有些画像石刻有题记或题榜，其字数多少不一，少则几字多则几百字。如今存岱庙西廊房之 1973 年肥城大留村出土的东汉画像石，题书"此人马食大山仓"7 字，隶书。1960 年在大汶口出土的东汉画像石，题榜有"此苟口父""孝子赵苟""此丁兰父""孝子丁兰父""此后母骊姬""此晋献公见骊姬""此献公前妇子"等 7 榜，凡刻 34 字。为研究汉代书法和有关历史事件提供了可贵的资料。

三、魏晋南北朝时期的泰山石刻

魏晋时期社会分裂，战争频繁，官府下令不得厚葬，屡申禁止立碑。使这一时期的石刻发展受到极大限制。目前全国现存魏晋时期的大碑仅十余通。泰山现存魏晋时期的石刻，唯《晋任城太守夫人孙氏之碑》一例，刻于西晋泰始八年（272 年），今存岱庙碑廊。

南北朝时期，南朝的宋、齐、梁、陈，碑禁尚严，各类石刻文字的发展仍处于低潮时期。现存全国各地各种形制的北朝石刻，总数超过 3000 处。泰山现存北朝石刻 7 处，其中墓志 2 处，造像记 2 处，佛教摩崖刻经 3 处。就书体而言，篆、隶、楷、行各体俱备，同一石刻兼有篆、隶、楷、行各种笔意，且笔法、刀法更加娴熟。享有盛名的"魏碑体"，即形成于北朝时期。北朝时期的石刻几乎具备所有的石刻形制，尤以造像、墓志、碑刻、摩崖四种石刻数量最多，艺术造诣最高。其中佛教造像、墓志和佛教摩崖刻经，为北朝时期所首创，且极兴一时，遍布各地。

泰山现存北朝造像记 2 处，皆为石佛像的底座。一为东魏《王盖周等造像记》，刻于东魏武定五年（547 年），参与造像的平民百姓134 人。另一处为北齐《比丘尼慧等造像记》，刻于北齐乾明元年（560年），参与造像的亦为众多百姓。

佛教摩崖刻经，为北朝时期所首创。现存徂徕山《映佛岩摩崖刻经》，刻于北齐武平元年（570 年）。泰山《经石峪摩崖刻经》，被迫中止于北齐末年（577 年）。

四、隋唐时期的泰山石刻

隋唐是我国封建社会发展的鼎盛时期，石刻也发展极盛，其势头一直延续到宋、金、元、明、清，至今不衰。

与魏晋南北朝石刻相比，隋唐时期的石刻形制更加多样，在继承前代的基础上创立了经幢等新形式的石刻。呈现出百花齐放的局面。内容多样，分布地区广泛。石刻的书体有新的发展。前代石刻皆为篆、隶、楷书，而唐代开始使用行书，后人继之，遂成一大宗，至宋代盛行。隋唐时期的刻经，各教派都很发达。儒家刻经，主要为碑版刻经，佛教刻经，在摩崖刻经的基础上，又增添了经幢刻经和碑版刻经两种形制。现存泰山西北麓灵岩寺的两座《陀罗尼经幢》，皆刻于唐开元间，现存岱庙碑廊的幽栖寺《陀罗尼经幢》，刻于广明二年。唐代 3 开始兴盛题名、题记刻石，泰山现存的唐代题名、题记刻石有 20 处之多。唐贞观二十年以后的碑刻铭文，文体比前代更加完备。从现存泰山的历代碑刻铭文可以看出，东汉至唐贞观二十年以前的碑刻铭文，都具有标题、序、铭和赞助者题名四部分，但皆无撰书者署名。如东汉《衡方碑》，其标题（碑额）为"汉故卫尉卿衡府君之碑"，标题之下有序、有铭，铭文之后题"门生平原乐陵朱登字仲康作"。至于谁是撰文人，谁是书丹人，至今无法考定。至唐贞观二十年以后，碑文题署撰书人姓名始成定制，此后各代沿袭不改。其体例一般在碑文标题之下先署撰文人姓名，次署题额人姓名，最后署书丹人姓名。姓名之前冠以官职、品级、爵位及籍贯等，无官职者只冠以籍贯。如果是皇帝亲自撰书，则称"御制御书"，乾隆皇帝则称"御笔"或"御题"。如果撰文、篆额及书丹出自一人之手，则称"×××撰并书篆"。亦有将书丹人连同撰文人衔名署在铭文之后者。如唐《纪泰山铭》摩崖刻石，刻于开元十四年（726 年），标题为《纪泰山铭》，标题之下署"御制御书"四字，再下依次刻序、铭及随从官员衔名。

隋唐时期，佛教石造像兴盛之极。泰山现存的佛教造像，皆为隋唐时期的遗物，著名的有刻于隋开皇十一年（591 年）《张子初等造像记》，1957 年在泰安城长春观遗址出土，时仅存佛像底座，底座四侧面刻造像记 58 行 317 字，今存岱庙碑廊。千佛崖造像，刻在泰山东北麓白虎山崖壁上。南北长 65 米，刻大小佛龛 100 多个，刻佛像 210 余尊，刻造像记 43 条，有纪年的 10 条，大都刻成于唐初。造像者多为皇亲、贵族、官吏、僧侣，其中有唐太宗第三女南平公主和驸马渝国公刘元意等人造像，也有附近平民造像。刻工精湛，今保存完好。

方山证盟龛石佛造像，在泰山西北麓方山之巅，唐初开凿。龛内北壁雕释迦像，高 5 米，结跏趺坐，身着袈裟，体态丰美，形象生动。东西壁各雕菩萨像一尊，佛座前面刻唐大中八年题记。

五、宋元明清时期的泰山石刻

这一时期，各种形式的石刻得以大量保存，内容广泛。从泰山现存石刻资料看，这一时期的石刻有以下几个特点。

题词、题名、题记等石刻，反映了封建社会后期文人墨客的精神面貌。现存泰山的历代题词、题记、题名石刻中，大多数为北宋以后各代的作品。而尤以明清及现在的作品数量最多。

北宋以后各代，俗吏铲毁前代人题词、题记、题名的事屡有发生，而以明代俗吏尤甚。究其原因，一是题词、题名、题记石刻发展至鼎盛时期，凡游泰山者，都想留下自己的墨迹；二是泰山可供题刻的自然石有限，所以只好在已有的石刻上再次刻石。

清代中后期，泰山周边各县百姓来泰山立"香火碑""还愿碑"者大增。清乾隆以后，平民百姓所立"香火碑""还愿碑"多达200余通。这类碑刻，大都立在岱下王母池、红门宫、万仙楼、斗母宫和灵应宫等处，是研究泰山民间宗教活动及民俗学的宝贵资料。

就泰山而言，宋代碑刻铭文近半数为行书，其次为楷书，间或有篆书、草书、瘦金体，但无一例为隶书。这种情况在唐以后各代极为少见。

泰山现存宋代碑刻中铭文为行书的17处，其余为楷书。北宋时期，题诗刻石始兴，极盛于清代。据统计，现存泰山的题诗刻石大都刻于北宋以后各代。北宋时期还出现了多处异常的摩崖石刻形制，即"竖写左读"：刻写仍是自上而下，读取则要"自左而右"。这类石刻自山顶至山麓皆有分布，其中仅白龙池就达12处之多。

六、近现代泰山石刻

民国时期，经济落后，连年战乱，使泰山的石刻处于衰落时期。

1928年日本侵略军占领济南，国民党山东省政府被迫迁驻泰安，改岱庙为中山市场，拆毁环咏亭，历代著名石刻流失100多块，使泰山石刻遭到前所未有的劫难。

1932年春，爱国将领冯玉祥退居泰山普照寺，全国爱国志士纷纷云集泰山，为泰山留下了以抗日救国为内容的各类石刻100余处。如1932年巩西峰"还我山河"题刻，1932年吴迈"洗我国耻"题刻，1932年冯玉祥"你忘了没有，东三省被日本人侵占了去，有硬骨头的人应当去拼命夺回来"等题刻。

抗日战争胜利后，泰安民众于 1946 年 7 月在泰山东北麓向阳岭建立抗日烈士公墓，立烈士墓碑百余通，在泰山万仙楼北约 100 米处建革命烈士纪念碑，纪念新四军首次解放泰安城牺牲的烈士。

新中国成立以来的泰山石刻，以名人题刻及纪念性碑刻居多，比较知名的如：

1950 年 12 月在泰山之阳普照寺南，为山东省参议会范明枢参议长（泰安县徐家园人）立墓志碑。

1952 年在泰山西溪口建冯玉祥墓，郭沫若先生题《冯玉祥先生之墓》，下刻冯玉祥白话诗《我》。

1985 年 5 月，由中央统战部拨款建立《周恩来贺冯玉祥六十寿辰碑》。碑原立泰山普照寺西院，现迁入辛亥滦州起义烈士祠。铭文系周恩来 1941 年为冯玉祥先生六十寿辰撰写的祝寿词。

1988 年 1 月，山东省委、省政府在徂徕山之西马山上，立《徂徕山抗日武装起义纪念碑》。

1989 年 10 月，值新中国成立四十周年之际，由泰安市委、市政府立三杆枪造型的《革命烈士纪念碑》。

1993 年 5 月，泰安市文物局在岱顶平顶峰北沿立《复建秦刻石记碑》。

1994 年 9 月，碧霞祠住持张常明在大殿前东侧，立《重修碧霞祠记碑》。

1997 年 4 月，为庆祝香港回归祖国，泰安市政府在桃花峪南约 3.5 公里路口处建《香港纪念碑》，由著名书法家欧阳中石题词。

1950 年以来，林伯渠、谢觉哉、朱德、程砚秋、郭沫若、舒同、臧克家、刘海粟、聂荣臻、周而复、张爱萍、黎玉、徐向前、赵朴初、萧娴、沙孟海、武中奇、萧华、邓颖超、楚图南、彭真、方毅、泰云柳田伊秀（日本）、杨辛、欧阳中石等相继在泰山留有题名、题记、题诗、题词。另外，还有一批"文化大革命"期间仿刻的毛泽东诗词等。

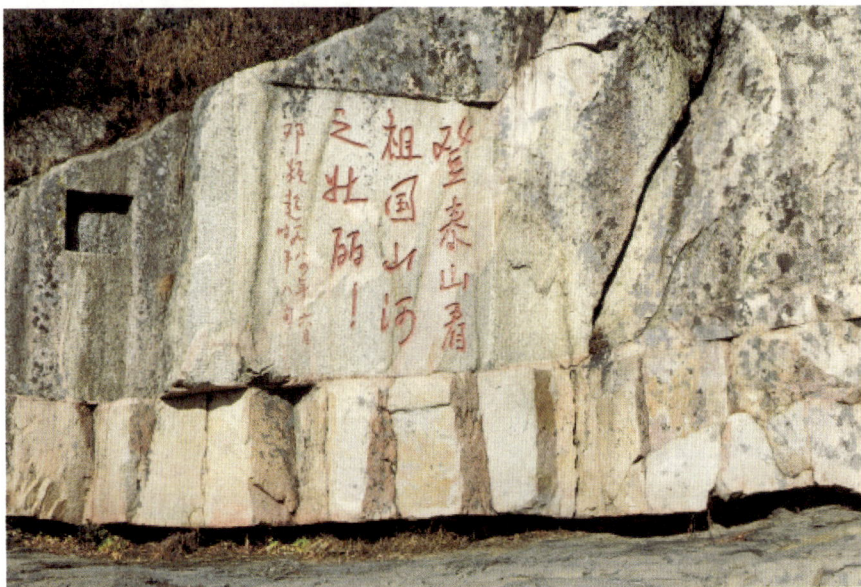

邓颖超题字石刻

聂荣臻题字石刻

改革开放以来，还出现了一些主题性石刻群，如 2000 年在天外村建"天地广场"，立 12 帝王封禅朝拜泰山龙柱 12 根，护栏刻古人吟泰山诗句 42 处，并在广场中心镶嵌由日、火、山组图的大汶口文化陶文"⚘"。再如白马石摩崖石刻园，聚集各类名人题刻 413 处。

第二章　泰山石刻的内容

泰山石刻内容包括封禅祭祀、御制诗文、修建记事、经刻、造像记、名人轶事、墓志铭、诗文、题景咏物、楹联等。

一、封禅祭祀

在两千余年的封建社会中，历代帝王在泰山留下了大量的封禅祭祀碑。这些碑文均出自帝王之手或由重臣撰书，现已成为泰山最珍贵的历史文化遗产之一，也是泰山有别于其他名山，成为五岳之尊的主要原因之一。保存至今的有秦《泰山刻石》，唐《纪泰山铭》，宋《登泰山谢天书述二圣功德铭》《青帝广生帝君赞碑》《封祀坛颂碑》《祥符碑》，明《去东岳封号碑》《洪武祭祀碑》等。

秦《泰山刻石》也称《李斯篆碑》，此碑立于秦始皇二十八年（前219年）。据《史记》载，秦《泰山刻石》全文共36句，3句为韵，12韵，144个字。该刻石宣扬了秦始皇统一天下的功绩，表达了治理国家的决心。秦二世胡亥于公元前209年东巡时，在秦始皇刻石之阴刻其诏书云："皇帝曰：'金石刻尽始皇帝所为也。今袭号而金石刻辞不称始皇帝，其于久远也。如后嗣为之者，不称成功盛德。'丞相臣斯、臣去疾、御史大夫臣德昧死言：'臣请具刻诏书刻石，因明白矣。臣昧死请。'制曰：'可'。"刻石共79字，表彰始皇帝的成功盛德。今存残字10个，为"斯臣去疾昧死臣请矣臣"。该刻石已被列入国家一级文物，立于岱庙东御座院内。

唐《纪泰山铭》 亦称唐摩崖刻石，该碑属于封禅祭祀碑中最有影响的碑铭。开元十四年（726年）九月刻于岱顶大观峰石壁上，为唐玄宗李隆基开元十三年（725年）封禅泰山后，第二年亲自撰书的御碑。《纪泰山铭》共计1008字，叙述了封禅的起因和规模，描述了封禅礼仪的过程，并且赞颂和夸耀了先圣的功绩。然后，明确提出"至诚动天，福我万姓"，"道在观政，名非从欲，铭心绝岩"。这充分反映了唐玄宗盛世时的雄心壮志和施政精神。此摩崖碑为汉以来碑碣之最，是研究唐代政治、历史和书法镌刻艺术的重要资料。

唐记泰山铭摩崖石刻

宋《大宋东岳天齐仁圣帝碑》，又名《祥符碑》，该碑是宋真宗大中祥符四年（1011年）将泰山神由"王"晋封为"帝"之后于大中祥符六年（1013年）六月所立。翰林学士晁迥撰文，尹熙古行书并篆额，碑阳刻文34行，共2319字。碑文叙述了自唐玄宗至宋真宗不断为泰山神追加封号的经过，以及真宗封泰山、谢天书后的重大变化。该碑形制雄伟，气势非凡，现立于岱庙正阳门内西碑台上，与岱庙炳灵门外的《宣和重修泰岳庙碑》东西相对。

明《去东岳封号碑》，立于明洪武三年（1370年）六月，明太祖朱元璋制。现立于岱庙天贶殿院西碑台上。碑载："自唐始加神之封号，历代相因至今。""因神有历代之封号，予起寒微，祥之再三，畏不敢效。盖神与穹同始，灵镇一方，其来不知岁月几何，神之所灵，人莫能测；其职受命于上天后土，为人君者何敢预焉。惧不敢加号，特以'东岳泰山之神'名其名，以时祭神，惟神鉴之。"

还有诸如，三阳观明朝3通皇醮碑、1通摩崖皇醮碑、岱庙山东巡抚朱衡致祭碑等。

二、御制诗文

御制诗文中，比较有代表性的当属清康熙帝与乾隆帝的。

康熙《登岳诗》，康熙皇帝东巡第一次来泰山是在康熙二十三年（1684年）九月。康熙祭泰山神仪式比较简单，只仿照传说中帝舜的"柴""望"之礼。康熙在岱顶抚摸无字碑挥毫赋诗："岩岩岱岳高无极，攀陟遥登最上头。路转天门青霭合，峰回日观白云浮……欲与臣邻崇实政，金泥玉检不须留。"康熙帝对百官说："朕向来崇尚时政，古人重金泥玉检，徒劳民力,实无意义,故此行只为巡查社会利病,省观民隐,体念黎民疾苦,问俗观风，以资勤求治理，决不效前人铭功纪德，告成于天也。"康熙帝随乘兴御题"普照乾坤"四字，并谕旨在"孔子小天下处"建亭悬额；复书"云峰"二字，令于极顶处勒崖。如今这潇洒雄劲的御书大字仍完好地保存在大观峰上。

乾隆《咏朝阳洞》，乾隆皇帝到泰安的次数，在历代帝王中首屈一指。前后共 11 次，其中 6 次登上山顶，共留下颂岱诗 84 题，132 首。现存的摩崖与碑刻就有几十余处。在康熙帝题"云峰"刻石下面是乾隆皇帝的"夜宿岱顶作"摩崖石刻。其《咏朝阳洞》摩勒在朝阳洞东北高耸的绝壁上，高 20 米，宽约 9 米，共 60 字，字大近 1 米见方曰："迥峦抱深凹，曦光每独受。所以朝阳名，名山率常有。是处辟云关，坦区得数亩。结构寄幽偏，潇洒开窗牖。历险欣就夷，稍憩复进走。即景悟为学，无穷戒株守。"一方面描写朝阳洞高旷幽静，坦区建屋，是赏景的好地方；同时又指出不能株守一地，仍须努力上达，更好的风光还在前头。

三、修建纪事

这类碑刻为碑碣，比较著名的有《大唐齐州神宝寺之碣》《大宋天贶殿碑》《宣和碑》《大金重修东岳庙之碑》《大定重修宣圣庙记碑》《天门铭》摩崖石刻及明《重建七佛神通寺碑》，清《重修岱庙碑》《重修碧霞元君庙记碑》《普照寺重修碑》等，是研究泰山古代建筑和寺庙建置沿革的实物资料。

《大唐齐州神宝寺之碣》，刻于唐开元二十四年（736 年）。碑文隶书阴刻 35 行，计 1786 字。碑额篆书阴刻"大唐齐州神宝寺之碣"，此碑原在灵岩寺方山之北神宝寺遗址，1965 年移岱庙陈列。

《宣和重修泰岳庙记》，又称《宣和碑》，立于宋宣和六年（1124 年）

三月。碑高 9.25 米，宽 2.1 米，龟趺螭首。龟座高 1.85 米，宽 3 米，长 5 米，重 4 万余斤，为岱庙诸碑之冠。碑阳刻文 26 行，满行 74 字。额阴刻"宣和重修泰岳庙记"2 行 8 字。翰林学士宇文粹中撰文，张渎书并篆额。碑文主要叙述宋徽宗建中靖国元年（1101 年）登基至宣和四年（1122 年）二十一年间陆续重修岱庙的情况："凡为殿、寝、堂、阁、门、亭、库、馆、楼、观、廊、庑，合八百一十有三楹，财不取于赋，调役不假于追呼。"又谓"皇帝陛下临御以来，夙宵之念，无一不在于民者。发号出令，以诚以告；颁恩施惠，以生以育；设官择人，以长以治；制法垂宪，以道以翼，以训以齐。政成化孚，中外宁谧。于是国有暇日，以修典礼；民有余力，以事神祇"。此碑现立于岱庙炳灵门外北侧。

《大金重修东岳庙之碑》，立于金大定二十二年（1182 年）。碑高 6.37 米，宽 1.85 米，龟趺圆首。碑阳刻文 27 行，计 1050 字，皆正书。额篆书阴刻"大金重修东岳庙之碑"3 行 9 字。礼部侍郎杨伯仁撰文，礼部员外郎黄久约撰书，大学士党怀英篆额。该碑文内容记金世宗重修岱庙之事："大定十八年，岁在戊戌春，岳庙灾，虽门墙俨若，而堂室荡然。"第二年开始兴建，三年告成："凡殿、寝、门、闼、亭、观、廊、庑、斋、库，虽仍旧制，加壮丽焉。诏谓'格神之道，所贵致洁'。其当阳之像毋用漆塑，以涿郡白玉石为之。"碑文不仅叙述了修建的原因，而且还记载了大殿中的泰山神像更换成玉雕像之事，是研究岱庙的兴废及历史沿革的宝贵资料。该碑现立于岱庙天贶殿院东碑台上。

四、刻经、经幢、造像记

这类石刻比较著名的刻经有泰山《经石峪摩崖刻经》，灵岩寺《圆通经碑》《五岳真形图碑》《常清静经碑》等；经幢有《幽西寺陀罗尼经幢》《总持经幢》等；造像记有《王盖周造像记》《张子初等造像记》《岱岳观造像记碑》等。这些石刻是研究泰山宗教、历史、石刻资料和书法艺术的宝贵资料。

《经石峪摩崖刻经》，刻于斗母宫东北深谷山涧中巨大的石坪上，因名"经石峪"，是我国现存规模最大的佛教摩崖刻石之一。据考证，刻于北齐。经文刻于面积约 2064 平方米的石坪上，自东而西刻《佛说金刚般若波罗蜜经》44 行，每行字数多者 125 字，少者 10 字不等，共刻 2799 字，字径 50 厘米。按佛家之言，金刚是金中之刚，般若是智能，波罗蜜是彼岸和无极之意。经文内容主要是教育佛徒，用智能断除烦恼，便能到达彼岸的极乐世界。该摩崖刻石由于风雨剥蚀，山洪冲击，加之

经石峪《金刚经》石刻

游人践踏椎拓无度，还有采石人为破坏等因素，现仅存经文 41 行，1069字。在斗母宫东北方中溪支流的一片大石坪上，镌刻着 1400 多年前摩勒的《金刚般若波罗蜜经》的部分经文，字径 50 厘米，原有 2500 多字，现尚存 1067 个。大字遒劲古拙，篆隶兼备，被尊为"大字鼻祖""榜书之宗"，是泰山佛教文化的瑰宝。清人冯云鹏在《金石索》中盛赞："如印泥画沙，草情篆韵，无所不备。"

陈列在岱庙博物馆的仿《金刚经》石刻

《张子初等造像记》，刻于隋开皇十一年（591 年）三月，为像主张子初等所造观音菩萨像之底座。造像记原文称："大隋开皇十一年岁次丁亥三月癸未朔十九日辛丑，观音菩萨主张子初共义人等，同修大观音菩萨一躯。以此善因，上愿皇帝陛下祚延无穷，化等金轮皇帝；又愿父母师僧法界含识邑义人等，生生世世常口净土，善愿从心。"此石 1957

年在长春观旧址（即原泰安市政府院内）出土，是泰山现存唯一的隋代刻石。现陈列于岱庙。

五、名人事迹

名人石刻比较著名的有《衡方碑》《重开山记碑》《张迁碑》《息庵让公禅师道行碑》《辛亥滦州起义烈士祠记碑》《郭松龄将军被难记碑》等。

《息庵让公禅师道行碑》，现立在灵岩寺墓塔林中间。立于元代至正元年（1341 年）。息庵禅师除任少林寺第 15 代住持外，还曾任泰山灵岩寺第 39 代住持。他圆寂后，其弟子由少林寺分灵骨建塔于灵岩寺。碑文中称颂息庵禅师："幼而至于壮，壮而至于老，皆道丰时盛而遂得其志，以至嫡嗣古岩大和尚，而天下禅老谁能出其左右乎！"由此可见，邵元对息庵非常敬佩，友谊极为深厚。邵元和息庵之间的友谊是中日佛教界及两国人民友好交往的象征。郭沫若曾为此碑题诗曰："息庵碑是邵元文，求法来唐不让仁。愿作典型千万代，相识相学倍相亲。"

《重开山记碑》，刻于明正德十六年（1521 年）九月，现立于普照寺院内。全称《泰安州普照禅寺重开山第一代云公满空禅师塔碑铭记》。碑文较详细地介绍了高丽僧满空和尚航海来中国，而后在泰山重修竹林寺、普照寺等情况。碑文载：永乐间，高丽僧云公满空禅师等数僧，航海而来，达于京师。钦奉圣旨，敕赐袈裟及送光禄寺筵宴，遣官送赴南京天界寺住坐。禅师因登泰山访古刹，始建竹林寺一所，殿宇圣像俱以完成。复睹普照禅刹颓零既久，乏人兴作。禅师遂驻锡禁足二十余载，以无为之化，俾四方宰官、长者捐资舍贿，鼎建佛殿、山门、僧堂。伽蓝焕然一新，宇内庄严。天顺七年（1463 年）闰七月二日满空和尚圆寂，他的创业精神及高尚的道德品质，不仅使他的弟子僧徒倍加崇敬，而且宰臣名宦无不以师礼待之。

泰山书院《五贤事绩碑》，三阳观《赞炼师满贵祥碑》，《奉直大夫知泰安县事章老爷奉德政碑》，《泰安州儒学王珧德政碑》，《乾隆十二年胡恩福德政碑》等此类碑刻也不少见。

六、墓志铭及墓碑

墓志铭主要是放在墓中刻有官宦僧道等生平事迹的石刻，也指墓志上的文字。著名的有《羊祉墓志铭》《羊祉夫人崔氏墓志铭》等。

七、颂岱诗文

泰山各景点都有歌颂泰山和风景名胜的题刻，以诗为最多，其次是颂文题句。著名的诗刻有唐代大诗人杜甫的《望岳》，北宋文学家苏轼的《黄茅岗》，其弟苏辙的《题灵岩寺》，明代文学家于慎行的《登岱六首》，诗人崔应麒的《题晒经石水帘》。近现代有任克溥的《岱宗颂》，郭沫若的《登岱六首》等。颂文有泰安知府朱孝纯撰书的《泰山赞碑》，陈昌言《汉柏图赞碑》，袁家普题《高瞻远瞩》等。这些名人佳作，与山川竞美争辉。

《望岳》诗碑，清乾隆四十九年（1784年）泰安知县何人麟草书："岱宗夫如何？齐鲁青未了。造化钟神秀，阴阳割昏晓。荡胸生层云，决眦入归鸟。会当凌绝顶，一览众山小。"这首五言古诗是《杜甫诗集》中最早的作品，着意描写泰山的雄伟和灵奇秀美。书写如行云流水，潇洒自如。杜甫《望岳》诗碑现存岱庙东碑廊内。

　　《泰山绝顶对酒》诗，于慎行于万历二十年（1592 年）四月和次年六月两次登岱，留诗六首。诗碑均在凌汉峰前三阳观旧址，其中《泰山绝顶对酒》构思新颖，楷书规整庄雅："茫茫今古事，欲问岱君灵。汉柏虚称观，秦松枉勒名。此生游已倦，何地酒能醒。杖底千峰色，依然未了青。"其诗用对比衬托的手法称颂泰山的无限风光，并借酒反映作者悲观厌世的情绪和对现实的态度。

　　道光己亥年徐宗干《趵突泉诗》，张养浩《诗趵突泉》，万历辛巳朱维京《东流泉诗》，康熙辛亥杨世元题《洪范池诗》，明嘉靖己巳首月郑芸《华阳登眺诗》等均属此类。

岱顶杜甫诗石刻

八、颂岱题词、题景咏物

颂岱题词、题景咏物石刻自山麓至岱顶，自岱阳至岱阴，道旁崖壁，谷壑峰峦，处处皆是。

1. 颂岱题词

自山麓至岱顶，知名的有："孔子登临处"，戴玺于明嘉靖四十四年（1565 年）行书"登高必自"。

红门宫建筑群的石碑与石刻

红门宫登上起点处"孔子登临处"

岱顶"孔登岩"

万仙楼之北，济南名士刘廷桂于光绪二十五年（1899 年）隶书"洞天福地"及正书之谜"虫二"。

登山路途"风月无边"石刻

陈列岱庙博物馆的仿制石刻"风月无边"

　　经石峪，陈纪勋于咸丰七年（1857 年）正书"梵呗清音"。

　　快活三里之北，月牙亭故址周围有"云路先声""从善如登""若登天然"。

　　酌泉亭内，段友兰于清光绪三十年（1904 年）真书"断崖瀑落晴天雨，一线路入青冥端"。

　　云步桥，周庆熊于光绪二十二年（1896 年）题"涤虑"。

"云步桥"及其上方"月色泉声"

云步桥旁石亭

百丈崖上，方攸绩于明万历五年（1577年）真书"月色泉声。"文煜于清咸丰十年（1860年）楷书"河山元脉"，杨道专于1928年隶书"云桥飞瀑"。

云步桥南谷西崖，增瑞于光绪四年（1878年）行书"水流云在"，袁克文及丁其璋于1914年分别隶书"寒去""气象岩岩"。

五松亭及朝阳洞一带。山东按察使吴丈华于明隆庆五年（1571年）书"发育万物，峻极于天"，山东巡抚法敏于乾隆四年（1739年）楷书"维天东柱"，宋思仁于乾隆五十三年（1788年）行书"空翠凝云"，孔庆镕于嘉庆十九年（1814年）正书"群峰拱岱"，升福于咸丰六年（1856年）行书"栏环翠秀"，裕德于光绪十五年（1889年）正书"抚松盘桓"。

对松山一带，伊介夫于明嘉靖四十二年（1563年）楷书大字"至此又奇，风涛云壑"，楚图南于1984年隶书"千山闻鸟语，万壑走松风"。

升仙坊，姜学海题书"仰不愧于天，俯不怍于人"。

十八盘两侧，有"天门长啸""天门云梯""天地交泰""共登青云梯""天门石辟""云路千盘"等。

春天的天街

天街摩崖石刻"五岳之尊"

岱顶大观峰西侧，韩世能于明万历十年（1582年）楷书"天地同攸"，巡抚都察院李树德于康熙五十六年（1717年）楷书"置身霄汉"，徐世光于光绪三十二年（1906年）行书"岩岩"等。

唐摩崖石刻旁"云峰""置身霄汉""天地同攸"石刻

"仰观俯察""登高壮观天地间"等石刻

岱顶，山东巡抚王国昌于康熙三十八年（1699 年）正书"雄峙天东"，宝清于清道光二十一年（1841 年）隶书"拔地通天"泰安知县玉构于光绪三十三年（1907 年）正书"五岳独尊"，辛耀文于光绪三十四年（1908 年）正书"昂头天外"等。拱北石处"傲视东海"等。

作者在"五岳独尊、昂头天外"石刻前留影

拱北石处"雄峙东海"石刻

　　岱顶当代名人的题刻，陈毅行书"泰岳高耸万山从"，徐向前正书"登高壮观天地间"，邓颖超行书"登泰山看祖国山河之壮丽"，彭真行书"山高望远"，方毅行书"雄峙东海"，臧克家行书"与天地永大"，刘海粟草书"云海"等。

彭真题字"山高望远"

"凤凰山""气通帝座"石刻

"低云近日"石刻

天街旁"万代瞻仰"牌坊

2. 题景咏物

岱麓至后石坞知名的有：

岱阳王母池，西王母之醴泉"王母泉"，小虬被吕祖点化成龙后的龙窝"虬仙洞"，冯玉祥所开凿的"朝阳泉"。

五贤祠，巨石如卧象的"卧象石"，北宋泰山书院传授儒家经典的一处"讲经台"，象征孙复先生如磐石不屈的品格。"景贤石"，象征学者石介师事于先生而常恭伺侍立左右的"侍立石"。

普照寺周围，"云门""品大夫一""大众泉""石堂"等。

红门北，形似泰山主峰的巨石"小泰山"，暗流叮咚的"听泉"，巨石似罗汉的"罗汉崖"，三柏并立喻为桃园三结义的"三义柏"，河道中巨石上的"中流砥柱"。

斗母宫北，传为唐僧晒经的"曝经石"，危崖飞瀑的"水帘洞"。

登仙桥前后，怪石突兀刺空的"万笏朝天"。登仙桥北东侧，吴维岳书"歇马崖"。云步桥之北崖上，"红桥飞瀑""霖雨苍生""河山元脉""太古清音"。云步桥之上，秦始皇所封"秦松"。朝阳洞北，明代涂泽民题"独立大夫"，方元焕题"处士松"。

十八盘始，清道光魏祥狂草"龙门"，两侧"天门长啸""层崖空谷""天门云梯""如登天际"。紧十八盘东有"飞龙岩"，西有"翔凤岭"。

岱顶，"天街""西阙""凤凰山""云海""象鼻峰""白云洞""鲁班洞""仙人桥""瞻鲁台""拱北石""丈人峰"。

傲立山峰之"御霜"石刻

"云海"石刻

"海日奇观"石刻

"国泰民安"石刻

岱阴后石坞，"北天门""松籁云壑""玉女修真处""后石坞""天空山""丛翠""石坞云间""双凤岭"。

岱西，"天外村""黑龙潭""白龙池""东西科学山""玉皇洞""仙人掌""科学山""岳峙渊渟"。

天街石刻"海岱继目"

位于桃花源彩石溪里的"彩石溪"石刻

陈列岱庙博物馆的《天下奇观》《峻极》仿石

岱庙博物馆的刻石（仿）

九、楹联

泰山楹联石刻主要分布在泰山景区内的石坊、石亭、庙宇及门洞等。这些楹联的内容主要是描述景区的风景，歌颂人物的功德，劝学劝善等。现存知名的坊联有岱庙坊、玉皇阁、天阶坊、红门宫等。亭联有普照寺筛月亭、五贤祠洗心亭、黑龙潭西溪石亭、经石峪高山流水亭、云步桥酌泉亭等。

一天门

中天门

南天门

十、其他

　　除以上介绍的九类泰山石刻之外，还有些石刻记述了与泰山有关或无关的内容。这些石刻同样为泰山增色添彩。《禁止舍身碑》刻于清康熙五十九年（1720 年）。为泰安州事张奇逢撰文，王诗丹书。《泰山种柏道里记碑》立于清嘉庆二年（1797 年）碑文详细记载了从岱宗坊至升仙坊沿路种柏树株数。《冯玉祥誓师碑》刻于 1929 年 4 月。为冯玉祥 1927 年誓师出潼关时亲自撰书，并拓发西北各县，一律刻石诸通衢。

　　还有几类石刻，使石刻的内容绚丽多彩，如界石、契约（地契碑）、禁石、如光绪二十三年知县所立《禁止砍伐林木碑》、符石如红门小泰山处、图像石如岱庙汉柏院"汉柏图"、谱碑如大汶口上泉村《郑氏谱碑》。

第六篇

泰山颂诗名句浅析

　　因为泰山的雄伟壮丽，历代名人佳士，跟随着皇帝封禅的脚步和踪迹，寻觅泰山的神秘，感悟泰山。多位著名的诗人来泰山留下了千古绝句，至今脍炙人口，流传颂吟，同时在历史巨著的传承中，也不乏有关泰山的名句和成语，为泰山文化升华了一层神秘的韵梦意境。

第一章　泰山诗简析

邱陵歌

孔子

凳彼邱陵，列屹其阪。

仁道在迩，求之若远。

遂迷不复，自婴屯蹇。

喟然回顾，题彼泰山。

郁确其高，梁甫回连。

枳棘充路，陟之无缘。

将伐无柯，患滋蔓延。

惟以永叹，涕落潺湲。

孔子（公元前551—公元前479），名丘，字仲尼，祖籍宋国栗邑（今河南省商丘市夏邑县），生于春秋时期鲁国陬邑（今山东省曲阜市）。中国著名的思想家、教育家、政治家，被后世统治者尊为孔圣人、至圣、至圣先师、大成至圣文宣王先师、万世师表。与弟子周游列国十四年，晚年修订六经，即《诗》《书》《礼》《乐》《易》《春秋》。相传孔弟子三千，贤人七十二。孔子去世后，其弟子及其再传弟子把孔子及其所有弟子的言行思想整理编成儒家经典《论语》。其儒家思想对中国和世界都有深远的影响，孔子被列为"世界十大文化名人"之首。孔子被尊为儒家始祖。

鲁哀公十一年（公元前484年），遣使以重金迎孔子自卫返鲁。其时孔子在各地奔走漂泊十四年，阅历更加深广，政治经验更加成熟。孔子感已是六十八高龄，在进退维艰的处境中很难有大的政治作为，归国心情十分复杂。因而当他路经泰山，登高远望时，感慨万千，遂作《邱陵歌》以抒怀。此诗历代皆传为孔子所作。如是，则为孔子第一首专门吟咏泰山的诗歌，也是他继《龟山操》之后第二首有关泰山的诗。它开创了咏山水以抒情言志的先例。诗中运用以"山道"喻"仁道"的比兴手法，形象寓意十分恰切。

四愁诗

张衡（东汉）

我所思兮在太山。

欲往从之梁父艰，侧身东望涕沾翰。

美人赠我金错刀，何以报之英琼瑶。

路远莫致倚逍遥，何为怀忧心烦劳。

张衡（78年－139年），字平子，汉族，南阳西鄂（今河南南阳市石桥镇）人，我国东汉时期的天文学家、数学家、发明家、地理学家、制图学家、文学家，在汉朝官至尚书，《四愁诗》为伤时之作，先嵌在泰安岱庙汉柏院的碑墙上。

飞龙篇·晨游泰山，云雾窈窕，忽逢二童

曹植（三国）

晨游泰山。云雾窈窕。
忽逢二童。颜色鲜好。
乘彼白鹿。手翳芝草。
我知真人。长跪问道。
西登玉台。金楼复道。
授我仙药。神皇所造。
教我服食。还精补脑。
寿同金石。永世难老。

泰山梁甫行

曹植（三国）

八方各异气。千里殊风雨。
剧哉边海民。寄身于草墅。
妻子象禽兽。行止依林阻。
柴门何萧条。狐兔翔我宇。

　　曹植（192年—232年），字子建，沛国谯（今安徽省亳州市）人，是曹操与武宣卞皇后所生第三子。三国时期曹魏著名文学家，建安文学的代表人物。其代表作有《洛神赋》《白马篇》《七哀诗》等。后人因其文学上的造诣而将他与曹操、曹丕合称为"三曹"。其诗以笔力雄健和词采画眉见长，留有集三十卷，已佚，今存《曹子建集》为宋人所编。南朝宋文学家谢灵运有"天下才有一石，曹子建独占八斗"的评价。

泰山咏

谢道韫（晋）

峨峨东岳高，秀极冲苍天。
峨峨东岳高，秀极冲青天。
岩中间虚宇，寂寞幽以玄。
非工复非匠，云构发自然。
器象尔何物？遂令我屡迁。
逝将宅斯宇，可以尽天年。

　　谢道韫，字令姜，陈郡阳夏（今河南太康县）人。东晋女诗人。谢安之侄女，安西将军谢奕之女，王羲之之子王凝之之妻。晋安帝隆安三年（公元399年），孙恩率农民起义军攻破会稽，凝之被杀，她寡居以终，颇有文才，所著诗、赋、诔、讼，流传于世。原有集二卷，已佚，今仅存《登山》（又名《泰山吟》）、《拟嵇中散咏松》诗二首。该诗不仅仅是对泰山的赞美，尤其对神秘岩洞的叹赏使作者浮想联翩，最后竟表示要与此山相守终老，表现了一种沉醉大自然怀抱之中，忘记俗世纷争的愿望。

泰山吟

陆机（晋）

泰山一何高。迢迢造天庭。
峻极周已远。曾云郁冥冥。
梁甫亦有馆。蒿里亦有亭。
幽涂延万鬼。神房集百灵。
长吟太山侧。慷慨激楚声。

陆机（261年－303年），字士衡，吴郡吴县（今江苏苏州）人，西晋文学家、书法家，孙吴丞相陆逊之孙、大司马陆抗之子，与其弟陆云合称"二陆"。孙吴灭后出仕晋朝司马政权，曾历任平原内史，世称"陆平原"。后死于"八王之乱"。他"少有奇才，文章冠世"，与弟陆云俱为中国西晋时期著名文学家，被誉为"太康之英"。

泰山吟
谢灵运（南北朝）

岱宗秀维岳。崔崒刺云天。
岞崿既崄巘。触石辄芊绵。
登封瘗崇坛。降禅藏肃然。
石闾何晻蔼。明堂秘灵篇。

谢灵运（385年－433年），东晋陈郡阳夏（今河南太康）人，东晋名将谢玄之孙，小名"客"，人称谢客。又以袭封康乐公，称谢康公。著名山水诗人，中国文学史上山水诗派的开创者。最著名的是《山居赋》，还兼通史学，工于书法，翻译佛经，曾奉诏撰《晋书》。《隋书·经籍志》《晋书》录有《谢灵运集》等。

登封喜雪
唐玄宗

日观卜先征，时巡顺物情。
风行未备礼，云密遽飘英。
委树寒花开，萦空落絮空。
朝如玉已会，庭似月犹明。
既睹肤先合，还欣尺有盈。
登封何以报，因此谢成功。

　　唐玄宗于开元十三年东封泰山，到达泰山时正值冬季，有雪，故写了一首五言古诗，以表达此时的心情。这首诗主要写了雪景，从"云密"到"飘英"；从"肤先合"到"尺有盈"，写的景色如画，美妙动人，最后归结到雪是丰年的征兆，同时也是自己封泰山的结果。

岳望

杜甫（唐）

岱宗夫如何，齐鲁青未了。

造化钟神秀，阴阳割昏晓。

荡胸生层云，决眦入归鸟。

会当凌绝顶，一览众山小。

　　杜甫（712年—770年），字子美，自号少陵野老。汉族，祖籍襄阳，河南巩县（今河南省巩义市）人。唐代现实主义诗人，与李白合称"李杜"。杜甫因其在古典诗歌中的影响，被后人称为"诗圣"，他的诗被称为"诗史"。后世称其杜拾遗、杜工部，也称他杜少陵、杜草堂。

　　唐玄宗开元二十三年（735年），杜甫至洛阳应进士，结果落第而归，开元二十四年（736年），二十四岁的诗人开始北游齐、赵（今山东、河南、河北等地），这首《望岳》就是在漫游途中所作。充满了诗人青年时代的浪漫与激情。全诗没有一个"望"字，却紧紧围绕诗题"望岳"的"望"字着笔，由远望到近望，再到凝望，最后是俯望。诗人描写了泰山雄伟磅礴的气象，热情赞美了泰山高大巍峨的气势和神奇秀丽的景色，抒发了自己勇于攀登，傲视一切的雄心壮志，洋溢着蓬勃向上的朝气。

泰山石

李德裕（唐）

鸡鸣日观望，远与扶桑树。

沧海似镕金，众山如点黛。

遥知碧峰首，独立烟岚内。

此石依五松，苍苍几千载。

李德裕（787 年—850 年），字文饶，小字台郎，赵郡赞皇（今河北省赞皇县）人。唐代杰出的政治家、文学家、战略家，中书侍郎李吉甫次子。以门荫入仕，起家校书郎，迁监察御史，转翰林学士、中书舍人。经历宪宗、穆宗、敬宗、文宗四朝。唐武宗即位，入朝为相，执政五年。因功绩显赫，拜为太尉，封为赵国公。唐武宗与李德裕的君臣相知，成为晚唐绝唱。唐宣宗继位后，忌惮位高权重，五贬为崖州司户。大中三年十二月（850 年），病逝于崖州，享年六十四岁。唐懿宗即位，追复官爵，加赠尚书左仆射。《泰山石》描绘的应该是"丈人峰"，泰山日出耀峰石，通过对松石的描绘，体现了作者与众不同的独立人格，表达内心世界及对社会的憧憬。

王母池二首

吕洞宾（唐）

昔日曾游此，如今九十春。

红尘多少客，谁是识予人？

昔年题字识曾来，事满华夷遍九垓。

无赖蛟虬识我字，故留踪迹不沉埋。

再书王母池

吕洞宾（唐）

昔年留字识曾来，
事满华夷遍九垓。
无赖蚊虬知我字。

吕洞宾，号纯阳子，京兆人，自称回道人，人称吕祖，为八仙之一。泰山王母池东有吕祖洞，可容十余人，传为吕祖炼丹处，内有吕祖石像。洞上为飞虬岭。宋焘《泰山纪事》载："昔吕公题诗石壁，有虬常对诗顶礼。一夕，吕公复至，挥笔点其额，遂画龙飞去，因名飞虬岭。"《岱史》"吕公于绍圣．政和年间，题诗两首于王母池，即此。其遗刻在今府署南关帝庙壁。"

题灵岩寺泉池

李白（唐）

客来花雨际，秋水落金池。
片石含清锦，疏松挂绿丝。
高僧拂玉柄，童子献双梨。
惜去爱佳景，烟萝欲暝时。

游泰山

李白（唐）

（一）

四月上泰山，石屏御道开。
六龙过万壑，涧谷随萦回。

马迹绕碧峰，于今满青苔。

飞流洒绝巘，水急松声哀。

北眺崿嶂奇，倾崖向东摧。

洞门闭石扇，地底兴云雷。

登高望蓬瀛，想象金银台。

天门一长啸，万里清风来。

玉女四五人，飘摇下九垓。

含笑引素手，遗我流霞杯。

稽首再拜之，自愧非仙才。

旷然小宇宙，弃世何悠哉。

（二）

清晓骑白鹿，直上天门山。

山际逢羽人，方瞳好容颜。

扪萝欲就语，却掩青云关。

遗我鸟迹书，飘然落岩间。

其字乃上古，读之了不闲。

感此三叹息，从师方未还。

（三）

平明登日观，举手开云关。

精神四飞扬，如出天地间。

黄河从西来，窈窕入远山。

凭崖览八极，目尽长空闲。

偶然值青童，绿发双云鬟。

笑我晚学仙，蹉跎凋朱颜。

踌躇忽不见，浩荡难追攀。

（四）

清斋三千日，裂素写道经，

吟诵有所得，众神卫我形。

云行信长风，飒若羽翼生。

攀崖上日观，伏槛窥东溟。

海色动远山，天鸡已先鸣。

银台出倒景，白浪翻长鲸。

安得不死药，高飞向蓬瀛。

（五）

日观东北倾，两崖夹双石。

海水落眼前，天光遥空碧。

千峰争攒聚，万壑绝凌历。

缅彼鹤上仙，去无云中迹。

长松入云汉，远望不盈尺。

山花异人间，五月雪中白。

终当遇安期，于此炼玉液。

（六）

朝饮王母池，暝投天门关。

独抱绿绮琴，夜行青山间。

山明月露白，夜静松风歇。

仙人游碧峰，处处笙歌发。

寂静娱清晖，玉真连翠微。

想象鸾凤舞，飘摇龙虎衣。

扪天摘匏瓜，恍惚不忆归。

举手弄清浅，误攀织女机。

明晨坐相失，但见五云飞。

李白（701年—762年），字太白，号青莲居士，又号"谪仙人"。是唐代浪漫主义诗人，被后人誉为"诗仙"。与杜甫并称为"李杜"，为了与另两位诗人李商隐与杜牧即"小李杜"区别，杜甫与李白又合称"大李杜"。其人爽朗大方，爱饮酒作诗，喜交友。李白的诗常将想象、夸张、比喻、拟人等手法综合运用，从而造成神奇异彩、瑰丽动人的意境，这就是李白的浪漫主义诗作给人以豪迈奔放、飘逸若仙的原因所在。他讴歌祖国山河与美丽的自然风光，风格雄奇奔放，俊逸清新，富有浪漫主义精神，达到了内容与艺术的完美统一。李白的诗具有"笔落惊风雨，诗成泣鬼神"的艺术魅力，这也是他的诗歌中最鲜明的艺术特色。富于自我表现的主观抒情色彩十分浓烈，感情的表达具有一种排山倒海、一泻千里的气势。

送范山人归泰山
李白

鲁客抱白鹤，别余往泰山。

初行若片云，杳在青崖间。

高高至天门，日观近可攀。

云山望不及，此去何时还。

这首五言古诗，载于《全唐诗》的第176卷。此诗在色彩的点染上颇具匠心。从诗人依依不舍的目送中，直到"云生望不及"，表达出李白对范山人的一片深情，亦寄予出李白对求仙学道的向往之情。

游泰山四首·灵岩寺

苏辙（宋）

青山何重重，行尽土囊底。
岩高日气薄，秀色如新洗。
入门尘虑虑，盥漱得清泚。
高堂见真人，不觉首自稽。
祖师古禅伯，荆棘昔亲启。
人迹尚萧条，豺狼夜相抵。
白鹤导清泉，甘芳胜醇醴。
声鸣青龙口，光照白石陛。
尚可满畦胜，岂惟濯蔬米。
居僧三百人，饮食安四体。
一念但清凉，四方尽兄弟。
何言庇华屋，食苦当如荠。

苏辙（1039年—1112年），汉族，眉州眉山（今属四川）人。字子由，北宋散文家，自号颍滨遗老。嘉祐二年（1057年）与其兄苏轼同登进士科。神宗朝，为制置三司条例司属官。因反对王安石变法，出为河南推官。哲宗时，召为秘书省校书郎。元祐元年为右司谏，历官御史中丞、尚书右丞、门下侍郎因事忤哲宗及元丰诸臣，出知汝州，贬筠州、再谪雷州安置，移循州。徽宗立，徙永州、岳州复太中大夫，又降居许州，致仕。唐宋八大家之一，与父洵、兄轼齐名，合称三苏。

送杨杰

苏轼（宋）

天门夜上宾出日，
万里红波半天赤。
归来平地看跳丸，
一点黄金铸秋桔。

苏轼（1037—1101 年），字子瞻、和仲，号铁冠道人、东坡居士，世称苏东坡、苏仙，汉族，眉州眉山（今四川省眉山市）人，北宋著名文学家、书法家、美食家、画家，历史治水名人。苏轼是北宋中期文坛领袖，在诗、词、散文、书、画等方面取得很高成就。与黄庭坚并称"苏黄"；词开豪放一派，与辛弃疾同是豪放派代表，并称"苏辛"；散文著述宏富，豪放自如，与欧阳修并称"欧苏"，为"唐宋八大家"之一。苏轼善书，"宋四家"之一；擅长文人画，尤擅墨竹、怪石、枯木等。作品有《东坡七集》《东坡易传》《东坡乐府》《潇湘竹石图卷》《枯木怪石图卷》等。本诗载《泰山县志》专写泰山日出的。杨杰生平不详。

登岳

李简（元）

三峰突兀与天齐，天门未到劳攀跻。
层层石磴出林杪，萦回百折青云梯。
盘石暂憩舒清眺，涧壑风来号万窍。
水声俄在树梢头，疑有于菟天外啸。

向晓才登日观峰，手披云雾开鸿濛。

火轮欲上海波赤，金霞翻动苍龙宫。

黄河一线几千里，吴越山川真地底。

为数齐州九点青，更将伏槛窥东溟。

李白不遇安期生，安得羽翼飞蓬瀛。

李简，饶州鄱阳人，号南溪。为丞相赵汝愚延于家塾，以为诸子师。当汝愚盛时，绝无自衒之言；及汝愚去国，慷慨怨愤，往往发于诗文，时称同其忧患而不同其富贵，可谓特立独行之人。诗作《登岳》描绘了泰山的雄伟壮丽，日出时泰山秀丽的景色，在泰山顶遥望周边景色，以及一览天下小的心境。

登泰山

贾鲁（元）

四月上泰山，石屏御道开。

万古齐州烟九点，五更沧海日三竿。

天门一长啸，万里清风来。

天门倒泻银河水，日观翻悬碧海流。

泰山天壤间，屹如郁萧台。

手摩红日登三观，袖佛黄埃看九州。

山光空蒙不可写，正要云气相萦纡。

清亭忝民牧，倏尔两月余。

恳侧理辞讼，仓皇行简书。

盘石暂憩舒清眺，洞壑风来号万窍。

流水来天洞，人间一脉通。

灵岩突兀方山曲，古殿般舟枕岩腹。

浮生梦觉黄梁熟，何得驱妪重名禄。

峨峨东岳高，秀极冲青天。

兜罗天近云烟湿，婆律风清草木香。

洞天府地三千里，神府仙间第一家。

岱宗天下秀，霖雨遍人间。

岱宗何崔嵬，群山无与比。

朝钦王母池，暝投天门关。

碧嶂排空千仞矗，清泉漱颊十分甘。

　　贾鲁（1297 年—1353 年），字友恒，元代高平（今属山西晋城）人，是元代著名河防大臣、水利学家。1343 年诏修辽、金、宋三史，召贾鲁为宋史局官。历任东平路儒学教授、户部主事、中书省检校官、行都水监。1351 年，贾鲁被任命为工部尚书、总治河防使，进序二品，授以银章。

登泰山（有引）

王蒙（元）

飞仙挟我游天门，足蹑万壑云雷奔。

凌虚直上数千尺，适见混沌分乾坤。

巨鳌左折蓬莱股，鲸波东注榑桑根。

地高俯瞰沧海日，天近仰叩清都阍。

古帝何年辟下土，九点青烟散寰宇。

翠荄孔盖此登封，盛德神功照今古。

人间瞬息三万年，七十二君何茫然。

秦皇汉武踵遗躅，镂玉坎瘞山之巅。

金宫翠陛苦不乐，遣使碧海求神仙。

羲和龙辔不稍贷，岂料海水成桑田。

试向封巾一回首，六合块莽空云烟。

千秋谁识当时事，五松大夫知此意。

岩前长揖大夫松，数子胡乃干秦封。

高标直下鲁连节，避世不及商山翁。

雪髯雪干如屈铁，涛声瑟瑟吟悲风。

松本无心偶然耳，人情好恶多弥缝。

欲倾箕颍一瓢水，为汝净洗羞惭容。

为君解嘲君勿怒，万事转首成虚空。

帝子绛节朝丹穹，神灵婀娜群仙从。

嘘呵紫焰开芙蓉，光景上属超鸿濛。

玉女夜降骑青龙，鸾𩨷凤笙声嚯嚯。

霓裳舞袖飘长虹，琼音间作鸣丝桐。

《白云》清谣曲未终，泠风命驾归崆峒。

千峰万峰浸明月，恍惚身在瑶池宫。

明朝稽首下山去，翠嶂突兀青霞中。

　　王蒙（1308年—1385年），字叔明，号黄鹤山樵，赵孟頫外孙，湖州（今浙江吴兴）人，画家。作品以繁密见胜，重峦叠嶂，长松茂树，气势充沛，变化多端，干湿互用，寄秀润清新于厚重浑穆之中；苔点多焦墨渴笔，顺势而下。兼攻人物、墨竹，并擅行楷。与黄公望、吴镇、倪瓒合称"元四家"。

泰山喜雨

张志纯（元）

岱宗天下秀，

霖雨遍人间，

高卧今何在，

东山似此山。

张志纯（1220年—1316年），字布山，号天倪子，又号布金山人，有张炼师之称。泰安州埠上保（今肥城市安驾庄镇张家安村）人。元代著名道人。张志纯6岁诵经，12岁入道，居岱麓会真宫，其师崔道演，是王重阳再传弟子。张志纯道行超群，曾任东岳庙住持，元世祖忽必烈赐号"崇真保德大师""天倪"，授紫服。元初王奕斐在赠张志纯的诗中，赞誉其"赤松宗世远，岳地作神仙"。

登岱

元好问（金）

泰山天壤间，屹如郁萧台。

厥初造化手，劈此何雄哉。

天门一何高，天险若可阶。

积苏与累块，分明见九垓。

扶摇九万里，未可诬齐谐。

秦皇禅灵威，茂陵亦雄才。

翠华行不归，石坛满苍苔。

古今一俯仰，感极令人哀。

奇探忘登顿，意邈自迟回。

夜宿玉女祠，崩奔涌云雷。

鸡鸣登日观，四望无氛雺。

六龙出扶桑，翻动青霞埋。

平生嵩华游，兹山未忘怀。

十年望齐鲁，孤云拂层崖。

赤壁落落云间开，但觉胸次高崔嵬。

眼前有句道不得，徂徕山头唤李白。

吾欲从此观蓬莱。

元好问：字裕之，号遗山，秀容（山西忻县）人，兴定间登进士第，官至尚书省左司员外郎。金亡不仕，以著作自任，诗文为一代宗工，有《遗山集》。这是元好问的一首咏泰山的五言古诗，最后用七言结束。载《泰安县志》。

送天倪子还泰山

徐世隆（元）

九十行年发未华，道人风骨饱烟霞。

洞天福地二千里，神府仙间第一家。

牛膝药灵斟美酝，兔毫盏净啜芳芽。

隐居自爱陶弘景，莫作山中宰相夸。

纪梦

徐世隆（元）

我梦天倪子，同登日观峰。

骨彊清似鹤，步健老犹龙。

方外无官府，堂中有岱宗。

仙间真福地，杖屦会相从。

徐世隆（1206 年—1285 年），字威卿，陈州西华人。生于金章宗泰和六年，卒于元世祖至元二十二年，年八十岁。弱冠，登金正大四年进士第，辟为县令。统元年，擢燕京等路宣抚使，世隆以新民善俗为务。至元元年，迁翰林侍讲学士，兼太常卿，朝廷大政谘访而后行，诏命典册多出其手。九年，乞补外，佩虎符，为东昌路总管。二十二年，安童再入相，奏世隆虽老，尚可用。遣使召之，仍以老病辞，附奏便宜九事。赐田十顷。时年八十，卒。

登岳

张养浩（元）

风云一举到天关，快意平生有此观。

万古齐州烟九点，五更沧海日三竿。

向来井处方知隘，今后巢居亦觉宽。

笑拍洪崖咏新句，满空笙鹤下高寒。

张养浩（1270 年—1329 年），汉族，字希孟，号云庄，又称齐东野人，济南（今山东省济南市）人，元代著名政治家、文学家，唐朝名相张九龄的弟弟张九皋的第 23 代孙。19 岁被荐为东平学正，历官堂邑县尹、监察御史、翰林学士、礼部尚书、参议中书省事等官职。因看到元上层统治集团的黑暗腐败，便以父老归养为由，于英宗至治二年（1322 年）辞官家居，此后屡召不赴。文宗天历二年（1329 年），关中大旱，特拜陕西行台中丞，遂"散其家之所有""登车就道"（《元史》本传），星夜奔赴任所。到任四月，劳瘁而卒。追封滨国公，谥文忠。他的散曲多写弃官后的田园隐逸生活。

游竹林寺

王旭（元）

石径俯云壑，竹林开幽境。
寺古僧徒稀，山深岚气冷。
待游未终兴，红日忽倒影。
曳杖披螟烟，长歌下前岭。

王旭（公元 1264 年前后在世），字景初，东平（今属山东）人。以文章知名于时，与同郡王构、永年王磐并称"三王"。主要活动于至元到大德年间。有《兰轩集》二十卷，诗文中往往流露出怀才不遇情绪，《古风三十首》集中表达了对人生的感慨。生平事迹见《大明一统志》卷二三、《元诗选·癸集》乙集小传、《元书》卷五八。

和元遗山呈泰山天倪布山张真人

王奕（元）

江右书生柱百头，杖藜使得此山游。
手摩红日登三观，袖佛黄埃看九州。
及下诚明真气貌，方知岁月老春秋。
更须梓就诸公什，焰焰声名万古留。

泰山

王奕（元）

宸齐机鲁镇天关，
左右微垣列两班。
大展明堂俱翕受，
黄河东畔少游山。

送泰山倪布山真人

王奕（元）

赤松宗世远，岳地作神仙。
粲粲龟瞳碧，昂昂鹤骨坚。
五全皇极福，三受圣朝宣。
道德交前辈，声名在集贤。

和杜少陵望岳一首
王奕（元）

封禅七十二，万古事未了。

两仪一开辟，三观几昏晓。

自昔祖龙来，讫今歌凤鸟。

吾尝登东山，鲁亦未可小。

题泰山仁安殿壁
王奕（元）

大极何年诞帝孙，中居岱岳镇乾坤。

三千馀载昭明代，七十二君来至尊。

鲁甸齐邱雄地势，秦松汉柏护天门。

兵尘不动绵香火，万里车书寿一元。

王奕（生卒年不详），字伯敬，号斗山，玉山（今属江西）人，生于南宋，入元后曾出任玉山县儒学教谕。王奕与谢枋得等南宋遗民交往密切，诗文中不乏以遗民自居的文句。清乾隆年间编《四库全书》，因王奕《玉窗如庵记》末署"岁癸巳二月朔，前奉旨特补玉山儒学教谕王奕伯敬谨撰并书"，认为"癸巳为至元三十年（1293 年），然则奕食元禄久矣，迹其出处，与仇远、白珽相类。"

王奕有关泰山的诗，大都以新奇的想象、大胆的夸张，描绘泰山的雄奇和壮观，寄托了对泰山的美好愿望。

天门铭

杜仁杰（元）

　　泰山天门，无室宇尚矣，布山张炼师为之经构；累岁乃成，可谓破天荒者也齐人杜仁杰于是乎铭之。

　　元气裂，两仪具，五岳峙，真形露。惟岱宗，俨箕踞，仰弥高，屹天柱。浩千劫，窒来去，谁为凿，起天处。匪斤斧，乃祝诅，一窍开，达底处。十八盘，盘千步，莽初吐，抱围树。日车戾，惨曦驭，六龙颓，莽回玄。踏此往，嘉无数。无怀下，兵刑措，七十君，接銮辂。圣道熄，彝伦，揖让歇，篡夺屡。忽焉阂，梗无路。象纬森，敕诃护，朝百灵，由兹户。金璀璨，朱间布，九虎蹲，万夫怖。我欲叩，阍者怒，辟何时，坦如故。对冕旒，获控诉。豁蒙蔽，泄尘雾，刮政疵，剔民蠹。上得情，下安作，额血殚，帝聪悟。崖不磨，苍壁竖。刻我铭，期孔固，垂万世，正王度。

　　杜仁杰（1201年—1282年），原名之元，又名征，字仲梁，号善甫，又号止轩。济南长清人。元代散曲家。《录鬼簿》把他列入"前辈已死名公。"元初，屡被征召不出。性善谑，才学宏博。平生与元好问相契，元好问曾两次向耶律楚材推荐，但他都"表谢不起，"没有出仕。其子杜元素，任福建闽海道廉访使，由于子贵，他死后得赠翰林承旨、资善大夫，谥号文穆。《天门铭》石刻于元中统五年（1264年）。铭文刻于泰山南天门外西侧的自然石上，石高190厘米，宽137厘米，石质坚润，色泽淡赭，形制天然，不加磨砻。铭文古雅，书法端严。此碑于1957年整修南天门时挖出，遂于其上覆石盖以为保护。铭文至今无一残缺。

夏月登岱

方孝孺（明）

震衣千仞思悠悠，泰岱于今惬胜游。
秦汉旧封悬碧落，乾坤胜概点浮沤。
海明日观三更晓，风动天门九夏秋。
更上云端频极目，紫微光电闪吴钩。

　　方孝孺：宁海人，字希直，又字希古。从宋濂学，以明王道致太平为己任。惠帝时，为侍讲学士。燕王兵入南京，令其写登基诏书，孝孺不许，遂被杀。著有《逊志斋集》。这是一首七言律诗，载《泰安县志》。对泰山的景色，没有从细处描写。只从大处落笔，衬托处泰山的高大，显得气势磅礴，读之使人有海阔天空之感。

登岳

王守仁（明）

晓登泰山道，行行入烟霏。
阳光散岩壑，秋容淡相辉。
云梯挂青壁，仰见蛛丝微。
长风吹海色，飘飘送天衣。
峰顶动笙乐，青童两相依。
振衣将往从，凌云勿高飞。
挥手若相待，丹霞闪余辉。
凡躯无健羽，怅然不能归。

王守仁，字伯安，明余姚人。哲学家、教育家，人称阳明先生。弘治进士，以忤宦官刘瑾，谪贵州龙场驿丞。后官至右佥都御史，巡抚南赣，定表濠之乱，旋升南京兵部尚书，封新建伯。其学倡"致良知""知行合一"说，世称姚江学派。著有《王文成全书》等著名书。《登岳》为五言古诗，载《泰安县志》。

泰山
李梦阳（明）

俯首无齐鲁，东瞻海似杯。
斗然一峰上，不信万山开。
日抱扶桑跃，天横碣石来。
君看秦始后，仍有汉皇台。

郑生至泰山诗以问之
李梦阳（明）

昨汝登东岱，何峰是绝峰？
有无丈人石？几许大夫松？
海日低波鸟，岩雷起窟龙。
谁言天下小，化外亦王封！

李梦阳（1473年—1530年），字献吉，号空同，汉族，祖籍河南扶沟，出生于庆阳府安化县（今甘肃省庆城县），后又还归故里，故《登科录》直书李梦阳为河南扶沟人。弘治进士，武宗时官江西提学副使。他善工书法，得颜真卿笔法，精于古文词。明代中期文学家，复古派前七子的领袖人物。提倡"文必秦汉，诗必盛唐"，强调复古，《自书诗》师法颜真卿，结体方整严谨，不拘泥规矩法度，学卷气浓厚。这两首是五言律诗，载《泰安县志》。丈人石，亦称丈人峰，在岱顶西，因石如老人伛偻故名。大夫松，指五大夫松。

登泰山

谢榛（明）

登攀绝顶处，封禅断碑文。
古洞寻丹液，秋衣拂紫氛。
下飞关塞雁，东接海天云。
惆怅秦松在，寒涛空自闻。

谢榛（1495年—1575年）布衣诗人。字茂秦，号四溟山人、脱屣山人，山东临清人。十六岁时作乐府商调，刻意为歌诗。嘉靖间，挟诗卷游京师，与李攀龙、王世贞等结诗社，为"后七子"之一。其诗以律句绝句见长，著有《四溟集》。

竹林寺二首

宋焘（明）

多时不访竹林僧，茅径荒芜乱野藤。
此日探奇来坐久，一龛香雨对青灯。
野叟山村太古风，山樵髻插野花红。
松阴歇担说山鬼，笑指前峰有路通。

宋焘，字岱倪，号绎田，又号青岩，泰安人。明万历辛丑进士，后改御使。明执政朱赓，与朱相不和，称疾乞归，筑青岩书院，著书讲学，为泰山五贤之一。著有《理学渊源》《州志补遗》《泰山纪事》等。

登岱

王世贞（明）

（一）

尚忆秦松帝跸留，至今风雨未全收。

天门倒泻银河水，日观翻悬碧海流。

欲转千盘迷积气，谁从九点辨齐州。

人间处处襄城辙，矫首苍茫迥自愁。

（二）

缥缈琳宫接上玄，岧峣飞磴界苍烟。

峰回洞壑纷俱拱，石坼松萝袅自悬。

过雨双龙争玉峡，攀云孤鹜拄青天。

莫言仲宝无他技，能诵相如最后篇。

王世贞（1526 年—1590 年）字元美，号凤洲，又号弇州山人，汉族，太仓（今江苏太仓）人，明代文学家、史学家。"后七子"领袖之一。官刑部主事，累官刑部尚书，移疾归，卒赠太子少保。好为古诗文，始于李攀龙主文盟，攀龙死，独主文坛二十年。有《弇山堂别集》《嘉靖以来首辅传》《觚不觚录》《弇州山人四部稿》等。

南天门

陈沂（明）

望入天门十二重，翔然飞舞半虚空。
千寻不假钩梯上，一窍惟容箭栝通。
风气荡摩鹏翅外，日光摇漾海波中。
欲求阊阖无人问，但拟彤云是帝宫。

陈沂，字鲁南，号石亭，浙江鄞县（今鄞州区）人，以医籍居南京。正德丁丑进士，授编修，历行太仆寺卿，曾任山东参政，以史闻名，著有《石亭集》。《南天门》是咏泰山南天门的一首七言律诗，载《岱览》。南天门，在泰山十八盘尽处，亦称三天门，其上有阁曰"摩空阁"。

怀泰山

李攀龙（明）

域内名山有岱宗，侧身东望一相从。
河流晓挂天门树，海色秋高日观峰。
金篚何人挥汉策，白云千载护秦封。
向来信宿藤萝外，杖底西风万壑钟。

李攀龙，字余鳞，号沧溟，山东历城人，嘉靖进士，官至河南按察使。与王世贞同为"后七子"的首领。李攀龙认为文自西汉，诗自盛唐以下，皆无足观，倡导模拟，复古，诗以声调胜，尤善七律，著有《李沧溟集》，为七言律诗，载入《泰安县志》，是游泰山后的怀念，笔墨挥洒自如，是七律中的佳作。

明堂

陈凤梧（明）

岱山东畔起层云，九陛升高亦壮哉。

四面溪流横翠带，一方石壁削莓苔。

明堂制度千年在，玉帛朝宗万国来。

我愿吾皇法三代，蚤施仁政及蒿莱。

　　陈凤梧，泰和人，字文鸣，弘治进士累官右副都御使。本诗为七言律诗，载《泰安县志》。明堂位于泰山东十余里，为古代天子会诸侯的地方，有一舒广地段，周数亩，溪涧萦回，上多瓦砾，人称"汉明堂"。

巍巍岱山·登泰山观日出也

文肇祉（明）

巍巍岱山，五岳之宗。

蟠九百里，上有秦封。

巍巍岱宗，元君有宫。

俯视下邑，凫绎龟蒙。

载登天门，层峦蔽空。

秦观在西，日观其东。

梁父左控，石闾右通。

载登高峰，憩于石室。

卧听松涛，夜观日出。

蓬瀛海岛，周览惟悉。

瞻彼同岩，群仙并列。
叩彼金童，授我宝诀。
金泥玉简，终莫能诘。
载登载瞻，身若羽化。
骨异玄丘，思旋其驾。
回观其巅，诚小天下。

文肇祉（1519年—1587年）明苏州府长洲人，字基圣，号雁峰。文彭子，文徵明孙。官上林苑录事。著有《文录事诗集》，并辑有《文氏五家集》。

丈人峰
郭正域（明）

泰岳峰头有丈人，苍颜古貌万年身。
群山百万当前立，东帝还须仗老臣。

郭正域，明江夏人，字美命，万历进士，授编修，历礼部侍郎。博通经籍，勇于任事，有经济大略，人望归之。著有《批点考工记》。这是写泰山丈人峰的一首七言绝句，载入《泰安县志》。

泰山
张岱（明末清初）

正气苍茫在，敢为山水观？
阳明无洞壑，深厚去峰峦。
牛喘四十里，蟹行十八盘。
危襟坐舆笋，知怖不知欢。

张岱（1597年—1689年），又名维城，字宗子，又字石公，号陶庵、陶庵老人、蝶庵、古剑老人、古剑陶庵、古剑陶庵老人、古剑蝶庵老人，晚年号六休居士，浙江山阴（今浙江绍兴）人，祖籍四川绵竹，明清之际史学家、文学家。出身仕宦家庭，提出过"若以有诗句之画作画，画不能佳；以有诗意之诗为诗，诗必不妙"等观点；于天启年间和崇祯初年悠游自在，创作了许多诗文。明亡后，避兵灾于剡中，于兵灾结束后隐居四明山中，坚守贫困，潜心著述，著有《陶庵梦忆》和《石匮书》等；康熙四年（1665年）撰写《自为墓志铭》，向死而生；后约于康熙二十八年（1689年）与世长辞，享年约九十三岁，逝后被安葬于山阴项里。

雪中望岱宗

施闰章（清）

碧海烟归尽，晴峰雪半残。
冰泉悬众壑，云路郁千盘。
影落齐燕白，光连天地寒。
秦碑凌绝壁，杖策好谁看。

五大夫松下看流泉

施闰章（清）

我寻古松树，爱此岩下泉。
横泻珠帘静，斜飞瀑布悬。
积寒生石发，落日动山烟。
辇道除荒草，长悲封禅年。

施闰章（1619 年—1683 年），字尚白，又字屺云，号愚山，媲萝居士、蠖斋，晚号矩斋，后人也称施侍读，另有称施佛子。江南宣城（今安徽省宣城市宣州区）人，顺治六年进士，授刑部主事。十八年举博学鸿儒，授侍讲，预修《明史》，进侍读。颂泰山著名诗篇《雪中望岱宗》。该诗前两联具体写泰山的雪景，经过这四句诗的描绘，一幅绚烂多姿的图画呈现出来。但它还不是图画的全部，所以下面颈联两句又为它衬上极广大极开阔的背景："影落齐燕白，光连天地寒"。阳光照射下的泰山，就像落在齐（山东省的一部分）燕（河北省的一部分）大地上一片雪白的影子，它强烈刺眼的闪光好像使整个宇宙都变得寒气逼人了。结尾写到泰山上的具体物事，和诗的前半呼应，说"秦碑凌绝壁"，"杖策好谁看"意谓泰山雪景，美不胜收，不知杖策（拄杖）幽赏者，自己而外，尚有何人？使无限赞美之情，溢于言外。

登岱

康熙

岩岩岱岳高无极，攀陟遥登最上头。
路转天门青霭合，峰回日观白云浮。
振衣巉薜凌千仞，骋目苍茫辨九州。
欲与臣邻崇实政，金泥玉检不须留。

岱顶

雍正

芙蓉万仞插丹梯，海上群峰莫与齐。
九点青烟看野马，五更红日候天鸡。
云封峭壁松多古，藓积残碑字未迷。
冉冉岭头笙鹤下，仙坛曾此降金泥。

题封禅事

乾隆

登封降禅古来传，
总属夸为可鄙旃。
造极至今凡六次，
无他祗谢愧心虔。

回马岭

乾隆

昔人回马驰，
进马跋岩崖。
夫子有明训，
功毋一篑停。

这是一首五言绝句，刻在泰山回马岭西的山崖上。诗写于乾隆二十二年。回马岭，在泰山壶天阁上，传为宋真宗登封泰山时，骑马至此而马不能上，故为回马岭。

戏题投书涧

乾隆

报来尺素见平安，
投涧传称人所难。
诚使此心无系恋，
平安二字不须看。

这是乾隆二十二年来泰山时写的一首七言绝句。载入《泰安县志》投书涧：宋胡瑗，字翼之，泰州海陵人。与孙复，石介讲学泰山，十年不归。每见家书有平安二字，即不展读，投之涧中。泰山原五贤祠东有投书涧旧址。

论封禅事
乾隆

登封降禅古来传，
总属夸为可鄙旃。
造极至今凡六次，
无他祗谢愧心虔。

这是一首七言绝句，写于乾隆五十五年，现嵌在泰山岱庙汉柏院碑墙上。乾隆对封禅持反对态度，因此，他一生来泰山十次，礼神但不封禅。

咏朝阳洞
乾隆

回峦抱深凹，曦光每独受。
所以朝阳名，名山率常有。
是处辟云关，坦区得数亩。
结构寄幽偏，潇洒开牌牖。
万险欣就夷，稍息复进走。
即景悟为学，无穷戒株守。

　　泰山朝阳洞以上，惯称为泰山的"坦区"。站在朝阳洞上，北望泰山，山上怪石嶙岣，奇峰突起，缀以苍松异草，气象万千；峰下由西北而东南，溪水淙淙，弯曲下注。相传，清代乾隆皇帝登泰山至此，见朝阳洞以上的御风崖，"石壁万丈，下临绝涧。崖上石隙，古松蟠郁，龙翔凤舞，仪态万方"，叹为观止。于是题诗一首。

怀泰山

陈毅

　　　　我昔登泰山，半途即遄返。
　　　　既此失机缘，至今悔不转。

　　陈毅（1901年—1972年），男，名世俊，字仲弘，四川乐至人，久经考验的无产阶级革命家、政治家、军事家、外交家、诗人；中国人民解放军的创建者和领导者之一；中华人民共和国元帅（十大元帅之一），党和国家的卓越领导人，中共中央军委副主席，第一至三届国防委员会副主席，全国政协第三、四届副主席。中共第七、九届中央委员、第八届中央政治局委员。1972年去世。1977年其遗作专集《陈毅诗词选集》出版。

泰山颂

杨辛

　　　　高而可登，雄而可亲。
　　　　松石为骨，清泉为心。
　　　　呼吸宇宙，吐纳风云。
　　　　海天之怀，华夏之魂。

杨辛，重庆市人，中华美学学会顾问，新中国成立前就读于国立北平艺术专科学校，师从徐悲鸿先生和董希文先生。2008 年，中国美术家协会授予杨辛先生"卓有成就的美术史论家"。2012 年，被授予"北京大学哲学教育终身成就奖"。任中国东方文化研究会学术委员，山东省泰山世界遗产研究委员会泰山研究所名誉所长。中国书法家协会会员，中国美术家协会会员。2013 年，北京大学特别设立"杨辛荷花品德奖"。

第二章 关于泰山的名言名句

"登东山而小鲁，登泰山而小天下。"意思是孔子登上东山就感觉鲁国变小了，登上泰山就感觉天下变小了。出自《孟子·尽心上》，孟子曰："孔子登东山而小鲁，登泰山而小天下"；杨伯峻《孟子译注》明确指出："东山，当即蒙山，在今山东蒙阴县南"，意指人的视点越高，视野就越宽广。随着视野的转换，人们对人生也会有新的领悟。

"孔子圣中之泰山，泰山岳中之孔子。"明朝学者严云宵总结为："泰山岳中之孔子，孔子圣中之泰山。"在国人心目中，泰山是中华民族的圣山，孔子是中华民族的圣人。泰山与孔子这"两圣"之间，自古以来关系密切，孔子犹如泰山，巍然屹立于东天；泰山犹如孔子，文化内涵深邃。孔子是我国伟大的思想家、教育家、儒家学派的创始人。他一生的活动与五岳之首泰山有着密切联系。同时，孔子也开创了名人登泰山的先河，使后人竞起仿效，接踵而至。

"见善明，则重名节如泰山；用心刚，则轻生死如鸿毛。"语出宋代林逋《省心录》。追求善美之心明确，就会把名节看得像泰山一样重；心志坚定不移，就会把死亡看得像鸿毛一样轻。说明只要有坚定和崇高的志向，就会注重名节，轻视生死。

"气概如乔岳泰山"比喻人的气概应如高大的泰山般崇高。出自清金缨《格言联璧·持躬类》："度量如海涵春育，应接如流水行去，操存如青天白日，威仪如丹凤祥麟，言论如敲金戛石，持身如玉洁冰清，襟抱如光风霁月，气概如乔岳泰山。"

"且将同梦生华笔，来写千秋泰岳铭"。过中天门不远处会发现一座石桥，云步桥，位于云步桥南东侧石壁上的题刻颇为引人注目：笑指齐州九点青，漫教治乱问山灵。且将同梦生花笔，来写千秋泰岳铭。登泰山偕翼如，民国二十二年夏，湘乡张默君并书。该题刻字迹苍劲古朴，诗文气势磅礴，竟是出自一位纤弱女子之手，作者就是有着"民国女杰""湘乡才女"美誉的张默君。翼如就是邵元冲，两人的爱情颇具传奇。1924 年，张默君和邵元冲在上海举行了婚礼，此时，张默君 40 岁，邵元冲 34 岁，虽然晚婚，但是婚后二人鹣鲽情深，宛如一对神仙眷侣。西安事变中，邵元冲不幸中流弹身亡。后来，张默君成为国民政府第一届国民代表大会代表。

"有心雄泰华，无意巧玲珑。"语出自宋·辛弃疾《临江仙》词，文意心里想的是要和巍然屹立的泰山和华山一比高低，不屑于巧嘴乖舌，八面玲珑。喻指对高洁不凡人品的仰慕追求和对悦世媚俗丑态的鄙夷。

"有眼不识泰山"由晋·刘伶《酒德颂》："静听不闻雷霆之声，熟视不睹泰山之形"演变而来。虽有眼睛，却不认识泰山。喻指见识浅陋，认不出地位很高或本领很大的人物。

"仰观泰山，知群山之卑。"出自戴震（清）《与方希原书》："仰观泰山，知群山之卑；临视北海，知众流之小。"举首仰望泰山，然后才会知道众山的低矮。喻指学问无穷，必须尽力求取。

另外尚有众多与泰山有关的名句、俗语，如"只要拧成一股绳，泰山也能拽得动""生不上泰山,死也心不甘""圣不过孔子,高不过泰山,老不过汉柏,少不过鲜花""圣贤不死天不老,岱岳与之同久长""为学直如涉泰山,一毫怠忽莫跻攀明"等。

第三章　关于泰山的成语和俗语

安若泰山；安如泰山、安于泰山、不识泰山、笃定泰山、恩重泰山、鸿毛泰山、泰山北斗、泰山鸿毛、泰山可倚、泰山梁木、泰山磐石、泰山其颓、泰山若厉、泰山压顶、泰山压卵、泰山之安、稳若泰山、稳如泰山、挟泰山以超北海、重于泰山，轻于鸿毛。

挈泰山以超江河、人心齐，泰山移、死重于泰山、泰山不辞土壤，故能成其高、泰山不让土壤，故能成其大、泰山不让土壤，故能成其高、一叶蔽目，不见泰山、有眼不识泰山、一叶障目，不见泰山、一指蔽目，不见泰山。

第七篇

泰山挑山工精神

"挑山工"又称为"担山工",在泰山是一个古老的"跳山"职业,泰山挑山工,因人类在泰山的活动而产生,从秦皇汉武、唐宗宋祖等,都以不同的形势祭祀过泰山,而历代皇帝的祭祀用品和泰山上的一切非就地材料,也都是靠人挑上去的。在泰山周边有很多家庭祖祖辈辈都是靠这份工作养家糊口。直至今天,尽管盘山公路能到中天门,索道可以到南天门,但依然还有少量的人在十八盘上、在山顶从事这项工作,目前泰山挑山工已剩不足30人,但是他们的吃苦耐劳职业素养令人敬佩。

第一章　挑山工职业与冯骥才《挑山工》

　　泰山挑山工，不仅体力好，更需要坚韧不拔、持之以恒的攀登精神，铁骨好汉，负重踏险，汗滴满山。泰山挑山工祖祖辈辈挑山不止，从春挑到冬，从古挑到今。山上人吃的、用的、山上建筑用的物料小到1粒米，大到几吨重的器物，都是他们挑上去的。烈日炎炎的夏天自不必说，即使冰封雪飘的冬天，也是挥汗如雨，他们是吃苦耐劳的典型。泰山挑山工一次要挑一百多斤的担子，一步一个脚印，一刻不敢停歇，一丝不敢懈怠，在最艰难的时候咬紧牙关，泰山压顶不弯腰，"快活三里"不逗留，担子始终在肩上，脚步始终在路上，直至到达山顶。他们始终怀着对美好生活的向往，坚信幸福都是奋斗出来的，重担在肩腰不弯，不为风景所惑，不为风雨所动，不到山顶决不罢休。由此孕育产生了以"埋头苦干、勇挑重担、永不懈怠、一往无前"为主要内容的泰山"挑山工"精神。这一精神源远流长、生生不息，在新时代承载起新的内涵、焕发出新的生机。挑山工精神已成为我们艰苦奋斗的精神典范。

　　著名作家冯骥才1981年创作的泰山见闻式散文《挑山工》，1983年先后选入全国高中语文课本、小学语文课本。在泰安市举行的荣誉市民颁证仪式上，冯骥才先生深情地说："《挑山工》这篇散文只不过是写出了我对泰山的感受，谈不上为泰山增添光彩。可泰山却给了我一笔宝贵的精神财富。在我的创作生涯中，有一种精神、一种力量，就是与'挑山工'连在一起的。它已经注入我的骨髓，我要永远地将它保留。"学者王克煜将这篇散文和姚鼐的《登泰山记》、李健吾的《雨中登泰山》、杨朔的《泰山极顶》并称为现代泰山四大著名散文。

"在泰山上，随处都可以碰到挑山工。他们肩上搭一根光溜溜的扁担，扁担两头的绳子挂着沉甸甸的货物。登山的时候，他们一只胳膊搭在扁担上，另一只胳膊随着步子有节奏地一甩一甩，使身体保持平衡。他们的路线是折尺形的从台阶的左侧起步，斜行向上，登上七八级，到了台阶右侧，就转过身子，反方向斜行，到了左侧再转回来，每一次转身，扁担换一次肩。他们这样曲折向上登，才能使挂在扁担前头的东西不碰在台阶上，还可以省些力气。担了重物，如果照一般登山的人那样直上直下，膝盖会受不住的。但是路线曲折，就会使路线加长。挑山工登一次山，走的路程大约比游人多一倍。"文中描绘出的挑山的艰辛、蜿蜒曲折的攀登，挑夫们的不懈，给予我们一种内心的震撼。

"谈话更随便些了，我把心中那个不解之谜说了出来：'我看你们走得很慢，怎么反而常常跑到我们前头去了呢？你们有什么近道吗？'他听了，黑黪黪的脸上显出一丝得意的神色。他想了想说：'我们哪里有近道，还不和你们是一条道？你们走得快，可是你们在路上东看西看，玩玩闹闹，总停下来呗！我们跟你们不一样。不像你们那么随便，高兴怎么就怎么。一步踩不实不行，停停住住更不行。那样，两天也到不了山顶。就得一个劲儿往前走。别看我们慢，走长了就跑到你们前边去了。你看，是不是这个理？'"字里行间透露出跳山人的憨厚、坚韧、快活三里不停留，持之以恒向目标的朴实道理。

　　这篇散文文中没有着墨于泰山的胜景，而是把目光投向挑货上山的挑夫，描绘了他们艰辛的路途和惊人的毅力，赞颂了挑山工坚韧不拔的攀登精神。同样也告诉我们一个道理：干什么事，要想达到目的，必须一心向着目标，步步踩实，砥砺前行。这篇散文激励了全国的青少年们，激励着一代又一代中国人。

第二章 泰山挑山工精神的形成

泰山是中华民族独特的精神标识。这一方雄浑热土孕育产生了泰山"挑山工"这一独特群体，也孕育产生了以"埋头苦干、勇挑重担、永不懈怠、一往无前"为主要内容的泰山"挑山工"精神。这一精神源远流长，生生不息，在新时代承载起新的内涵，焕发出新的生机。

"快活三里"是泰山半山腰的一段路，地势平坦，景色秀美，疲惫的游客会在这休憩，但有经验的挑山工却不停歇。对比中凸显了挑山工咬定青山不放松的精神品格。

2018 年 6 月在山东考察时再次强调，要以永不懈怠的精神状态和一往无前的奋斗姿态，真抓实干、埋头苦干，做新时代泰山"挑山工"。

对新时代的党员领导干部来讲，这种精神特质就是要做到挑担不畏难、登山不畏艰，坦途不歇脚、重压不歇肩。这种精神与中国共产党人的精神特质、社会主义核心价值观、中华民族伟大精神高度契合，是中华民族的精神瑰宝，是催人奋进的精神坐标，是照亮前行的时代火炬，对于激励全党不忘初心、牢记使命，为伟大斗争担当，为伟大工程奋斗，为伟大事业拼搏，为伟大梦想奉献，具有重大而深远的意义。

以此为契机，山东党委班子、泰山党委班子及地方媒体，深入挖掘挑山工精神。2018 年 6 月《泰安日报》在《弘扬"挑山工精神"肩负起使命与担当》中把泰山挑山工精神概述为："会当凌绝顶"的攀登决心、"坚韧不拔"的钉子精神、"责任重于泰山"的担当意识、"守正出新"的科学态度。

山东省委书记刘家义 2018 年 7 月撰文号召勇做新时代泰山"挑山工"，以实现"在全面建成小康社会进程中走在前列，在社会主义现代化建设新征程中走在前列，全面开创新时代现代化强省建设新局面"的目标。在传达与落实习近平总书记、刘家义等讲话精神时，这一精神的核心内涵被指向责任重于泰山的担当意识与实干精神。

2018 年 10 月中共泰安市委发文《关于勇做新时代泰山"挑山工"的意见》，泰山挑山工精神被概括为：信念坚定、心无旁骛的执着追求；勇挑重担、敢于担当的坚韧品格；脚踏实地、永不懈怠的顽强作风；一往无前、勇攀高峰的卓越情怀，这是新时期赋予的新时代内涵。

2018 年 11 月，泰安市委书记崔洪刚在《大力弘扬新时代泰山"挑山工"》中将泰山挑山工精神简述为"埋头苦干、勇挑重担、永不懈怠、一往无前"。

泰山挑山工精神最突出的特质是什么？泰安市委党校教授许圣元认为是攻坚克难。弘扬攻坚克难的精神，一要有克服困难、勇攀高峰的雄心壮志；二要有攻坚克难、摧城拔寨的过硬本领；三要有脚踏实地、坚韧不拔的良好作风。

泰山挑山工精神也进入学术视野。甄惠、苏同营、谭娜将这一精神概括为：勇于担当的精神、勇攀高峰的精神、踏实肯干的钉子精神。

这些政府主导研究、学者探索的成果确立了泰山挑山工精神的核心内涵。其内涵可以概括为："责任重于泰山"的担当精神、"会当凌绝顶"的攀登精神、心无旁骛的执着精神、"坚韧不拔"的钉子精神、攻坚克难的顽强精神、"守正出新"的科学精神。

对泰山挑山工精神可以从不同角度进行提炼和概括,其不变的底色是奋斗精神。"这种奋斗精神,体现的是一种任劳任怨的工作态度,一种脚踏实地的务实作风,一种执行政策不走样的落实能力,一种事不避难敢担当的进取精神,一种'山再高,往上攀,总能登顶;路再长,走下去,定能到达的坚韧品格。"

挑山工精神是实现伟大复兴的不竭动力。当前,中国特色社会主义进入新时代,中华民族伟大复兴进入攀登"十八盘"的关键阶段,越是这个时候,越应从泰山"挑山工"精神中汲取时代力量,以更大决心和更实举措勇挑重担、不忘初心、执着务实、科学创新、永攀高峰。让泰山挑山工精神成为新时代催人奋进的精神坐标,成为照亮前行的时代火炬。战胜一切艰难险阻,把中国特色社会主义事业和中华民族伟大复兴不断推向前进。

攀登十八盘的挑山工

参考文献

[1] 孔贞宣.泰山纪胜 [M].上海：商务印书馆，1936.

[2] 聂剑光.泰山道里记 [M].济南：山东友谊出版社，1987.

[3] 于慎行.登泰山记 [A].岱史：卷十八，登览志 [M]."泰山丛书".

[4] 杨时乔.泰山文碑刻 [A].岱史：卷十八，登览志 [M]."泰山丛书".

[5] 李裕.登泰山记 [A].岱史：卷十八，登览志 [M].曲阜师范大学"泰山丛书".

[6] 马端临.文献通考：卷九十，郊社二十三，杂祠淫祠 [M].上海：商务印书馆，1936.

[7] 王圻.续文献通考 [M].北京：商务印书馆，1955.

[8] 西周生.醒世姻缘传：第 69 回，招商店素姐投师蒿里山希陈哭母 [M].济南：齐鲁书社，1980.

[9] 蒲松龄.聊斋志异 [M].济南：齐鲁书社，1981.

[10] 司马迁.史记封禅书 [M].北京：中华书局，1982.

[11] 程穆衡.听雨闲谈 [M].上海：上海古籍出版社，1983:230—231.

[12] 聂剑光.岱林等点校泰山道里记 [M].济南：山东友谊出版社，1987.

[13] 顾炎武著，黄汝成集释.日知录：卷二五 [M].石家庄：花山文艺出版社，1990.

[14] 福井康顺.道教（第 1 卷）[M].上海：上海古籍出版社，1990.

[15] 袁爱国.泰山神文化 [M].济南：山东大学出版社，1991.

[16] 刘鹗.老残游记 [M].上海：上海古籍出版社，1991.

[17] （魏）曹操，曹丕，曹植.三曹集 [M].长沙：岳麓书社，1992.

[18]（唐）李白.（清）王琦注.李太白集注 [M].上海：上海古籍出版社，1992.

[19] 马铭初，严澄非.岱史校注 [M].青岛：青岛海洋大学出版社，1992.

[20] 谢凝高.中国泰山 [M].济南：山东科学技术出版社，1992.

[21] 安作璋.泰山的历史与文化，泰山研究论丛（第四集）[M].青岛：青岛海洋大学出版社，1992.

[22] 戴有奎，张杰主编.泰山研究论丛（第 5 集）[M].青岛：青岛海洋大学出版社，1992：3—17.

[23] 山东省地方史志编纂委员会.山东省志·泰山志 [M].北京：中华书局，1993.

[24] 吕继祥.泰山娘娘信仰 [M].北京：学苑出版社，1994.

[25]（宋）李献民.云斋广录 [M].济南：齐鲁书社影印本，1995.

[26] 王铁藩.绍兴"石敢当"发现记 [M].福州市：海潮摄影艺术出版社，1995.

[27] 李伯涛.泰山民俗 [M].济南：山东画报出版社，1996.

[28] 孔子著，陈国庆译注.论语 [M].西安：陕西人民出版社，1996.

[29]（明）袁禾仓.泰山搜玉 [M].济南：齐鲁书社影印本，1997.

[30] 林德保，李俊，倪文杰.详注全唐诗 [M].大连：大连出版社，1997.

[31] 刘凌.先秦山文化与泰山文化 [M].济南：泰安师专学报，1997.4.

[32] 钟敬文.民俗学概论 [M].上海：上海文艺出版社，1998.

[33] 袁爱国.泰山风俗 [M].济南：济南出版社，2001.

[34] 张茂华，金敬华.齐鲁山水诗文大观 [M].济南：山东友谊出版社，2002.

[35] 李申.儒学与儒教 [M].成都：四川大学出版社，2005.

[36] 周郢.泰山通鉴（先秦—清）[M].济南：齐鲁书社，2005.

[37] 孙承志.山东中华第一山—泰山 [M].北京：外文出版社，2005.

[38] 宋思仁.泰山述记 [M].泰安：泰山出版社，2005.

[39] 聂剑光.泰山道里记 [M].泰安：泰山出版社，2005:46—49.

[40] 朱孝纯.泰山图志 [M].泰安：泰山出版社，2005:93.

[41] 曲进贤.泰山通鉴 [M].济南：齐鲁书社，2005:147.

[42] 宋焘.泰山纪事 [M].泰安：泰山出版社，2005:354.

[43] 泰安市文物局.泰山石刻大全 [M].济南：齐鲁书社，2006:174.

[44] 康有为.康有为全集 [M].北京：中国人民大学出版社，2007，04: 95—98.

[45] 叶涛.泰山石敢当 [M].杭州：浙江人民出版社，2007.7.

[46] 张英，王士祯.渊鉴类函 [M].上海：上海古籍出版社，2008.4.

[47] 叶涛.泰山香社研究 [M].上海：上海古籍出版社，2009.

[48] 刘凌.反思传统 重识泰山 [M].北京：线装书局，2010: 346.

[49] 马端临.文献通考 [M].北京：中华书局，2011.

[50] 张用衡.泰山石刻全解（修订版）[M].山东：山东友谊出版社，2015.

[51] 吉书时.封禅的缘起和发展 [J].文史知识，1982.8.

[52] 任思义.碧霞宫 [J].浚县文史资料，1986，（1）.

[53] 徐北文.泰山崇拜与封禅大典 [J].文史知识，1987.10.

[54] 袁爱国.泰山东岳庙会考识 [J].民俗研究，1988.4.

[55] 王润身.九月九登虎山 [J].民俗研究，1988.1

[56] 吕继祥.石敢当初探 [J].民俗研究，1989.2.

[57] 袁爱国.泰山女神源流考 [J].民俗研究，1989，04: 24—33.

[58] 杨振之.秦皇汉武"封禅"意图考 [J].四川大学学报，1990.1.

[59] 詹鄞鑫.巡守与封禅:论封禅的性质及起源 [J].华东师范大学学报（哲学社会科学版），1990.3.

[60] 刘影.论泰山传统文化特色 [J].东南文化，1991.5.

[61] 杨平.神化泰山是为了神化自己：论封建帝王封禅 [J].华中师范大学学报，1991.6.

[62] 安作璋.泰山的历史与文化 [J].泰山研究论丛，第四集.青岛海洋大学出版社，1992.

[63] 涿州志：卷三 [Z].转引自赵世瑜.明清时期华北庙会研究 [J].历史研究，1992，(5).

[64] 吕继祥.泰山庙会述论 [J].民俗研究，1994.1.

[65] 范恩君.泰山"碧霞护世弘济妙经"铜钟 [J].中国道教，1994，（1）.

[66] 仝晰纲.宋真宗东封西祀浅论 [J].山东师范大学学报，1994.6.

[67] 燕永成.唐太宗屡辞封禅探析 [J].青海师范大学学报（社科版），1995.1.

[68] 谢谦.大一统宗教与汉家封禅 [J].四川师范大学学报（社会科学版），1995.2.

[69] 吕继祥.试论泰山崇拜 [J].民俗研究，1997，(3).

[70] 石经校.泰山女神崇拜之沿革 [J].岱宗学刊，1997，（1）.

[71] 周郢.泰山"鸳鸯碑"史事新笺 [J].泰安师专学报，1997.4.

[72] 吴效群.北京碧霞元君信仰与妙峰山庙会 [J].民间文学论坛，1998，1：46—50.

[73] 周郢.泰山神信仰在日本 [J].泰安教育学院学报岱宗学刊，1998.1.

[74] 吕继祥.唐玄宗封禅泰山与〈纪泰山铭〉 [J].知识与生活，1998.1.

[75] 效群.北京碧霞元君信仰与妙峰山庙会 [J].民间文学论坛，1998，(1).

[76] 王纯五.泰山崇拜与道教仙话 [J]. 岱宗学刊，1998.3.

[77] 刘凌.汉代封禅的文化特色 [J]. 泰安师专学报，1998.3.

[78] 周谦.民间泰山香社初探 [J]. 民俗研究，1998，4：39—42.

[79] 刘影.论唐代封禅的变革 [J]. 复旦学报（社科版），1998.4:112.

[80] 方百寿.唐代封禅研究 [J]. 厦门大学博士学位论文，1998.5.

[81] 周郢.武曌与泰山鸳鸯碑 [J]. 中国道教，1999.1.

[82] 王晖.论周代天神性质与山岳崇拜 [J]. 北京师范大学学报（社会科学版），1999.1.

[83] 陶阳.泰山与泰山神故事 [J]. 济南教育学报，1999.1.

[84] 吕芸芳，张菡.民族思想传统与泰山文化精神 [J]. 山东矿业学院学报，1999.3.

[85] 刘凌.齐文化、鲁文化与泰山文化 [J]. 齐鲁学刊，1999.3.

[86] 崔凤军，袁明英.泰山宗教文化与开发研究 [J]. 山东矿业学院学报（社会科学版），1999，(3).

[87] 崔凤军.泰山宗教文化与开发研究 [J]. 山东科技大学学报（社会科学版），1999.4.

[88] 万昌华.论泰山文明对中华文化的独特贡献 [J]. 泰安师专学报，1999.4.

[89] 景以恩.泰山文化溯源 [J]. 泰安教育学院学报岱宗学刊，2000.2.

[90] 李安本.从泰山人文景观看中国文化的多元性和包容性 [J]. 泰安教育学院学报岱宗学刊，2000.2.

[91] 杨颖.泰山封禅的传播意义 [J]. 新闻与传播研究，2000.3.

[92] 杨颖.泰山封禅的传播意义 [J]. 新闻与传播研究，2000.3.

[93] 贾贵荣，张晓生.秦始皇封禅泰山略论 [J]. 管子学刊，2000.3.

[94] 贾贵荣．儒家文化与秦汉封禅 [J]. 齐鲁学刊，2000，(4).

[95] 车锡伦．泰山女神的神话、信仰与宗教 [J]. 岱宗学刊，2001，(1).

[96] 仇念华，孙兆玲．泰山文化定位研究 [J]. 泰安师专学报，2001.5.

[97] 汤贵仁．论泰山文化的社会历史价值 [J]. 泰安教育学院学报岱宗学刊，2002.1.

[98] 鲁宝元．石敢当—日本冲绳所见中国文化留存事物小考 [J]. 唐都学刊，2003.1.

[99] 党大恩．儒生、封禅和泰山文化记忆的形塑 [J]. 渭南师范学院学报，2003.3.

[100] 吕继祥．大力弘扬和培育泰山精神 [J]. 山东科技大学学报（社会科学版）.2003.3.

[101] 陈晔．武则天与佛教 [J]. 西安教育学院学报，2003.3.

[102] 王克奇．齐鲁宗教文化述论 [J]. 东岳论丛，2003.4.

[103] 李立．泰山文化的生命内涵与汉唐诗歌的泰山情结 [J]. 学习与探索，2003，4（1）.

[104] 周郢．泰山在国内外的影响 [J]. 泰山学院学报，2003.4.

[105] 彭雄．泰山经石峪〈金刚经〉书者之谜 [J]. 文史杂志，2003.4.

[106] 汤贵仁．泰山—政治山—国山 [J]. 泰山学院学报，2003.4.

[107] 张总．泰山石刻的佛学价值 [J]. 泰山学院学报，2003.5.

[108] 刘水．泰山石刻的旅游价值 [J]. 泰山学院学报，2003.5.

[109] 殷敏．泰山石刻的民族精神 [J]. 泰山学院学报，2003.5.

[110] 成淑君．"自是神人同爱国，岁输百万佐升平"—明代泰山碧霞灵应宫香客经济初探 [J]. 济南大学学报，2003(3):38—41.

[111] 范恩君．泰山神信仰探微 [J]. 中国道教，2004.1.

[112] 刘慧 . 关于宋代的泰山香会 [J]. 民俗研究，2004.1.

[113] 叶涛 . 泰香社起源考略 [J]. 东岳论丛，2004.3.

[114] 叶涛 . 论泰山崇拜与东岳泰山神的形成 [J]. 西北民族研究，2004.3.

[115] 刘慧，陶莉 . 关于宋代的泰山香会 [J]. 民俗研究，2004(1):120—128.

[116] 叶涛 . 泰山香社起源考略 [J]. 东岳论丛，2004，25（3）：143—145.

[117] 田承军 . 碧霞元君与碧霞元君庙 [J]. 史学月报，2004，4：80—87.

[118] 叶涛 . 泰山香社起源考略 [J]. 东岳论丛，2004，5.25（3），143—145.

[119] 王公伟 . 泰山僧朗及其与帝王的关系 [J]. 佛教文化，2005.1.

[120] 沈维进 . 泰山：一部中国书法史 [J]. 泰山学院学报，2005.1.

[121] 何平立 . 宋真宗"东封西祀"略论 [J]. 学术月刊，2005.2.

[122] 周郢 . 泰山"国山地位"的历史回顾 [J]. 齐鲁文化研究，2005.3.

[123] 王元臣 . 泰山神信仰的源流浅说 [J]. 山东科技大学学报(社会科学版)，2005.4.

[124] 叶涛 . 泰山香社传统进香仪式研究 [J]. 思想战线，2006.2.

[125] 苑胜龙 . 泰山经石峪刻经的文物价值与科学保护 [J]. 中国文物科学研究，2006.2.

[126] 叶涛 . 泰山香社传统进香仪式研究 [J]. 思想战线，2006，32，80—90.

[127] 蒋铁生 . 泰山石敢当习俗的流变及时代意蕴 [J]. 泰山学院学报，2006（2）：1—5.

[128] 邓东 . 试述泰山碧霞元君演进的三个阶段 [J]. 泰山学院学报.2006，28（2）：6—11.

[129] 周郢 . 徐北文先生与"泰山学"——兼说泰山文化的"两个世界"[J]. 济南职业学院学报，2006.5.

[130] 叶涛.论碧霞元君信仰的起源 [J].民俗研究，2007，3：194—201

[131] 王明.儒家文化对泰山民间文化的影响 [J].湖北经济学院学报，2009.6.

[132] 张犇.羌族"泰山石敢当"现象的文化成因 [J].民族艺术研究，2011.1.

[133] 王元林，孟昭锋.论碧霞元君信仰扩展与道教、国家祭祀的关系 [J].世界宗教研究，2012，1：104.

[134] 崔广庆.泰山石敢当起源研究 [J].泰山学院学报，2012.4.

[135] 叶涛.泰山石敢当习俗纵横谈 [J].文化月刊，2013.7.

[136] 崔缨.泰山祈福文化探析 [J].人闻天下，2015，62：7—12.

[137] 刘治波，辛芳，张传新，仇善章.泰山石敢当精神与社会主义核心价值观契合探究 [J].中国市场，2016.4.

[138] 周丽芸.关于泰山石敢当与泰山的历史渊源分析——田野调查法的介入及意义 [J].大众文艺，2017.11.

[139] 甄惠，苏同营，谭娜.新时代泰山"挑山工"精神之本体发展溯源与现状研究 [J].人文天下（教学版），2019（2）.

[140] 孟昭锋，王元林明清时期泰山进香及相关问题研究 [J].西安电子科技大学学报（社会科学版），22（5）：77—83.

[141] 方百寿.唐代封禅研究 [D].厦门：厦门大学博士学位论文，1998.5.

[142] 周勇.道教与政治关系论 [D].成都：四川大学博士论文，2001.

[143] 李海峰.论佛教在武后时期勃兴的原因 [D].北京：北京语言文化大学硕士论文，2001.

[144] 胡锐.道教宫观文化研究 [D].成都：四川大学博士学位论文，2003.3.

[145] 李伟峰. 泰山香社民俗文化研究——以泰山现存社石碑为例 [D]. 山东大学民俗学硕士学位论文，2003.

[146] 刘成荣. 中古封禅文研究 [D]. 广西师范大学硕士学位论文，2003.4.

[147] 闫化川. 论宋真宗时期的"东封西祀" [D]. 济南：山东大学硕士学位论文，2003.5.

[148] 叶涛. 泰山香社研究 [D]. 北京：北京师范大学民俗学博士学位学位论文，2004.

[149] 王汇. 试论先秦两汉时期的泰山封禅活动 [D]. 郑州：郑州大学硕士学位论文，2006.5.30.

[150] 杨晓芳. 封禅文学研究 [D]. 成都：四川师范大学硕士学位论文，2006.6.

[151] 张敏. 唐代封禅研究 [D]. 济南：山东师范大学硕士学位论文，2007.4.

[152] 杨义芹. 把脉传统美德的文化基因，践行社会主义核心价值观 [N]. 天津日报，2004，6.9.

[153] 许圣元. 攻坚克难是"挑山工"精神最突出的品格 [N]. 泰安日报，2019.2.22.

[154] 王玉堂，王芮. 新时代泰山"挑山工"的精神研究 [N]. 济南日报，2019.4.22.

[155] 周郢. "泰山石敢当"：从禁废到弘扬 [N]. 齐鲁晚报，2015.3.19.

[156] 重修泰安县志：卷十四，艺文志·金石 [Z]. 民国十八年刊本.

[157] 傅振伦. 重游泰山记 [A]. 刘秀池. 泰山大全 [C]. 济南：山东友谊出版，1931，（4）.

[158] 石芳苓. 泰山女皇—碧霞元君 [A]. 泰山文物风景管理局. 泰山志资料选编 [C].1984.2.

[159] 王世贞. 游泰山记 [A]. 周谦，吕继祥. 泰山古今游记选注 [C]. 济南：山东人民出版社，1987.

[160] 重修行宫碑记 [A]. 泰山大全 [Z]. 济南：山东友谊出版社，1995.

[161] 重修天仙庙碑记 [A]. 拓本汇编：卷 60[Z].